KB006062

한국어 형태론의 유형론

최형용(崔炯龍)

서울대학교 국어국문학과를 졸업하고 동대학원에서 석사, 박사 학위를 받았다.
공군사관학교 교수부 국어과 교관, 전임강사를 거쳐 아주대학교 인문과학대학
국어국문학전공 교수를 지냈다. 현재 이화여자대학교 인문과학대학 국어국문학
전공 교수로 있다.

저서
『국어 단어의 형태와 통사-통사적 결합어를 중심으로-』
『주시경 국어문법의 교감과 현대화』(공저) 등

논문
「합성어 형성과 어순」
「현대 국어의 사이시옷은 과연 형태소인가」
「한국어의 형태론적 현저성에 대하여」
「유형론적 관점에서 본 한국어의 품사 분류 기준에 대하여」 등

한국어 형태론의 유형론

초판 발행   2013년 10월 30일
재판 2쇄 발행   2016년 3월 10일

지 은 이   최형용
펴 낸 이   박찬익
편 집 장   김려생
책임편집   김지은

펴 낸 곳   도서출판 박이정
주   소   서울시 동대문구 천호대로 16가길 4
전   화   (02) 922-1192
팩   스   (02) 928-4683
홈페이지   www.pjbook.com
이 메 일   pijbook@naver.com
등   록   1991년 3월 12일 제1-1182호

ISBN 978-89-6292-457-2 (93710)

* 책값은 뒤표지에 있습니다.

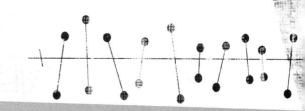

한국어 형태론의 유형론

최형용

도서
출판  박이정

이 저서는 2010년도 정부재원(교육과학기술부 학술연구조성사업비)으로
한국연구재단의 지원을 받아 연구되었음(NRF-812-2010-1-A00116).

This work was supported by the National Research Foundation of
Korea (NRF) Grant funded by the Korean Government
(MEST) (NRF-812-2010- 1-A00116).

머·리·말

한국어에 대한 본격적인 연구는 서양인으로부터 시작되었다. 따라서 문법에 대한 체계와 용어가 서양을 중심으로 구조화한 것은 어찌 보면 당연한 일이라고 할 수 있다. 그러나 한국어는 유형론적인 측면에서 서양의 언어들과 많은 차이를 가지고 있다. 그럼에도 불구하고 한국어를 중심으로 한국어가 가지는 언어적 특징에 주목하는 현금(現今)의 경우에도 아직까지 서양을 중심으로 한 체계와 용어가 남아 있을 뿐만 아니라 한국어가 가지는 유형론적인 특징이 제대로 주목을 받지 못하고 있다. 이 책은 바로 이러한 문제 제기에서 시작한다. 한국어가 가지는 형태론적인 특징을 그 자체로 주목해야 한다는 소박한 동기가 출발점이자 동시에 이 책의 가장 큰 목적이다.

한국어는 형태론적인 특징으로 보아 교착어에 해당하지만 아직까지 굴절어의 체계인 '활용'을 운운하는 문법서의 비중은 압도적이다. 이것은 유형론적인 측면에서 여러 언어를 같은 기준에 따라 비교하기 위한 편의적인 조치라 할 수 없다. 활용을 받아들이면서 어미에 단어의 자격을 주지 않고 있는 것은 한국어의 형태론적 사실을 제대로 조명하지 못하게 만든 대표적인 경우이다. 만약 어미에도 단어의 자격을 부여하면 품사 분류 기준의 하나인 '형식'도 한국어의 품사 분류에서는 별다른 영향력을 가지지 못한다. 곧 '활용'의 인정 하나만으로도 한국어의 여러 특징이 제대로 드러나지 못하는 것이다.

'어미'를 단어로 인정하면서 결과된 단어 개념의 확장은 동시에 그동안의 단어 개념의 해체를 요구한다. 단어 개념의 해체는 단어의 지위에 대한 부정이 아닐뿐더러 유형론적으로 한국어와 다른 언어의 비교 혹은 대조를 위해서도 필요하다. 이처럼 일부의 사실만으로도 한국어에 대한 시각이 재편될 수 있다는 것은 매우 놀라운 일인 것 같지만 이제는 이러한 모순을 지금까지 묵인하고 있는 우리의 현실을 반성하고 바로잡을 때가 되었다고 생각한다.

머·리·말

사실 이러한 시각은 전혀 새로운 것이 아니다. 현재 학교문법에서 단어에 대한 '절충적 체계'가 가지는 문제를, 우리의 전통문법에서 제시되었던 '분석적 체계' 혹은 '종합적 체계'로 보완하는 것을 의미하기 때문이다. '분석적 체계'는 어미의 단어로서의 지위 부여를 위해 필요하고 '종합적 체계'는 다른 언어와의 비교 혹은 대조를 위해 필요하다.

단어 형성도 유형론적 시각에서 바라볼 필요가 있다. 지금도 단어 형성이 문장 형성의 원리에 종속적이라는 시각이 적지 않지만 문장 구성과 구별되는 단어 형성 과정을 가지고 있는 언어들의 존재는 단어 형성이 독자적인 원리에 따라 이루어 진다는 견해를 뒷받침해 주기 때문이다. 이 책에서 특히 어순과 관련된 것들을 많이 다루고 또 이것을 단어 형성과 관련하여 언급한 것은 이러한 사정에 따른 것이다. 책을 써야 하겠다고 생각했던 가장 큰 이유도 문장의 어순이 단어 형성에 그대로 반영되지 않는다는 확신을 유형론적인 사실을 통해 뒷받침하고 싶었기 때문이다.

이 책은 '유형론'이라는 이름을 달고 있기는 하지만 본격적으로 유형론을 다루 고 있지는 못하다는 사실을 고백하지 않을 수 없다. 이것은 이 책이 가지고 있는 한계를 여실히 보여 주는 것이기는 하지만 유형론적 측면에서 제시된 언급들을 한국어 형태론이 가지는 특징을 확인하기 위한 일반적인 기술로 활용하고자 했기 때문이다.

이 책은 한국연구재단의 지원을 받아 이루어졌다. 과제를 지원할 때는 보다 본격 적인 해결안을 제시하겠다는 원대한 포부를 가졌었지만 지금의 결과물은 그보다는 충실한 문제제기라도 되었으면 하고 바라고 싶다. 이 책을 집필하기 위해 몇 편의 논문을 쓰고 그 논문을 적절하게 녹이려고 하였으나 경우에 따라서는 그대로 가져 온 것도 있다. 이 점 먼저 독자들의 양해를 구하고자 한다.

머 · 리 · 말

끝으로 이 책을 발간하는 과정에서 교정 등을 통해 세밀한 부분까지 신경써 준 이화여자대학교 국문과 대학원생인 김혜지, 이유진 두 명의 후학들에게 특별한 고마움을 표하고자 한다. 저자를 믿고 아무런 상업성도 없는 이 책을 기꺼이 출간해 준 박이정 출판사의 박찬익 사장님과 촉박한 일정에도 불구하고 완성도 높은 책을 만들기 위해 노력해 주신 김려생 편집장님, 유주희 과장님께도 심심(深深)한 감사의 마음을 전하고 싶다.

2013년 9월 11일
한국어처럼, 교착어이면서도
대부분의 문법서에서 굴절어의 흔적 속에 묻혀 있는 몽골어의 도시
울란바토르 출장 길에 저자 삼가 씀.

목 · 차

목 · 차

목 • 차

V. 한국어 형태론의 전망과 과제

‘라틴어’를 출발하여 ‘러시아어’에 이를 때까지는 지역 경계가 달라지긴 해도 우리의 시각을 경계 짓는 수평선이 거의 비슷하다고 느끼게 된다. ‘영어’에 다다르면 언덕들이 조금 침하하기는 하지만 일반적 지형을 알아차릴 수 있다. 그러나 ‘중국어’에 다다르게 되면 우리를 내려다보는 하늘은 완전히 다른 것이다(Sapir, 1921 : 120~121).

⋮

지금까지 세계의 언어들을 유형화하는 다양한 방법들이 제시되어 왔지만 어느 것도 만족스러운 것으로 밝혀진 것은 없다(Sapir, 1921 : 122).

I.

언어 유형론의
개념과 방법론

1.1. 언어 유형론의 개념 – 문제 제기를 겸하여

"한국어는 교착어이다."

본서는 일반적인 유형론적 업적들과는 달리 오로지 한국어에 초점을 두기로 한다. 이는 본서가 다른 언어들에 대한 유형론적 접근을 할 능력이 없음을 스스로 인정하는 것이기도 하지만 그보다는 지금까지 한국어에 대한 유형론적 접근이 한국어 중심적으로 이루어지지 못했던 것에 대한 반성의 의미를 가진다는 것을 뜻한다. 더욱이 본서의 논의는 문법의 여러 분야에서도 형태론에 초점을 두고 있는데 이 역시 본고의 한계를 자인하는 것이기는 하지만 지금까지 가장 많은 관심을 받았으면서도 가장 심각한 왜곡 현상이 형태론에 치중되어 있다고 판단하였기 때문이다. 다음 서울대학교 국어교육연구소(2002 : 83)의 한 부분을 살펴보기로 한다.

(1) 단어를 형성할 때, 실질적인 의미를 나타내는 중심 부분을 **어근**(語根)이라고 하며, 어근에 붙어 그 뜻을 제한하는 주변 부분을 **접사**(接辭)라고 한다. 가령, '치솟다'의 '솟-'은 어근이고, '치-, -다'는 접사이다. '치-'처럼 단어 파생에 기여하는 접사는 **파생 접사**라고 하고, '-다'처럼 문법적 기능을 하는 어미는 **굴절 접사**라고 한다.

치-	솟-	-다
파생 접사	어근	굴절 접사

그런데 같은 책의 35페이지에서는 한국어의 문법적 특질을 다음과 같이 서술하고 있다.

(2) 국어에는 조사와 어미가 발달하여 있어서 대부분의 문법적 기능은 이들에 의해 실현된다. 예를 들어, "철수가 책을 읽었다."와 같은 문장의 경우, 조사 '가, 을'을 통하여 '철수'가 주어이고 '책'이 목적어라는 것을 알 수 있다. 마찬가지로, 어미 '-었-'은 시제를 나타내며, 어미 '-다'는 문장이 평서문으로 종결됨을 나타낸다. 이렇게 국어에서는 조사와 어미를 첨가하여 다양한 문법적 기능을 수행하는데, 이런 현상은 바로 국어의 첨가어적 특질을 잘 보여 준다. 여기서 **첨가어**(添加語)란, 실질적인 의미를 가진 단어 또는 어간에 문법적인 기능을 가진 요소가 차례로 결합함으로써 문장 속에서의 문법적인 역할이나 관계의 차이를 나타내는 언어를 가리키는데, 이를 교착어(膠着語)라고도 한다.

즉 (2)의 서술은 한국어가 (굴절어가 아니라) 첨가어 혹은 교착어임을 강조하는 부분인데도 불구하고 (1)의 실제 서술에서는 '굴절 접사'를 언급함으로써 스스로 모순을 안고 있는 셈이다.1) 사실 현재 우리가 접하고 있는 문법서들에서 한국어의 특질을 교착어로서 힘주어 강조하면서도 실제 서술에서는 '굴절'을 언급하는 것을 접하는 것은 그리 어렵지 않다.2)

. . . .

1) 송철의(2006 : 119)에서도 "국어가 교착어임을 강조하면서도 국어를 기술함에 있어서 굴절(곡용과 활용) 체계를 운위한 것은 국어학 스스로 모순을 용인한 것이었다고 할 수 있다."고 한 바 있는데 역시 본서와 같은 맥락에서 이해될 수 있다고 판단된다. 한편 서울대학교 국어연구소(2002)의 '굴절 접사'는 서울대학교 국어연구소(1996)을 비롯하여 이른바 단일본 통일문법의 시작인 성균관대학교 대동문화연구원(1985), 성균관대학교 대동문화연구원(1991)에도 보이지 않던 용어이다. 성균관대학교 대동문화연구원(1985)를 위해 집필된 보고서인 강신항 외(1982)에서는 활용 외에 곡용도 인정한 바 있으나 심의 과정을 거치면서 수용되지 않았다. 이러한 사정을 염두에 둔다면 서울대학교 국어연구소(2002)의 '굴절 접사'는 적어도 언어 유형론적인 측면에서 한국어의 지위에 대한 심각한 오해를 불러일으키고 있다고 할 수 있다. 현재는 주지하는 바와 같이 서울대학교 국어연구소(2002)를 끝으로 다시 검인정 체제가 시행 중인데 그나마 2009년도부터는 『독서』와 합쳐져 『독서와 문법1, 2』로 간행되었다가 다시 2011년 『독서와 문법』 단권 체제로 개편되었다. 이에 따라 학교문법의 위상은 상당히 위축되어 있다고 보아도 과언이 아니다.

2) 유형론적 논의에서 한국어의 예가 언급되는 경우는 그리 빈번한 것 같지 않다. 그러나 그러한 경우에도 어딘가 잘못된 구석이 있는 경우를 접하게 되는 일이 적지 않다. 가령 당장 Whaley(1997 : 66~67)에서는 타동사절에서 경험자를 여격으로 나타내는 극소수의 언어로 한국어의 예를 들면서 "철수에게 순이가 몹시 그리웠다."라는 예문을 들었다. 물론 이 예문은 Whaley가 재인용한 것이기는 하지만 '그립다'는 타동사가 아

본서는 이처럼 한국어에 대한 기술 가운데 유형론적인 측면에서 오해의 여지가 있거나 잘못 이해되고 있거나 미처 유형론적 측면에서 조명을 받고 있지 못한 부분을 객관적으로 서술하여 유형론적인 관점에서 한국어의 형태론적 보편성과 특수성을 제대로 평가받을 수 있도록 하는 데 기폭제가 되려는 목적을 가지고 있다.

그러나 그렇다고 하여 본서에서 사용하는 '유형론'이 일반적인 '유형론'과 차이가 있다는 것으로 이해되어서는 안 된다. 이를 보다 명확하게 규정하기 위해 본서의 논의와 관련하여 흔히 언급되는 유형론에 대한 다음의 정의를 살펴보기로 하자(Whaley, 1997 : 7).

(3) 공유하는 형식적 특징에 근거한 언어나 언어 성분의 분류

Whaley(1997 : 7~14)에서는 (3)의 정의가 다음과 같은 세 가지 명제를 포함하고 있다고 강조한다.

(4) 가. 유형론은 범언어적 비교를 이용한다.
     나. 유형론적 접근은 (a) 언어의 구성 부분이나 혹은 (b) 언어 전체의 분류를 포함한다.
     다. 유형론은 언어의 형식적 특질에 근거한 분류와 관련되어 있다.

(4가)는 유형론적 연구가 언어들 간의 비교에 그 기반을 두고 있다는 것을 의미한다. 이를 위해서는 세계 언어를 대상으로 적절한 표본 자료를 수집하는 것이 필수적 절차이며 이는 방법론적인 측면에서 치밀한 계획을 필요로 한다. 그러나 본서에서는 앞에서 언급한 바와 같이 이러한 방법론적 측면에서 수동적인 입장에 처해 있다. 논의의 중심이 한국어이므로 기왕의 논의를 바탕으로 한국어의 위치와 위상을 정확하게 파악하는 것이 목표이기 때문이다. '굴절어'가 아닌 한국어에서

···································
니기 때문에 '타동사절'이라는 언급은 옳지 않다. 이 점은 Whaley(1997)을 번역한 김기혁(2010 : 89)에서도 지적하고 있다. 이처럼 한국어에 대해 잘못된 것을 바로잡는 것도 매우 중요하다고 할 수 있다. 이에 대해서는 본서를 마무리 짓는 마당에서 조금 더 언급하기로 한다. 그럼에도 불구하고 저자가 가진 한계 때문에 본서의 1장과 2장의 내용은 Song(2001)뿐만 아니라 특히 Whaley(1997)과 그 번역본에 기댄 바 적지 않다. 이 점 미리 밝혀두는 바이다.

'굴절'을 언급하거나 그에 의해 어떤 체계를 세우는 일은 (4가)적인 의미에서 범언어적 '비교'가 이루어진 것이라고 볼 수 없다. '굴절'은 보편적인 현상이 아니라 (파급력이 아니라 적어도 수적인 측면에서는) 일부의 언어에 국한되는 '현상'의 하나이기 때문이다.

한편 Whaley(1997 : 31~36)에서는 '보편성'과 관련하여 세 가지 측면을 구별한다. '절대적 보편성', '보편적 경향', '함축적 보편성'이 그것이다. '절대적 보편성'이라는 것은 가령 '모든' 언어는 적어도 하나의 폐쇄음을 가지고 있다고 말하는 것으로 예외를 인정하지 않는 것이다.3) '보편적 경향'은 가령 '대부분의' 언어는 폐쇄음으로 [p], [t], [k]를 가지고 있다고 말하는 것으로 여기에서의 '경향'은 '전형성'을 의미한다. '함축적 보편성'은 '만약' 어떤 언어가 두 개의 무성 폐쇄음을 가지고 있다면 그 중 하나는 [t]일 것이라고 말하는 것으로 '예측성'을 의미한다. 이러한 함축적 보편성은 "한 언어에 X가 있다면 Y도 있다."는 형식을 갖는데 주지하는 바와 같이 Greenberg(1966)에서 제시된 45개의 보편성이 바로 이에 해당한다.4) 이들 가운데 한국어에 초점을 두고 있는 본서에서 확인하려고 하는 '보편성'은 '보편적 경향'에 가깝다고 할 수 있다.5)

. . . .

3) 즉 '절대적 보편성'은 모든 언어에서 참으로 나타나는 것으로 모든 언어는 자음과 모음을 가지고 있다든지 모든 언어는 의문형을 만드는 방법을 가지고 있다든지 하는 것이다. 그러나 유형론적 검토를 통해 이러한 절대적 보편성이 도전 받는 경우도 물론 있다. 가령 모든 언어는 명사와 동사를 가지고 있다거나 모든 언어에는 '단어'를 지시하는 말이 있다는 것도 절대적 보편성의 하나로 언급되어 왔지만 Bisang(2011 : 291~293)에 따르면 명사와 동사가 구분되지 않는 언어도 보고되어 있고 Dixon & Aikhenvald(2002 : 2)의 각주에서는 자신을 포함하여 모든 언어에는 '단어'를 지시하는 말이 존재한다고 보는 견해들도 잘못된 것이라고 되어 있다.

4) 가령 Greenberg(1966)에서 제시된 '보편성 2'는 "전치사를 가진 언어에서 소유격은 거의 언제나 지배 명사를 뒤따르지만 후치사를 사용하는 언어에서 소유격은 거의 언제나 지배 명사를 앞선다."인데 이는 한국어에도 정확하게 적용되므로 적어도 한국어를 대상으로 할 때 보편성이 유지된다고 할 수 있다.

5) 본서에서는 가령 단어 형성의 측면에서 '힘들다', '힘쓰다' 등의 이른바 통사적 합성어에 대해 설명하기 위해 이들을 다른 언어들의 예들과 비교하면서 통사적인 장치에 의해서가 아니라 '핵'의 위치와 관련하여 설명할 예정인데 이것도 단어 형성의 보편적 경향에 기댄 설명 방법이다. 이에 대해서는 §4.3에서 자세히 다루기로 한다.

(4나)에서 '언어의 구성 부분'은 '폐쇄음'과 같은 것들이다. 본서에서 관심을 가지려는 형태론적 현상들도 모두 언어의 구성 부분으로서의 의의를 갖는다. 이러한 언어의 구성 부분은 결국 유형론적 검토를 통해 '언어의 분류'까지를 목표로 할 수 있다. Whaley(1997 : 10)에 의하면 구강 폐쇄음을 가진 언어의 38%는 6개에서 8개의 구강 폐쇄음을 가지고 있는 것으로 나타났고 14개 이상의 구강 폐쇄음을 가진 언어는 매우 희귀한 언어 유형에 속한다는 것을 확인하였다. 또한 언어 전체에서 구강 폐쇄음이 나타날 수 있는 범위는 3개에서 17개까지라는 것도 알 수 있었다.6)

(4다)는 유형론의 목적이 언어의 내적 구조에 따른 분류이지 언어들의 발생적 관련성 즉 '어족'에 의한 분류나 지리적 위치에 따른 분류가 아니라는 것이다. 물론 발생적 관련성이 유형론과 관련을 가지는 경우가 있다. 예를 들어 스페인어와 프랑스어는 같은 어족에 속하므로 모두 성(gender)을 나타내는 관사가 있고 주어 일치소가 동사에 표시된다. 이 경우 두 언어 사이의 유형론적 유사성은 발생적 관련성에 기인한다고 보아야 할 것이다. 지리적 위치에 따른 분류가 빛을 보는 경우도 있다. 지리적 인접성 때문에 문법적 특질을 공유하는 경우가 있을 수 있기 때문이다. Whaley (1997 : 13)에서는 알바니아어, 불가리아어, 루마니아어 즉 이른바 발칸어가 그 예로 제시되어 있는데 이들은 발생적으로 서로 다른 언어이지만 가령 한정성을 표시하는 데 명사 접미사를 사용한다는 공통성을 가지고 있다. 이들 언어가 각각 속한 언어 계통에는 이처럼 한정성을 표시하기 위해 접미사를 사용하는 경우는 보이지 않는다고 한다.

유형론에서 (3)의 정의를 통해 얻고자 하는 바는 두 가지이다. 하나는 언어 사이에 존재하는 보편성을 밝히는 것이고 다른 하나는 그 과정을 통해 언어들이 얼마나 다양한가의 범위를 규정하는 것이다. Song(2001 : 2)에서도 세계의 언어들이 그들 간의 차이에도 불구하고 그 속에 내재하는 통일성(unity)을 밝히려는 것이

---

6) 한국어는 'ㄱ, ㄷ, ㅂ'의 격음과 경음을 합하여 모두 9개의 구강 폐쇄음이 있다고 할 수 있다. 물론 Whaley(1997 : 11)에서는 언급되어 있지 않지만 우랄-알타이어의 예로 제시된 에벤키어는 6개, 핀란드어는 9개로 되어 있는데 이로 보면 한국어는 핀란드어와 구강 폐쇄음의 수가 일치한다.

언어 유형론의 목적이라고 하였다.7) 그런데 이러한 통일성은 가령 기본 어순의 가능한 조합 여섯 가지 가운데 어떤 유형이 더 우세하고 또 어떤 유형은 그렇지 못한가에 대한 본질적인 의문을 포함하여 동사 시작 언어는 언제나 후치사가 아닌 전치사와 함께 나타난다든가 하는 상호관계에 대한 규명까지를 포함하는 것이다.

- -
7) Whaley(1997)의 부제가 'The Unity and Diversity of Language'로 되어 있는 것을 참고할 필요가 있다.

1.2. 언어 유형론의 두 가지 접근법 '들'

1.2.1. 보편성과 다양성

보편성의 추구와 다양성의 범위를 규정한다는 유형론의 연구 목표는 1800년 대의 Schlegel과 Humboldt 두 독일 언어학자로부터 비롯되었다. 이들은 언어가 추상적인 유기체적 통일성을 지닌다고 전제하였다. 즉 언어도 유기체처럼 시간 이 흐를수록 발달하는 것으로 보았고 언어의 차이는 그 언어를 발생시킨 민족의 내적 특징이나 문화의 기본적인 정신이 다르기 때문에 발현하는 것으로 간주하 였다. 그리고 언어들 사이의 형태론적 차이가 가장 현저한 것이기 때문에 형태론이 언어 이면의 유기체적 본질을 가장 잘 반영하는 문법 영역이라고 생각하였다. Schlegel 형제에 의한 기초적인 구분은 접사형 언어(affixal language), 굴절형 언 어(inflectional language), 무구조 언어(no structure language)였다. Whaley (1997 : 20)에서는 이를 다음과 같이 제시하였다.

(5) 가. 접사형 : Kirundi[8]

  Y−a−bi−gur−i−ye   abâna
  1류−과거−8류.그것들을−사다−응용형−시상   2류.아이들
  "그는 그것들을 아이들을 위해서 샀다."

 나. 굴절형 : Attic Greek

---

8) 언어의 명칭은 널리 알려져 익숙하다고 판단되는 것은 '영어'처럼 표기하였고 그렇지 않은 것은 'Kirundi'처럼 그대로 표기하였다. 이미 언어 이름인 'English'를 '잉글리시 어'라고 표기하는 잘못을 피하기 위함이다. 다만 그 결과 언어를 가리킬 때 한글과 로 마자가 공존하게 되는 혼란에 대해서는 독자들의 양해를 구한다.

hoi stratiōtai ēgoradz−on   ta epitēdeia

그 군인들 사다−3복수 : 미완료 : 능동태 : 직설법   그 물자

"그 군인들이 그 물자를 사고 있다."

     다. 무구조형 : Mandarin Chinese

wǒ   mǎi   le   shuǐguǒ   le

나   사다 시상   과일   첨사

"나는 그 과일을 샀다."

(5가)의 경우처럼 접사형 언어는 대체로 일련의 형태소들이 결합하여 각각의 기능을 나타낸다. (5나)의 언어에서도 접사 첨가가 확인되지만 첨가되는 접사에는 전형적으로 다량의 의미적 정보가 포함되어 있다.[9] 예에서 보는 바와 같이 접미사 '−on'에는 주어가 3인칭이고 복수이며 동사가 과거시제이면서 지속상이며 문장의 종류가 진술문이라는 사실이 담겨있다. 즉 각각의 정보마다 접사를 달리 적용하는 접사형 언어와는 달리 굴절형 언어에서는 이러한 의미들이 단일한 접사에 융합되어 있는 것이다.[10] 한편 (5다)와 같은 언어에서는 접사가 전혀 사용되지 않고 만약 문법적 정보를 표현하려면 별도의 첨사(particle)가 필요하다.

앞서 잠시 언급한 것처럼 Humboldt는 언어를 인간의 정신과 불가분의 관계에 놓여 있다고 판단하였기 때문에 문화적 우월성이 언어적 우월성으로 해석될 수 있는 여지를 가지고 있었다. 곧 (5)의 세 언어 유형이 그 자체로 가치를 가진다고 보기보다는 문화적 우월성에 따라 굴절형 언어가 다른 언어들보다 더 우월한 언어로 간주될 가능성을 가지고 있는 것이다. 곧 언어에도 '좋은 언어'와 '나쁜 언어'가 있다는 생각으로 연결될 수 있는데 이러한 생각은 다행히도 현대 언어학자

....

9) 이는 굴절형 언어의 형태론적 과정을 설명하는 구조주의 모형 가운데 기능 대 형태소의 대응이 명시적인 항목−배열 모형(Item−Arrangement Model : IA Model)보다 항목−과정 모형(Item−Process Model : IP Model)이나 단어 패러다임 모형(Word−Paradigm Model : WP Model)을 선호하게 되는 계기가 되었다. 이들 세 모형에 대한 비교는 Spencer(1991 : 49~57)을 참고할 것. 본서에서는 형태론적 과정에 대해 이들 모형 가운데 하나를 택하는 대신 형태소−기반 모형과 단어−기반 모형으로 양분하여 3장과 4장의 논의를 통해 이 가운데 단어−기반 모형의 우위성을 주장하고자 한다.

10) 한국어가 가지고 있는 교착의 특성에 대해서는 §2.1.1.에서 보다 자세히 언급하고자 한다.

들에게는 옳지 않은 것으로 해석되었다. 즉 어떤 언어의 단어 형성 방법이나 문장의 구성 방식을 바탕으로 그 문화의 질을 판단하는 것은 어리석다는 것을 깨달은 것이다.

한편 1800년대 이래로 언어학자들은 언어가 시간이 흐르면서 그 유형을 바꿀 때 그 바뀜에는 일정한 방향이 있다고 믿었다. 가령 Schleicher는 언어들이 고립적인 것으로부터 교착적인 것으로 그리고 종국에는 융합적(즉 굴절적)인 것으로 점차 '세련되게' 발전한다고 제안했다.11) 실제로 고립어가 교착어로 바뀌어가고 또 교착어가 융합어로 바뀌어가고 있음을 보여 주는 자료가 Crowley(1992)에서 제시된 바 있다. 즉 Melanesian Pidgin에서는 원래 고립적으로 쓰이던 전치사들이 뒤에 나타나는 명사구에 대한 접두사처럼 쓰이고 있다는 것이다.

(6) 가. aus bloŋ mi → aus blo-mi   "나의 집"
　　　집　　의　　나　　집　　의-나
　　나. loŋ aus → l-aus   "집에"
　　　에　　집　　에-집

(Whaley, 1997 : 136에서 재인용)

(6가, 나)에서 보는 바와 같이 전치사들이 음운론적으로 축약되어 명사에 더 의존적인 것으로 변했음을 알 수 있다. (6)을 통해 고립적인 요소가 교착적인 것으로 변화했음을 알 수 있다. 이러한 단계가 더 진전되면 융합이 나타날 수 있다.

....

11) 흔히 언어에 대한 형태론적 분류 가운데는 '고립어', '교착어', '굴절어' 외에 '포합어 (incorporating language)'를 더 든다. 그러나 주지하는 바와 같이 포합어는 언어의 형태론적 분류에서 자리를 차지하지 못하다가 아메리칸 인디언 언어에 대한 연구를 통해 형태론적 분류 가운데 하나로 정착된 개념이다(전상범, 1995 : 17~18). Sapir(1921 : 128)에서는 기존의 '고립', '굴절', '교착' 등을 '방식(technique)'에 의한 분류로 보고 '통합성(synthesis)'을 기준으로 삼아 '분석적(analytic)', '통합적(synthetic)', '다통합적(polysynthetic)'으로 언어들을 나눌 것을 제안한 바 있다. 이는 어떤 언어가 전적으로 고립적이지 않고 굴절이나 교착 등의 요소를 가지고 있다는 사실에 대한 반성의 결과이다. Greenberg(1954)에서는 이러한 Sapir(1921)의 생각을 계량화하여 지수 (index)화한 바 있다. 이에 대해서는 4장에서 후술하기로 한다.

(7) 가. *na−i−lesi−Ø   →   ni−lesi−Ø   "나는 그것을 보겠다."
        나−미래−보다−그것   나 : 미래−보다−그것
    나. *ko−i−lesi−nau   →   ki−lesi−nau   "너는 나를 보겠다."
        너−미래−보다−나   너 : 미래−보다−나

(Whaley, 1997 : 137에서 재인용)

(7)의 자료도 Crowley(1992)에서 제시된 것인데 Paamese에서는 역사적으로 주어 접두사 'na−', 'ko−'가 미래를 나타내는 접두사 '−i'와 독립적이었으나 시간이 흐르면서 두 형태소들이 융합되었음을 볼 수 있다. 이는 곧 교착어가 융합어로 변화한 것임을 알게 한다. (6)과 (7)의 과정을 Schleicher의 논의에 맞게 도식화하면 다음과 같다.

(8)

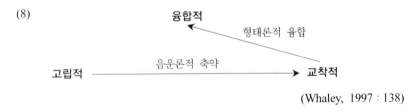

(Whaley, 1997 : 138)

그러나 사실 언어의 형태론적 변화는 Schleicher의 예측과는 달리 여기에서 그치는 것이 아니다. 주지하는 바와 같이 영어는 융합적이던 과거와는 달리 현대에는 고립적인 것으로 변화한 대표적인 경우로 언급되기 때문이다. 이 과정에는 융합이 아예 불투명해지는 단계를 필요로 한다. 이를 염두에 둔다면 (8)의 그림은 다음과 같이 수정될 수 있다.

(9)

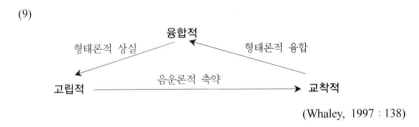

(Whaley, 1997 : 138)

이는 결국 Sapir(1921)에서 제안한 것처럼 언어의 형태론적 변화가 일방향적인 것이 아니라 순환적일 수 있다는 것을 보여 준다. 즉 언어의 변화는 이상형을 위한

진화라고 볼 수 없는 것이다. 물론 Whaley(1997 : 139)의 지적처럼 (9)는 단순화
한 것으로 언어의 전체 변화를 의미하는 것으로 보기는 어렵다. 이런 점에서 보면
(9)는 여전히 가설의 자격을 가지는 것으로 보아야 할 것이다.

한편 언어의 보편성이 편견의 극복을 통해 달성되는 경우도 적지 않다. 이미
Comrie (1989 : 149)에서 지적된 바와 같이 관계절에서 관계 대명사의 사용은 유럽
언어들에서는 매우 일반적이지만 범언어적으로는 빈도가 낮다. 즉 유럽 언어만을
근거로 한 관계절에 대한 보편성 주장이나 그에 대한 이론들은 문제가 적지 않은
것이다. 이러한 예는 Dixon(2010a, b)에서도 찾아볼 수 있다. Dixon(2010b : 67)
에서는 각 언어의 문법적 특성에 따라 형용사의 부류를 다음과 같이 나누고 있다.

(10) A 유형　　　명사　　　　　　　　　　　　　**형용사**　동사
　　　B 유형　　　명사　　　**형용사**　　　　　　　　　　동사
　　　C 유형　　　　　　　　　명사　**형용사**　동사
　　　D 유형　　　명사　　　　　　　　**형용사**　　　　　동사

(10)에 제시된 A유형의 형용사는 동사와 문법적 속성을 공유하는 경우이고 B유
형의 형용사는 명사와 문법적 속성을 공유하는 경우이다. C유형의 형용사는 명사
의 속성도 가지고 있고 동사의 속성도 가지고 있는 경우이고 D유형은 형용사가
명사 및 동사와 구분되는 독자적인 속성을 가지고 있는 경우이다. 이 가운데 본서
의 관심을 끄는 것은 A유형에 대한 Dixon(2010b : 68)의 언급이다. 즉 Dixon
(2010b : 68)에서는 유럽어가 대부분 B유형을 보인다는 점에 근거하여 A유형을
보이는 언어들에서의 형용사를 동사로 간주하였다고 밝히고 있기 때문이다. 그러
나 Dixon(2010b)에서는 그 입장을 바꾸어 동사와 구별될 수 있는 근거가 발견되
면 이를 별도의 범주 즉 형용사로 다루는 것이 유형론적 작업에 도움이 된다고
진술하고 있다. 이에 따라 Dixon(2010a : 331)의 용어 해설에서는 '형용사'를 '자
동적 서술어 자리 혹은 계사 보어 자리에서 쓰여 어떤 속성을 진술하는 것'과 '명사
구에서 핵인 명사가 지시하는 것을 수식함으로써 명세하는 것' 두 가지로 대등하게
기술하고 있다.

1.2.2. 보편 문법과 유형론

형태론적 변화를 도식화함으로써 언어 사이의 관계를 찾고자 하는 접근들은 언어 사이에 내재하는 원리로서의 언어적 보편성을 추구하고 있다. Chomsky를 대표로 하는 보편 문법(Universal Grammar : UG)도 역시 자율적인(auto-nomous) 인간의 언어 능력(linguistic competence)를 밝히고자 한다는 점에서 보편성을 추구한다는 공통점이 있다. 그러나 두 접근 방법은 적지 않은 차이를 가지고 있다.

Comrie(1989 : 1~5)에서는 두 접근 방법을 Chomsky에 의해 주창된 보편성과 Greenberg에 의해 지지된 보편성으로 나누어 다음과 같이 대조하고 있다. 첫째, 가장 중요한 것으로 언어 보편성을 추구하는 연구의 바탕이 되는 자료이다. 후자는 광범위한 언어들을 대상으로 하지만 전자는 매우 한정된 언어들을 사용한다. 둘째, 분석의 추상성 정도이다. 이는 전술한 바와 같이 전자의 접근법이 더 추상적일 수밖에 없다. 셋째, 언어 보편성의 존재를 위한 설명의 종류이다.

그리고 이어서 이들 각 변수에 대해 다음과 같이 설명하고 있다. 우선 광범위한 언어 자료를 연구 대상으로 삼아야 하는 이유는 가령 어떤 개별 언어에서는 예측될 수 없는 언어 보편성들이 존재할 수 있다는 것이다. 그리고 앞 절에서 언급한 함축적 보편성이 이에 대한 예가 될 수 있다고 하였다. 함축적 보편성은 'P이면 Q'의 관계로 이루어지는데 만약 여러 언어들을 통해 이들 두 가지 사이의 관계가 도출되지 않는다면 이는 다만 어떤 한 언어에 'P'와 'Q'라는 특성이 (서로 연관 관계 아래 묶이지 않고) 독립적으로 존재한다는 사실만을 알 수 있을 뿐이라는 것이다. 또한 어떤 한 언어를 중심으로 하나의 편견에 사로잡히는 것을 방지하는 데도 여러 언어가 자료로서 제시될 필요가 있다고 하였다.

다음으로 추상성은 정도성을 가지고 있는 것이기는 하지만 중요한 것은 더 추상적인 보편성과, 그것의 기반이 되는 덜 추상적인 보편성 가운데 보다 경험적 뒷받침을 가지는 것은 후자의 것이라는 점이다. 이를 바탕으로 Comrie(1989 : 19~23)에서는 언어 보편성을 형식적 보편성과 실체적 보편성, 함축적 보편성과 비-함축적 보편성, 절대적 보편성과 경향으로 나누었다. 형식적 보편성, 비-함축적 보편성,

절대적 보편성을 지향하는 쪽이 보편 문법이 보여 주는 방향과 연관이 있으며 실체적 보편성, 함축적 보편성, 경향이 유형론적 접근이 보여 주는 방향과 연관이 깊다고 할 수 있다.

마지막으로 설명의 종류에서는, 보편 문법에 기반한 접근에서의 설명은 언어 보편성들이 인간의 본유적 속성이라는 관점에서 접근하는 데 비해 유형론적 접근은 심리학적, 기능적 요인들을 고려하여 언어 보편성에 대해 가능한 설명을 찾는, 열린 관점이라는 사실을 강조한다.[12]

1.2.3. 부분 유형론과 전체 유형론

문제 제기로서의 1장을 마무리 지으며 본서의 목적을 보다 분명히 드러낼 필요가 있다고 생각된다. Song(2001)의 §1.6에 제시된 바와 같이 유형론을 부분 유형론과 전체 유형론으로 나누기도 한다. 실제 유형론의 논의에서는 비교 단위가 언어 전체라기보다는 어떤 언어의 일정한 특질 혹은 구성인 경우가 대부분이다. 이러한 접근법에서는 먼저 다루게 될 주제가 제시되고 제시된 주제에 따라 여러 언어들의 특성을 살펴보는 순서로 논의가 전개된다. 앞으로 본서에서 다룰 형태론의 여러 주제들에 대한 유형론적 접근도 바로 이러한 시각의 소산이다.

이에 비해 전술한 초기 유형론적 연구들은 이들보다는 세계 전체의 언어들을 유형론적으로 분류하는 데 관심을 가졌다. 언어들이 역사적인 발달 과정에서 일반적인 경향을 보인다거나 세계의 언어를 굴절, 교착, 고립의 부류로 나눌 수 있다고 하는 것도 전체 유형론적 접근의 소산이다. 이들은 전체로서의 언어가 단일한 원리에 의해 움직인다고 보았다.

그러나 전체적인 시각에서의 유형론이 부분으로서의 유형론에 자리를 내 주게

---

12) 본서에서도 유형론적 접근을 지지하고 있는데 이에 대해서는 4장에서 한국어의 단어 형성 가운데 '앞서다, 거울삼다' 부류가 보편 문법에서 주장하고 있는 '핵 이동', '비대격 가설' 등으로는 설명되기 어렵다는 사실을 통해 살펴보기로 한다. 한편 손호민(2008)에서도 Comrie의 견해에 기반하여 유형론적 접근을 통한 보편성 추구가 더 바람직하다고 보았다.

된 것은 유형론적 사실에 대한 일반화가 자칫 언어의 우위성을 따지는 문제를 일으
킨다거나 또는 전체적인 시각에서 부분적인 사실과의 연관 관계를 지나치게 단순
화하는 문제와 무관하지 않다. 또한 언어의 변화를 전체 유형론의 시각에서는 설명
하기 어렵다는 것도 이미 전체 유형론이 가지는 한계를 드러낸 것이다.

여기에서 강조하고자 하는 것은 유형론을 표방하든 그렇지 않든 한국어의 특질
에 대한 그동안의 관점이 이러한 시각과 맞물려 있었다는 점이다. 이러한 측면에서
본서는 한국어를 중심으로 세계의 언어를 재편하려는 것이 아니라 한국어의 특성
이 전체 유형론 속에 함몰되지 않고 따라서 왜곡되지 않으며 부분 유형론으로서
그 나름대로의 가치를 가질 수 있기를 바라고 있음을 강조하고자 한다.

II.

한국어의
언어 유형론적
특성

본장에서는 한국어의 형태론적 현상이 가지고 있는 유형론적 보편성과 특수성을 구체적으로 살피기 전에 먼저 한국어의 언어 유형론적 특성을 형태적인 것과 통사적인 것으로 나누어 개괄하고자 한다. 그리고 특히 조사와 어미에 대한 그동안의 견해를 비판적으로 살펴보면서 앞으로의 논의에 대한 발판을 다지기로 한다.

한편 한국어의 특성을 유형론적으로 살핀다는 것은 한국어가 가지고 있는 언어적 특성을 다른 언어와 관련하여 상대적으로 바라볼 수 있는 토대를 마련한다는 의미도 아울러 가지고 있다. 가령 Haspelmath(2001 : 1503)에서는 Stolz(1996)에 기반하여 공동격(comitative)과 도구격이 하나의 형식으로 나타나는 언어들(syncretic languages)과 그렇지 않은 언어들(non-syncretic languages)에 대해 다음과 같은 표를 제시하고 있다.[1]

	하나로 나타나는 언어들		하나로 나타나지 않는 언어들	
	수	비율	수	비율
Europe	25	49%	16	31%
Africa	20	31%	38	58%
America	16	21%	54	69%
Asia	12	18%	47	71%
Oceania	6	10%	54	86%
World	79	24%	209	65%

영어의 경우는 'with him', 'with a knife'와 같이 공동격과 도구격을 'with' 하나로 나타내므로 공동격과 도구격이 하나로 나타나는 언어에 속하고 스와힐리어의 경우는 공동격일 경우는 'na'로, 도구격일 때는 'kwa'로 나타내므로 공동격과 도구격이 하나로 나타나지 않는 언어에 속한다. 그리고 이처럼 공동격과 도구격이 하나로 나타나지 않는 언어가 하나로 나타나는 언어에 비해 상대적으로 많으며 이는 유럽어의 경우에만 다른 언어권에 비해 근소한 차이로 역전되고 있음을 알 수 있다.

....

1) 비율의 총합이 100%가 되지 않는 이유는, Haspelmath(2001 : 1502)에서 밝히고 있는 바와 같이 혼합 유형을 제외하였기 때문이다.

한국어의 경우는 주지하는 바와 같이 '그와', '칼로'처럼 공동격과 도구격을 나타내는 표지가 서로 구별된다. 한국어의 경우만을 놓고 보았을 때는 이러한 특성이 아무런 주목을 받지 못할 수도 있지만 세계의 언어들이 보이는 질서 속에서 이를 바라다 보았을 때는 한국어가 아시아의 경우 더 나아가 전 세계 언어 가운데 공동격과 도구격이 하나로 나타나지 않는 언어에 속한다는 것을 알 수 있다.

위의 경우는 공교롭게도 영어와 한국어가 차이를 보이는 것인데 유형론적인 측면에서 볼 때는 한국어가 보다 일반적인 경우를 보여 주고 있다. 이는 1장의 모두(冒頭)에서 암시한 것처럼 그동안 영어를 중심으로 한 언어 이론에 한국어의 언어 현상들을 종속적인 관점에서 포괄하려는 우리의 과거를 반성하게 한다.

2.1. 형태적 특성

2.1.1. 교착 혹은 첨가

이미 1장에서 여러 차례 '고립', '교착', '융합'(혹은 '굴절')이라는 단어를 사용해 왔다. 이들은 모두 언어가 보이는 형태론적 특성에 기반한 것으로 한국어는 이 가운데 '교착'을 형태론적 특성으로 가지는 언어로 분류되어 왔다. 먼저 교착어의 대표적인 예로 간주되는 터키어에서 이를 보다 자세히 살펴보기로 하자.

(1)	단수	복수
주격	adam	adam‒lar
대격	adam‒ι	adam‒lar‒ι
속격	adam‒ιn	adam‒lar‒ιn
여격	adam‒a	adam‒lar‒a
처소격	adam da	adam‒lar‒da
탈격	adam‒dan	adam‒lar‒dan

(Comrie, 1989 : 44)

(1)에서 볼 수 있는 바와 같이 교착어의 경우는 결합하는 접사와 그 기능이 1대 1로 대응되는 것이 일반적이다. 즉 'adam‒lar‒ι'의 경우 '‒lar'은 '복수', '‒ι'는 '대격'임을 알 수 있다. 또한 그 형태에도 거의 변화가 없다. Greenberg(1954 : 204)에서 제시한 바와 같이 고전적 의미에서 요소의 결합 시 모양에 거의 혹은 전혀 변화가 없는 것을 교착이라고 한 것은 이를 일컫는 것이다.[2] 또한 '교착(膠

---

2) 이의 반대는 요소들의 상호 변화 혹은 병합(merging)이다. '병합'은 곧 '융합' 즉 '굴

着)'은 'agglutinating'의 번역인 만큼 접사가 서로 긴밀하게 연결되어 있는 것도 특징이다. 교착의 이러한 특성으로 인해 어떤 명사가 어떤 단어형(word—form)을 가질지가 대체로 예측된다는 점도 주목할 만하다.3)

한국어도 이와 평행한 논의가 가능하다.

(2)	단수	복수
주격	사람—이	사람—들—이
대격	사람—을	사람—들—을
속격	사람—의	사람—들—의
여격	사람—에게	사람—들—에게
처소격	사람—에	사람—들—에

한국어의 경우는 복수를 나타낼 때 반드시 표지를 필요로 하는 것은 아니지만4) 형태와 기능 사이의 관계가 대체로 1대 1로 대응되며 문법 요소 사이의 관계가 긴밀하다는 점에서 교착어의 특성을 만족시킨다.5) 즉 문법적 관계를 나타내기 위해 문법 요소가 '첨가'된다는 점에서 교착어는 흔히 '첨가어'로도 불린다. 그러나 '융합'의 경우에도 문법 요소가 '첨가'된다는 점에서 한국어의 특질을 더 분명히 하는 것은 '교착'이라는 용어임을 알 수 있다.

. . . .

절'을 염두에 둔 표현으로 판단된다. 한국어의 경우 역사적인 사정을 배제한다면 공시적인 조사와 어미의 결합은 대체로 교착의 범위를 넘어서지 못한다. 다만 '나+의'가 '내' 되는 것 정도가 병합에 가까운 것이라고 할 수 있다. 그러나 남기심·고영근(2011 : 15)에서 언급한 바와 같이 이것도 본래 첨가적으로 이루어졌던 것이므로 공시적인 관점에서 굴절에서 보이는 병합과는 차이가 있다.

3) 따라서 이러한 언어에는 앞에서 기술한 항목—배열 모델(IA Model)의 적용에 큰 문제가 없다.

4) 주지하는 바와 같이 한국어에서는 복수 표지가 없어도 복수의 의미가 나타나고('사람이 많다') 이미 복수 표지가 있는데도 또 복수 표지가 결합될 수 있으며('너희들') 단위성 의존 명사에는 복수 표지가 결합될 수 없다('*세 명들')는 점에서 수가 문법 범주가 아니다.

5) 물론 한국어의 문법 기술에서 '이'나 '들'은 '조사'로 불려 단어의 대접을 받는다. 그러나 이들도 넓은 의미에서는 접사에 포함될 수 있다. 이에 대해서는 바로 뒤에서 후술하기로 한다. 또한 접사들이 결합할 때도 일정한 순서를 가지는데 이에 대해서는 §2.1.3.에서 살펴보기로 한다.

(1), (2)와 구별되는 융합어의 경우를 살펴보면 아래와 같다.

(3)

	I a		II	
	단수	복수	단수	복수
주격	stol	stol—y	lip—y	lip—y
대격	stol	stol—y	lip—u	lip—y
속격	stol—a	stol—ov	lip—y	lip
여격	stol—u	stol—am	lip—e	lip—am
도구격	stol—om	stol—ami	lip—oj	lip—ami
전치격	stol—e	stol—ax	lip—e	lip—ax

(Comrie, 1989 : 44)

(3)은 러시아어의 예인데 우선 (1), (2)와 비교해 보면 융합어의 경우 문법 요소와 그 기능의 대응이 1대 1이 아니라는 사실을 알 수 있다. 즉 하나의 접사에 두 가지 기능이 들어 있어서 가령 'stol—am'의 '—am'에는 격 정보와 수 정보가 따로 따로 구분되어 있지 않고 한꺼번에 들어 있음을 알 수 있다. 이에 따라 교착어와는 달리 어떤 명사가 어떤 단어형을 가질지 예측하기가 어렵다.

2.1.2. 접사의 범위, 접미사와 접두사의 비율

한국어를 유형론적 관점에서 살펴보기 위해 고려해야 할 점 가운데 하나는 언어 단위 사이의 대응 관계를 조절하는 일이다. 가령 접사(affix)는 유형론적 관점에서 볼 때 어근이나 어간에 결합하는 의존 형태소를 포괄한다. 즉 새로운 어휘를 만드는 단어 형성에만 국한되는 것이 아니라는 것이다.

(4) 가. n—a—taka   ku—la
　　　나—과거—원하다   부정사—먹다
　　　"나는 먹기를 원했다."
　　나. ni—ta—ku—la
　　　나—미래—부정사—먹다
　　　"나는 먹을 것이다."

(Whaley, 1997 : 115에서 재인용)

(4)는 스와힐리어의 예이다. 일반적으로 (4가, 나)에서 '−a−', '−ta−'는 의존성을 지니는 접사로 인정되지만 '과거'나 '미래'와 같은 문법적 의미를 나타내고 있다. 한국어만을 대상으로 기술하는 경우에는 이들에 대응하는 '−었−'이나 '−겠−'을 어미(ending)의 하나로 간주하고 접사로는 다루지 않는 것이 보통이다. 그러나 시선을 돌려 대조언어학적 관점이나 유형론적 측면에서 이들을 동일선상에 놓을 때에는 이렇게 서로 별개의 지위로 다루기는 매우 어렵다. 가령 Song(2011)에서 한국어와 몽골어를 대조하면서 한국어의 '−었−', '−겠−' 등을 접미사로 처리한 것은 이러한 관점에서 이해할 수 있다.

접두사와 접미사도 마찬가지이다. 단어 형성에 논의를 국한하여서는 유형론적인 측면에서 논의를 객관적으로 풀어나가는 것이 어렵기 때문이다. 이러한 측면에서 접미사와 접두사의 비율에 대한 Bybee et. al(1990)의 논의를 살펴볼 필요가 있다. Bybee et. al(1990)에서는 접미사와 접두사의 비율이 어순과 상호 연관성을 보이고 있다는 점에 주목한다. 즉 발생적 집단 안에서 임의로 선택된 71개의 언어들을 대상으로 조사한 결과 거의 3 대 1의 비율로 접미사가 접두사보다 더 보편적이라는 사실을 지적하였는데 보다 흥미로운 것은 접미사의 우세성이 기본 성분 순서와 연관된다고 보고 있다는 점이다. 가령 동사가 문말에 오는 언어들에서는 접미사와 접두사의 비율이 거의 5 대 1, 동사가 중간에 나타나는 SVO, OVS 언어는 2 대 1인 것으로 나타났다. 이에 비해 동사가 문두에 오는 언어들에서는 비율이 1 대 1로 거의 같았다고 한다.[6]

한국어의 경우는 어떨까? 이를 위해 국립국어연구원(2002)의 논의를 참고해 보기로 한다. 국립국어연구원(2002)는 국립국어연구원(1999)의 『표준국어대사전』을 분석한 것인데 국립국어연구원(2002 : 24)에서는 『표준국어대사전』의 표제어

---

6) 그리고 그 이유로 제시한 것은 두 가지인데 하나는 문법화로서 만약 동사 문말 언어일 경우 의존적 접사로 될 가능성이 가장 높은 형태소들은 그것들이 꾸미는 단어 뒤에서 나타난다고 보는 역사적 설명이다. 다른 하나는 언어를 처리하는 인간의 마음과 관련되는데 인간의 뇌는 실제로 단어가 가진 모든 소리를 듣기 전에 어떤 단어가 될 것인지 '추측'하여 언어를 처리하기 시작하는데 단어가 접사를 포함할 경우 접사는 그 접사가 결합하는 어간 혹은 어근보다 정보량이 뒤지기 때문에 접사가 먼저 나타나는 접두사화를 선호하지 않는다는 것이다.

가운데 접사는 모두 656개로 제시되어 있다. 그리고 이 가운데 접두사는 200개, 접미사는 456개로 제시하고 있다.

품사	주표제어	부표제어	계	비율(%)
명사	333,901	1,156	335,057	65.82
의존 명사	1,061	0	1,061	0.21
대명사	463	0	463	0.09
수사	277	0	277	0.05
동사	15,131	53,263	68,394	13.43
보조 동사	42	6	48	0.01
형용사	6,424	10,937	17,361	3.41
보조 형용사	22	7	29	0.06
부사	14,093	3,802	17,895	3.52
관형사	529	1,156	1,685	0.33
조사	357	0	357	0.07
감탄사	812	0	812	0.16
어미	2,526	0	2,526	0.50
접사	656	0	656	0.13
어근	7,346	0	7,346	1.44
무품사	58,509	0	58,509	11.49
합산	442,149	70,327	512,476	100.72
품사 통용	1,555	1,845	3,400	0.67
계	440,594	68,482	509,076	100.05

만약 이를 가지고 Bybee et. al(1990)의 논의와 연관시킨다면 접미사와 접두사의 비율은 2.28대 1이므로 동사가 문말에 오는 한국어는 Bybee et. al(1990)의 논의와 일치하지 않는다는 결론을 이끌어 낼 수도 있다. 그러나 그렇게 보기는 어렵다. 『표준국어대사전』에서 제시된 접사는 순수하게 새로운 단어 형성에 참여하는 것들에 한정되므로 656개의 수치에는 (1)에서 살펴본 시제 접사 등이 제외되어 있기 때문이다. 그렇다면 Bybee et. al(1990)의 논의를 한국어에 적용시키기 위해서는 국립국어연구원(2002 : 21)에서 어미와 조사로 분류된 것들도 고려의 대상이 되어야 한다는 것을 알 수 있다. 국립국어연구원(2002 : 21)을 보면 어미는 모두 2,526개, 조사는 모두 357개로 제시되어 있다. 만약 이들을 모두 접사로 간주한다면 접미사의 경우는 상당히 늘어날 수밖에 없을 것이고 그 비율은 Bybee et.

al(1990)에서 제시된 동사 문말 언어의 접미사와 접두사의 비율인 5 대 1보다도 훨씬 커진다는 것을 알 수 있다. 한국어를 특징지을 때 교착어로서 어미와 조사가 매우 발달한 언어라고 하는 것은 유형론적인 관점에서는 이들을 접미사로 간주할 가능성이 높다는 것을 의미하는 것이다.[7]

2.1.3. 접사의 결합 순서

앞에서 한국어의 조사와 어미도 포괄적인 의미에서 접사에 포함될 수 있다고 하였는데 이러한 접사가 두 개 이상 오는 경우 일정한 결합 순서가 있는 것으로 알려지고 있다. 먼저 다음에 제시된 Greenberg(1966)의 보편성 원칙 39를 살펴보기로 한다.

(5) 보편성 39 : 수와 격을 나타내는 형태소가 둘 다 나타나고 두 형태소가 다 명사
        어기를 선행하거나 후행하면 거의 언제나 수의 표현이 명사와 격
        표현 사이에 온다.

Armenian의 다음 예가 이에 대한 예가 된다.

(6) ənker−ner−ic
     동료−복수−탈격
     "동료들에 의해"

                                        (Whaley, 1997 : 124에서 재인용)

....

7) Dryer(2005a : 110)에서는 굴절 형태론에서 접두사와 접미사의 우위성을 조사하여 다
   음과 같이 통계를 제시하고 있다.
                굴절 형태론이 거의 없거나 전혀 없는 언어 ········ 122개
                접미사가 지배적인 언어 ································· 382개
                접미사가 더 선호적인 언어 ·························· 114개
                접미사와 접두사가 대략 같은 언어 ················ 130개
                접두사가 더 선호적인 언어 ·························· 92개
                접두사가 지배적인 언어 ····························· 54개
                        총 ··· 894개
   한국어는 이 가운데 첫 번째가 아니라 두 번째인 접미사가 지배적인 언어로 분류되어
   있음을 볼 수 있다.

이러한 원칙은 (1)의 터키어뿐만 아니라 (3)의 한국어에도 적용된다는 것을 알 수 있다.

한편 Comrie(1989 : 216~218)에서는 어순과 형태소의 순서 사이의 상관관계에 대해 언급하고 있다. 이는 Givón의 생각에 기반한 것인데 다음과 같은 세 가지 가정을 전제로 한다.

(7) 가. 동사 일치[8] 접사는 통시적으로 대명사로부터 발전한 것이다.
　　나. 의존 형태소는 자립 단어로부터 도출된다.
　　다. 단어 연속이 융합되어 하나의 단어 안에 형태소 연속으로 정착되면 그 순서는 변하지 않는다.

그래서 가령 주어 일치 접사가 동사 어간에 선행한다면 (7가)와 (7나)의 가정에 따라 이 접두사는 주어 대명사에서 발달한 것이라고 할 수 있다는 것이다. 이러한 가정을 일반화하면 가령 주어와 목적어에 일치를 가지는 언어는 공시적인 일치 접사의 순서가 원래 어순을 반영한다고 말할 수 있다. 그래서 거의 대부분의 Bantu 언어들은 공시적으로는 주어–동사–목적어 어순임에도 불구하고 일치 접두사들이 주어와 목적어와 함께 나타나는 동사 어간에 선행한다는 사실로부터 더 이전의 어순은 주어–목적어–동사의 어순이었다는 사실을 추론할 수 있다고 한다.[9]

2.1.4. 굴절과 파생

접사를 단어 형성에만 참여하는 것으로 국한하지 않았을 때 흔히 제기되는 것은 굴절과 파생의 차이이다. 우선 Haspelmath(2002 : 71)에서 제시하고 있는 굴절과 파생의 차이는 다음과 같다.

· · · · · · · · · · · · · · · · · · ·
8) '일치'에 대해서는 '지배'와 함께 §2.2.1.에서 후술하기로 한다.
9) 물론 Comrie(1989)에서는 앞의 세 가지 가정이 절대적인 것은 아니어서 일치 접사가 대명사로부터 도출되지 않는 언어도 있고 의존 형태소가 자립 단어로부터 도출되지 않는 언어도 있으며 형태소의 순서가 변화하는 매우 희귀한 언어도 있다고 밝히고 있다. 이에 대한 자세한 논의는 Comrie(1989 : 217)을 참고할 것.

(8)

	굴절	파생
(가)	통사론에 관여적임	통사론에 관여적이지 않음
(나)	필수적	수의적
(다)	단일어로 대체될 수 없음	단일어로 대체될 수 있음
(라)	어기와 같은 개념을 나타냄	새로운 개념임
(마)	상대적으로 추상적인 의미임	상대적으로 구체적인 의미임
(바)	의미론적으로 규칙적임	의미론적으로 불규칙한 것도 가능함
(사)	어기의 의미에 덜 관여적임	어기의 의미에 매우 관여적임
(아)	비제한적인 적용 가능성을 지님	제한적인 적용 가능성을 지님
(자)	단어 바깥에 나타나는 표현	어기에 근접하여 나타나는 표현
(차)	어기 이형태를 덜 유발함	어기 이형태를 더 유발함
(카)	축적 표현이 가능함	축적 표현이 나타나지 않음
(타)	반복적이지 않음	반복 가능함

굴절과 파생에 대해서는 그동안 크게 이분법적 접근과 연속체적 접근 두 가지가 있어 왔다. 전자가 굴절과 파생은 분명히 구별되는 것이라고 보는 데 비해 후자는 굴절과 파생을 정도성의 차원에서 파악하려 한다. 이분법적 접근에서 특히 중시하는 특성은 (8가, 나, 다)이고 그 가운데서도 (8가)의 것이 가장 각광받는 기준이다. (8라-사)는 의미론적 기준이라고 할 수 있는데 (8라)와 (8마)의 기준은 다소 모호한 부분이 없지 않다. 이들보다 덜 모호하지만 더 중요한 것으로 언급된 것이 (8바), (8사)이다. 그리고 굴절과 파생의 차이를 말해 주는 가장 중요한 기준 가운데 하나가 (8아)이다(Haspelmath, 2002 : 75). 이 조건은 굴절 범주는 임의적인 제한 없이 어기에 적용될 수 있지만 파생은 임의적인 방식으로 제한될 수 있다는 의미이다. 즉 굴절은 예외가 예측 가능하고 따라서 설명 가능해서 가령 정도화가 가능하지 않은 형용사는 비교급을 가질 수 없다고 말할 수 있지만 파생은 가령 'professor'는 가능하지만 '*professoress'가 불가능한 이유가 설명되기 힘들다는 것이다. 한편 (8자, 차)는 복잡한 구조를 가지는 단어들의 형식적 모양과 관련된 속성이다. 마지막으로 (8카, 타)의 조건은 매우 특정한 것들에만 적용되지만 흥미로운 것들이다. 굴절 범주는 하나의 접사로 여러 굴절 범주들이 표현될 수 있지만 파생에서는 그렇지 못하다는 것이 (8카)의 조건이고 굴절 접사들이 여러 개 붙을 수 없는 데 비해

파생 접사는, 비록 그것이 많지는 않지만 가능하다는 것을 나타내는 것이 (8타)의 조건이다.

정확히 일치하는 것은 아니지만 (8)에서 굴절에 대해 제시된 내용은 한국어의 조사와 어미 결합 즉 교착에 대해서도 어느 정도 적용이 가능하다. 이는 한국어의 교착도 단어 형성보다는 문장 형성에 관여하는 바가 많다는 것을 의미한다.

이러한 굴절과 파생의 관계에 대해서는 몇 가지 유형론적으로 의미 있는 언급들이 존재한다. 첫째는 Greenberg(1966)에서 제시된 다음의 절대적 보편성이다.

(9) 보편성 29 : 만약 어떤 언어에 굴절이 있다면 그 언어는 언제나 파생도 있다.

물론 한국어의 경우를 위해서는 (9)의 언급의 역 즉 파생이 있다고 해서 굴절이 있다는 것을 의미하지는 않는다는 것을 강조해야 하겠지만 여기서는 우선 굴절과 파생의 차이가 범주적 측면에서 구분될 수 있다는 것 정도로 충분하다고 판단된다.

두 번째는 Anderson(1992)의 언급처럼 두 가지 이상의 범주적 특성을 가지는 혼성 형태소의 존재이다. 가령 프랑스어의 'du'는 전치사 'de('의')'와 남성 관사 'le('그')'의 조합이지만 이 두 가지가 분리되지 않는다. 중요한 것은 이들 두 가지 요소는 모두 굴절적 요소라는 것이다. 즉 굴절적 요소와 파생적 요소가 합쳐져 혼성되는 예는 보이지 않는다는 것이다.

셋째는 Micelli & Caramazza(1988)에서 언급한 것처럼 실어증 환자 가운데는 굴절적 형태의 사용에 대한 능력은 잃었지만 파생의 능력은 고스란히 남아 있는 경우가 있다는 것이다.

2.1.5. 문법 범주의 형태론적 실현과 통사론적 실현

범언어적인 측면에서 볼 때 평서문의 동사들은 특별한 형식적 표지를 갖지 않는 경향이 있다고 한다. 이와 비슷한 맥락에서 볼 때 인도-유럽어족 언어의 대부분에서는 의문문을 형성할 때 역시 특별한 동사적 형태를 사용하지 않는다. 그러므로 이러한 언어에서 직설법의 범주는 다음과 같은 의문형을 포함하는 것으로 확장될 수 있다.

(10) Why were you carrying a gun?

(Whaley, 1997 : 221)

긍정문이 명제의 진리치에 대한 단언이고 대부분의 의문문은 긍정의 진리치를 가진 명제를 전제한다는 점에서 (10)의 의문문은 "you were carrying a gun."을 가정한다. 이를 염두에 둔다면 의문문은 평서문 즉 진술과 유사성을 가진다. 그런데 언어에 따라서는 의문문의 형태가 평서문과 구별될 수도 있다. 이러한 언어에서는 별도의 의문법이 필요하다. 다음의 예를 보기로 하자.

(11) 가. Kore   wa   hon   desu   **yo**
　　　　이것　　주제　　책　　이다　　평서형
　　　　"이것은 책입니다."

　　 나. Kore   wa   hon   desu   **ka**
　　　　이것　　주제　　책　　이다　　의문형
　　　　"이것은 책입니까?"

(Whaley, 1997 : 221에서 재인용)

한국어의 경우에도 의문문을 만들 때 (11)의 일본어와 그 모양이 같다. 즉 한국어는 의문문이, 결합되는 어미의 차이에 의해 실현되는 것이다.

앞에서 예로 든 의문문은 언어에 따라 실현 방법에 차이를 보이는 경우이지만 한 언어 안에서도 문법 범주가 형태론적으로 혹은 통사론적으로 실현되는 경우도 있을 수 있다. 한국어의 피동과 사동이 이에 대한 대표적인 예로 언급되어 왔다.

이와 관련하여 사동에 대한 유형론적 관찰을 도상성(iconicity)의 측면에서 살펴본 Haiman et als.(1983)을 언급할 필요가 있을 듯하다. Haiman et als.(1983)에서는 여러 가지 사동 유형 중에 어떤 것이 사용될 것인지를 예측할 수 있는 유용한 유형론적 원리를 제안한 바 있다. 즉 어떤 언어가 하나 이상의 사동 형태를 가지고 있다면 '더 작은' 것(즉 구성적으로 더욱 통합된 것)이 더 (개념적으로) 직접적인 사동을 위해 사용되며 '더 큰' 것이 덜 직접적인 사동을 위해 사용된다는 것이다. 이를 정리하면 다음과 같다.

(12) Haiman et als.(1983)의 도상성 피라미드

사동의 유형	형식	인과성
어휘적	(X − '더 작은')	더 직접적
형태적	(Y−Z)	
분석적	(Y　Z − '더 큰')	덜 직접적

(Whaley, 1997 : 195에서 재인용)

어휘적 사동에서는 원인과 결과가 단일한 어휘적 단위(X)에 묶여 있다. 밀접한 형태상의 연결은 밀접한 의미상의 연결과 상호 관련된다. 그러므로 이 형태는 의미적 측면에서 도상적이라고 할 수 있다. 형태적 사동에서 그 결과는 전형적으로 동사(Y)이며 그 사동은 접사(Z)로 표시된다. 형태상의 구분은 원인과 결과라는 개념들 사이에 있는 구분의 증가와 상호 연관된다. 마지막으로 분석적 사동에서는 원인과 결과가 별개의 동사로 표현된다. 형태적으로 더 큰 구분이 있고 따라서 원인과 결과 간의 개념적 거리가 더 멀어지게 된다(Whaley, 1997/김기혁 옮김, 2010 : 257~258). 이는 한국어의 경우에서 찾아 볼 수 있다.

(13) 가. 어머니는 아이에게 옷을 입게 하였다.
　　　나. 어머니는 아이에게 옷을 입혔다.

(13가)는 분석적 사동으로서 간접 사동을 반영하고 있고 (13나)는 형태론적 사동으로서 직접 사동의 의미를 보여 준다.[10)

---

10) 물론 이것이 형태론적 사동이 늘 직접 사동의 의미로만 해석되어야 한다는 것을 의미하는 것은 아니다. "철수가 나를 웃겼다."와 같은 경우는 '나를 웃게 한' 것이므로 간접 사동의 의미로 해석된다. '울리다', '읽히다'의 경우도 마찬가지이다.

2.2. 통사적 특성

2.2.1. 지배 대 일치, 핵심어 대 의존어의 표지

두 성분 사이의 통사적인 관계가 의존 성분에 의무적으로 표시되어 포착되는 통사적 관계가 '지배'이다. 다음 예를 보자.

(14) 가.　**ana** skē : ptr−ō : (여격)　　　"지팡이 위에"(upon)

나.　**apo** tou hipp−ou(소유격)　　"말에서"(from)

다.　**en** Spart−ē(여격)　　　　　"스파르타에서"(in)

라.　**eis** basil−ea(대격)　　　　　"왕에게"(to)

(Whaley, 1997 : 140)

위의 예에서 보는 바와 같이 전치사들은 형태가 고정되어 있지만 이들은 후행하는 명사의 격 접미사를 결정한다. 즉 가령 (14가)의 'ana'는 여격을 '지배'하는 것이다. 이에 대해 통사적으로 의존적인 성분들이 핵심어 명사의 형태에 대응하는 형태를 가지는 경우가 있다. 이를 '일치'라고 한다. 다음의 스페인어 예에서 이를 살펴볼 수 있다.

(15) 가.　la elefanta negr−a　　　　"그 검은 코끼리"

나.　las elephantas negr−as　　"그 검은 코끼리들"

다.　el gato negr−o　　　　　　"그 검은 고양이"

라.　los gatos negr−os　　　　"그 검은 고양이들"

(Whaley, 1997 : 140)

(15가)에서 명사 'elefanta'는 여성 단수인데 이에 따라 여성 단수 관사 'la'가 반드시 사용되어야 하고 형용사는 여성 단수 접미사와 같이 구성되어야 한다. 나머지 예들에서도 관사, 형용사는 명사와 성, 수 두 가지 모두가 '일치'해야 한다.11) 그런데 지배−일치로는 설명하기 쉽지 않은 경우가 있다.

(16) 가. a man's house(소유자 표시)
        남자의 집
     나. az ember h'az−a(피소유자 표시)
        그 남자   집−3단수

(Whaley, 1997 : 141)

(16가)는 영어이고 (16나)는 헝가리어의 예이다. (16가)는 지배의 예라고 할 수 있다. 의존어가 핵심어 명사와의 관계 때문에 소유격의 표시 '−s'를 취하기 때문이다. 그러나 (16나)에서 표시된 것은 소유자가 아니라 피소유자이기 때문에 지배나 일치의 예라고 할 수 없는 것이다. 이런 경우에는 표시가 핵심어에 표시되는지 의존어에 표시되는지를 구별하는 것이 오히려 더 명확하다고 할 수 있다. 즉 헝가리어는 핵심어 표시를 보여 주고 영어는 의존어 표시를 보여 준다고 할 수 있는 것이다. 남은 경우의 수는 핵심어든 의존어든 아무런 표시를 보여 주지 않는 경우와 반대로 핵심어와 의존어 모두에 표시를 보여 주는 경우이다.

(17) 가. Dumnab ram
        둠납   집
        "둠납의 집"
     나. ev−in   kapi−si
        집−소유격   문−3단수
        "집의 문"

(Whaley, 1997 : 142)

---

11) 이러한 지배와 일치를 표현하기 위해 단어 내부에서 어미 등의 형태소를 사용하는 현상은 형태론적 특성 안에 들어온다. Spencer(1991 : 21)에서 굴절에 의해 실행되는 문법 기능의 두 가지 중요한 유형으로 일치와 지배를 든 것은 이러한 맥락과 관련되어 있다. 즉 일치와 지배는 두 단어 혹은 구들이 같은 문법적 범주에 소속되어 있음을 보이기 위해 형태론적 기제를 이용하기도 하는 것이다. 이를 형태론과 통사론의 접면 (interface)이라 하여 'morphosyntax'라 한 것도 형태론적 현상이 통사론적 현상과 관련되는 부분을 강조하기 위한 것이다.

(17가)는 Kobon의 예인데 소유격이 형태론적 표시로 나타나지 않고 병렬 배치로 나타난 예이며 (17나)는 터키어의 예인데 소유격의 표시가 접사로 나타나고 핵심어 명사 'kapi'에 일치 접미사가 나타나 핵심어와 의존어 모두에 표시가 나타난 예이다.

Nichols(1986 : 75)에서는 60가지 언어의 테이터 베이스를 이용하여 핵심어와 의존어 표시에 대해 다음 네 가지의 주요 유형을 정리하였다.

(18) 가. 핵심어 표시형 : 의존성을 나타내는 우세한 전략을 핵심어에 표시(예 : Blackfoot, Lakhota)

　　나. 의존어 표시형 : 의존성을 나타내는 우세한 전략을 의존어에 표시(예 : 그리스어)

　　다. 이중 표시형 : 상당한 수의 구성이 핵심어와 의존어 둘 다에 의존성을 표시하여 그 언어를 핵심어 표시나 의존어 표시의 가운데 한 범주에 두는 것이 현실적이지 못한 것(예 : Aleut, Arabic)

　　라. 분열 표시형 : 핵심어 표시와 의존어 표시 패턴의 수가 대략 같은 것(예 : Bantu에서는 절 층위에서는 핵심어, 구 층위에서는 의존어에 표시됨)

그리고 이들 가운데는 (18가, 나)의 유형이 가장 일반적이고 (18라)의 분열 표시형 언어에는 다음과 같은 상호 관련성이 있다고 하였다.

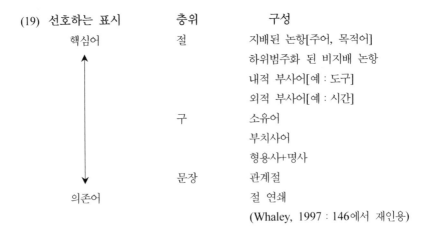

(19) 선호하는 표시　　　층위　　　구성

　핵심어　　　　　　　절　　　　지배된 논항[주어, 목적어]

　　↑　　　　　　　　　　　　　하위범주화 된 비지배 논항

　│　　　　　　　　　　　　　내적 부사어[예 : 도구]

　│　　　　　　　　　　　　　외적 부사어[예 : 시간]

　│　　　　　　　　구　　　　소유어

　│　　　　　　　　　　　　　부치사어

　│　　　　　　　　　　　　　형용사+명사

　↓　　　　　　　　문장　　　관계절

　의존어　　　　　　　　　　　절 연쇄

　　　　　　　　　　　　　　　(Whaley, 1997 : 146에서 재인용)

이를 근거로 Nichols(1986 : 75)는 다음과 같은 두 가지 함축적 보편성을 제공하고 있다.

> (20) 가. 만약 어떤 언어가 주요하고 현저한 핵심어 표시의 형태론을 어딘가에 가지고
> 있다면 그것은 절 층위에서일 것이다.
> 나. 만약 어떤 언어가 절 층위에서 의존어 표시의 형태론을 가지고 있다면 구
> 층위에서도 그럴 것이다.

또한 Nichols(1986 : 81)에서는 언어가 의존성을 표시하는 데 사용하는 표시의 패턴과 기본 어순 사이에도 상호 관련성이 있다고 제안하고 있다. 즉 핵심어 표시 형태론은 동사−문두 어순을 선호하는 반면 의존어 표시 형태론은 그 어순을 선호하지 않는다는 것인데 만약 어떤 언어가 동사로 시작한다면 형태론은 그 핵심 문법 관계들을 지시하는 동사에 발생할 것이라는 것이고(핵심어 표시 패턴) 이와 대조적으로 언어가 동사로 시작하지 않는다면 그 문법 관계는 명사 논항들에 표시될 것이라는 것이다(의존어 표시 패턴).

현대 한국어의 경우는 앞에서 언급한 일치로 설명될 만한 문법 현상이 거의 없다.[12] 그러나 격과 관련하여서는 지배의 관점에서 언급할 부분이 적지 않다고 판단된다. 특히 (19)와 관련하여 핵심어 표시와 의존어 표시에 대해 조사를 예로 들어 설명할 수 있다. 한국어의 경우 (19)에서 나타나는 문법 현상이 주로 조사로 실현되기 때문이다.[13]

· · · · · · · · · · · · · · · · · · · ·

12) 주지하는 바와 같이 중세 한국어의 경우에는 이른바 선어말 어미 '−오−'를 통해 1인칭 주어와 일치를 보인다고 할 수 있다. 인칭과 관련된 것은 아니지만 설명의문문에 '−오'계 어미가 결합하고 판정의문문에 '−아'계 어미가 결합하는 것도 일치와 연관시킬 수 있다고 생각된다. 한편 현대 한국어에서 주어의 높임 자질과 관련되는 선어말 어미 '−시−'를 일치로 보려는 견해도 있다. 그러나 주어가 높임의 자질을 가진다고 하여 반드시 '−시−'가 실현되어야 하는 것은 아니고 반대로 주어가 높임의 자질을 가지지 않는 경우에도 '−시−'가 실현될 수 있다는 점에서 순수하게 문법적인 일치로 보기는 어렵다고 판단된다.
13) 조사를 표지의 하나로 볼 경우 넓은 의미에서 접미사에 포함될 수 있음을 앞에서 살펴보았다. 이 경우에 필요한 단어 개념은 기식군(breath group)을 중심으로 하는 음운론적 단어 개념이다. 그러나 결합 양상을 중심으로 할 경우에는 한국어의 조사나 어미가 모두 구(句) 이상의 단위와 결합하므로 통사 단위라 할 수도 있다. 이 경우에 필요한 단어 개념은 작용역을 기반으로 하는 문법적 단어 개념이다. 본서에서는 경우

(21) 가. 나의 책

　　나. 철수가 나의 책을 동생에게 주었다.

　(21가)에서 볼 수 있는 바와 같이 한국어의 경우 소유격은 의존어에 표시된다. 그러나 이 경우 핵심어가 의존어를 지배하고 있다고 보기 어렵다. 그러나 (21나)에서는 사정이 이와 다르다. (21나) 문장의 전체 핵심어 '주-'는 논항 관계를 보이고 있다는 점에서 나머지 성분을 지배하고 있다고 볼 수 있기 때문이다. 이 경우 주어 '철수가', 목적어 '나의 책을', 부사어 '동생에게'는 의존어라고 할 수 있는데 그 지배 관계를 의존어에 표시하고 있음을 알 수 있다. 이는 한국어도 Nichols(1986)의 함축적 보편성 (20나)를 따른다는 것을 의미한다.

　이러한 한국어의 표시 체계가 세계 언어에서 어떤 위치에 속하고 있는가를 보다 자세히 살펴보기로 한다. 먼저 (21가)와 관련하여 Nichols & Bickel(2005b : 102)에서는 세계의 언어들이 소유격 명사구에서 어디에 표지를 나타내는지에 대해 다음과 같은 통계를 제시하고 있다. 소유격 명사구에서 핵은 명사이다.

(22) 가. 핵인 명사에 표시하는 언어 ·· 77개

　　나. 의존어에 표시하는 언어 ·· 98개

　　다. 핵과 의존어에 모두 표시하는 언어 ································ 22개

　　라. 핵과 의존어 모두에 표시하지 않는 언어 ······················ 32개

　　마. 기타 유형의 언어 ·· 6개

　　　　총 ·· 235개

　그리고 한국어는 (21가)에서 이미 살펴본 것처럼 (22나)에 속하는 것으로 되어 있다. 다음으로는 (21나)와 관련하여 Nichols & Bickel(2005a)에 대해 살펴보기로 하자. Nichols & Bickel(2005a : 98)에서는 특히 직접 목적어와 관련하여 표지가 어디에 실현되는지를 다음과 같이 제시하고 있다. 이때 핵은 동사이다.

에 따라 이러한 개념을 상대적으로 사용하고자 한다. 후술하는 바와 같이 조사나 어미의 단어 인정 여부가 유형론적 관점에서 문제가 된 것은 사실 단어를 어떻게 바라보느냐 하는 시각과 관련이 있다. 이에 대해서는 4장에서 더 자세히 논의하고자 한다.

(23) 가. 핵인 동사에 표시하는 언어 ·· 71개
　　 나. 의존어인 목적어에 표시하는 언어 ····························· 63개
　　 다. 핵과 의존어에 모두 표시하는 언어 ·························· 57개
　　 라. 핵과 의존어에 모두 표시하지 않는 언어 ················ 42개
　　 마. 기타 언어 ··· 2개
　　　　　 총 ·· 235개

한국어는 (21나)에서 살펴본 것처럼 (23나)에 속하는 것으로 되어 있다. 그런데 (22)와 (23)을 보면 전체 표본 언어의 수는 일치하지만 세부 양상은 일치하지 않는다는 것을 알 수 있다. 즉 소유격 명사구에서는 핵에 표시하지만 목적어의 경우에는 의존어에 표시하는 언어들이 있을 수 있다는 것이다. 이에 따라 Nichols & Bickel(2005c)에서는 핵과 의존어 표시가 어느 정도 일관적인지, 그리고 일관적이라면 핵에 표시하는지 의존어에 표시하는지를 조사하여 다음과 같은 통계를 제시하고 있다.

(24) 가. 일관적으로 핵에 표시하는 언어 ······························· 47개
　　 나. 일관적으로 의존어에 표시하는 언어 ······················· 46개
　　 다. 일관적으로 다중적으로 표시하는 언어 ···················· 16개
　　 라. 일관적으로 표시가 없는 언어 ································· 6개
　　 마. 표시가 일관적이지 않거나 다른 유형에 속하는 언어 ······ 120개
　　　　　 총 ··· 235개

한국어는 (21), (22), (23)에서 살펴본 바와 같이 (24나)에 속한다는 것을 짐작할 수 있는데 (24마)에서 볼 수 있는 바와 같이 일관적이지 않거나 다른 유형에 속하는 언어가 전체 표본의 절반을 넘는다는 사실을 알 수 있다.14)

---

14) 이러한 측면에서 보면 핵과 의존어에 대한 표시 체계와 관련하여서는 한국어가 보편적이라기보다는 특수하다는 사실을 알 수 있다. 이러한 측면에서 4장에서는 한국어의 대명사, 수사가 유형론적인 관점에서 어떤 특수성을 가지고 있는지 Haspelmath et als. (eds.)(2005)에 제시된 조사 자료를 기반으로 살펴보기로 한다.

2.2.2. 격과 일치의 계층

격과 일치는 전형적으로 관계의 계층에 의해 작용한다. 우선 일치에 대해 살펴보면 동사 일치가 어떤 한 명사어의 문법적 관계를 표시하기 위해 사용된다면 이것은 주어와의 일치임을 예측하게 한다. 마찬가지로 만약 일치가 두 개의 명사어와만 이루어지면 그것은 주어와 목적어라는 것이다. 즉 간접 목적어는 동사와 일치하는데 주어는 그렇지 않은 언어는 거의 없을 것이라고 예측할 수 있다. 이를 표시하면 다음과 같다.

(25) 일치 계층
    주어 > 직접 목적어 > 간접 목적어 > 다른 것

                                           (Whaley, 1997 : 154)

흥미롭게도 문법적 관계와 격 사이의 상호 관련성을 나타내는 계층은 반대 방향으로 작용한다. 즉 격으로 주어는 표시하지만 다른 문법 관계는 표시하지 않는 언어가 많고 주어와 간접 목적어는 격에 의해 표시되지만 직접 목적어는 표시되지 않는 언어는 거의 없다는 것이다. 이를 표시하면 다음과 같다.

(26) 격 계층
    다른 것 > 간접 목적어 > 직접 목적어 > 주어

                                           (Whaley, 1997 : 154)

이 두 가지를 함께 표시하면 다음과 같다.

(27) 격과 일치 간의 상호 관련
      주어 > 직접 목적어 > 간접 목적어 > 다른 것
    일치 ←————→   ←————→ 격

                                           (Whaley, 1997 : 154)

언어는 격과 일치를 둘 다 사용할 때 업무를 분배하여 명사어의 문법적 관계가 이중으로 표시되지 않도록 하는 경향이 있다고 한다. 따라서 일치가 계층을 따라 어디에서든지 멈추면 격이 거의 겹침이 없이 그 기능을 계속하는 것이다.

다음의 터키어의 경우를 살펴보기로 하자.

(28) 가. Ben　　bu　　makale−**yi**　　yarın　bitir−eceğ−im
　　　　나　　이　　논문−대격　　내일　끝내다−미래−1단수
　　　　"나는 이 논문을 내일 끝낼 것이다."

　　나. Hasan　　çocuğ−**a**　　elma−**yı**　　ver−di
　　　　하산　　아이−여격　　사과−대격　　주다−과거
　　　　"하산이 아이에게 사과를 주었다."

　　다. Kitap−lar　　masa−**dan**　　yer−e　　düş−tü
　　　　책−복수　　탁자−탈격　　바닥−여격　떨어지다−과거
　　　　"책들이 탁자에서 바닥에 떨어졌다."

(Whaley, 1997 : 154에서 재인용)

터키어에서 동사 일치는 오직 주어와만 연관하여 나타난다. 따라서 (28가)의 접미사 '−im'은 1인칭 단수인 주어의 존재를 표시하고 주어는 격이 없지만 다른 명사어들은 격 접미사로 표시된다.

전술한 바와 같이 현대 한국어에는 이러한 경우를 찾아보기 어렵다. 그러나 중세 한국어에서 주어가 1인칭인 경우 이와 호응하는 어미를 가지고 있었다는 사실은 (28가)와 평행하게 이해될 수 있는 성질의 것이다. 이런 점에서 보면 한국어도 (25)~(27)의 원칙을 따른다고 할 수 있다.

2.2.3. S, A와 P

언어 사이에 나타나는 격과 일치 체계의 관계를 살펴보기 위해 Dixon(1972)에서 제안한 것처럼 자동사의 주어(Subject : S), 타동사의 주어(Agent : A), 타동사의 목적어(Patient : P)를 구별하는 것이 유용하다. 흔히 S와 A가 같은 방식으로 나타날 때 이를 주격−대격 체계라 하고 이러한 특성을 보이는 언어를 주격−대격 언어라 한다. 한편 S와 P가 같이 묶이는 것을 능격−절대격 체계라 하고 이러한 특성을 보이는 언어를 능격−절대격 언어라 한다.

(29) 가.   Juan−Ø   aywa−n
             호안−격표지   가다−3단수
             "호안이(S) 간다."

      나.   Juan−Ø   Pedro−ta   maqa−n−Ø
             호안−격표지   페드로−격표지   때리다−3단수−3단수
             "호안이(A) 페드로를(P) 때린다."

                                             (Whaley, 1997 : 156에서 재인용)

(30) 가.   W−as−Ø   w−ekér−ula
             남성−아이−격표지   남성−달리다−현재
             "소년이(S) 달린다."

      나.   Inssu−cca   j−as−Ø   j−écc−ula
             아버지−격표지   여성−아이−격표지   여성−칭찬하다−현재
             "아버지가(A) 소녀를(P) 칭찬한다."

                                             (Whaley, 1997 : 157에서 재인용)

(29)가 주격−대격 언어의 Quechua의 예이고 (30)이 절대격−능격의 Avar의 예이다. S, A, P의 논리적으로 가능한 배열을 고려해 보면 주격−대격과 능격−절대격 이외에 3가지의 다른 체계가 존재한다.

(31)   그룹   표지   빈도

그룹	표지	빈도
[A, S][P]	주격−대격	일반적
[A][S, P]	능격−절대격	일반적
[A][S][P]	삼분할	아주 드묾
[S][A, P]	대격 초점	확인 안 됨
[A, S, P]	중립	확인 안 됨

                                             (Whaley, 1997 : 158)

위의 경우에서 대격 초점과 중립 체계가 확인되지 않는 이유는 격, 일치, 어순 또는 이들 모두의 주요 기능이 의미적, 문법적 관계들을 식별하는 것임을 염두에 둘 때 설명이 가능하다. 즉 대격 초점과 중립 체계에서는 A와 P가 구분이 되지 않기 때문에 이것들의 문법적 관계가 드러나지 않는 것이다. 반대로 주격−대격, 능격−절대격 체계는 모두 A와 P가 구분되는 것이다. 삼분할 체계도 역시 이러한

구분이 가능하지만 이번에는 경제성의 원리에서 설명이 가능하다. S는 A나 P와 혼동되지 않기 때문에 그 자신의 표지를 주는 것은 비경제적인 것이다.

한국어는 주지하는 바와 같이 'A, S'가 한데 묶이고 'P'가 구분된다는 점에서 주격-대격 언어라 할 수 있다. 그런데 다음과 같은 문장이 나타나는 경우가 있다.

(32) 가. 돌이 움직인다.
      나. 철수가 돌을 움직인다.

(32)에서 볼 수 있는 바와 같이 같은 서술어 '움직이다'는 자동사로도 쓰이고 타동사로도 쓰이고 있음을 알 수 있다.

이를 두고 한국어가 능격성을 보이는 경우라 하는 일도 있으나 '주격-대격'과 '절대격-능격'을 구분하는 것은 철저히 표지를 기준으로 구별되어야 한다고 보았을 때 (32)는 여전히 'A, S'가 한데 묶이고 'P'가 따로 구분된다는 점에서 '절대격-능격'의 경우라고 하는 것은 무리가 있다고 판단된다. 만약 이것이 '절대격-능격'의 체계를 보이는 것으로 간주되려면 (30)의 경우처럼 다음과 같은 표지 체계가 존재해야 할 것이다.[15]

(32') 가. 돌-x 움직인다.
       나. 철수-y 돌-x 움직인다.

2.2.4. 어순

한국어가 가지는 통사적 특성으로 흔히 언급되는 것은 어순이다. 그런데 어순은 단어 형성과 관련하여서도 매우 중요한 의미를 갖는다. 이른바 통사적 합성어와 비통사적 합성어가 어순과 직접적인 연관을 가지기 때문이다. 이에 대해서는 4장에서 후술하기로 하고 여기서는 순수하게 통사적 특성으로서 한국어와 관련되는 어순의 일반적인 현상에 대해 유형론적인 측면에서 살펴보기로 한다.

....

15) 연재훈(2008)에서는 한국어에서 능격성과 관련된 그동안의 논의를 종합적으로 고찰한 바 있다. 그 결론은 한국어에는 유형론적 측면에서 능격성이 존재하지 않는다는 것이다. 보다 자세한 논의는 연재훈(2008)을 참고할 것.

어순은 S(주어), V(동사), O(목적어)의 조합으로 그 특성을 표현하는데 이를 기본 성분 순서라고 한다. 한국어는 주지하는 바와 같이 SOV의 기본 성분 순서를 갖는다. 그동안 제시된 세계 언어들에 대한 기본 성분 순서에 대한 몇 가지 상대적 백분율은 다음과 같다.

순서	%		
	Greenberg(1966)	Ohio State(1992)	Tomlin(1986)
SVO	43	35	42
SOV	37	44	45
VSO	20	19	9
VOS	0	2	3
OVS	0	0	1
OSV	0	0	0

(Whaley, 1997 : 37)

Greenberg(1966)은 30개 언어를 대상으로 연구한 것으로서 SVO 언어가 가장 일반적이라고 제시하였으며 Tomlin(1986)은 402개 언어를 대상으로 연구하여 SOV 언어가 가장 보편적이라고 결론을 내린 바 있다.[16] 이러한 차이는 여러

....

16) Dryer(2005b : 330)에는 모두 1228개 언어를 대상으로 다음과 같은 통계 자료를 제시하고 있다. 괄호 안의 비율은 기타의 172개를 제외한 1056개 언어를 대상으로 계산한 것이다.

SOV ·································· 497개 (47.1%)
SVO ·································· 435개 (41.2%)
VSO ·································· 85개 (8%)
VOS ·································· 26개 (2.5%)
OVS ·································· 9개 (0.8%)
OSV ·································· 4개 (0.4%)
지배적 어순을 결하고 있는 언어 ········ 172개
총 ······························· 1228개

이를 보면 SOV 언어가 SVO보다 더 많다는 점에서 Tomlin(1986)과 일맥상통하고 또한 위의 표에는 없는 OSV언어도 보고되어 있다는 점에서 흥미롭다. 지배적 어순을 결하고 있는 기타 언어 172개가 제시되어 있음에도 주의를 요한다. Dryer(2005b)의 2013년 2월까지의 온라인판에는 조사 대상 언어가 1377개로 확대되었고 이에 따라 세부 수치도 다음과 같이 조정되었다. 역시 괄호 안의 비율은 기타의 경우를 제외한

가지 측면에서 원인을 찾을 수 있지만 가장 큰 요인은 대상 언어의 수보다는 표본 구성의 쏠림 현상 때문이라고 보는 것이 더 적절할 것이다. Greenberg(1966)은 30개 언어를 대상으로 하였는데 이 가운데 약 3분의 1의 언어가 인도-유럽어이며 대략 4분의 1의 언어는 아프리카에서 사용되는 언어들이다.

한편 Greenberg(1966)에서는 30개 언어들의 어순을 조사하여 다음과 같은 함축적 보편성 원칙을 제시한 바 있다.

(33) 보편성 5 : 만약 어떤 언어가 SOV 어순을 주요 어순으로 하고 소유격이 지배
　　　　　　　명사의 뒤에 나타난다면 형용사도 명사의 뒤에 나타난다.

그러나 이 원칙은 Tigre의 다음 예를 통해 쉽게 부정된다.

(34)　가. rabbí　　　'astar　　wāmədər　　faṭra
　　　　　신　　　　하늘　　그리고.땅　　창조하였다
　　　　　"신이 하늘과 땅을 창조하였다."
　　　나. 'ab　　　la-ḥəsān
　　　　　아버지　관사-소년
　　　　　"그 소년의 아버지"

....
　1188개 언어를 대상으로 한 것이다
　　　　　　　　SOV ·· 565개 (47.5%)
　　　　　　　　SVO ·· 488개 (41.1%)
　　　　　　　　VSO ····································· 95개　(8%)
　　　　　　　　VOS ·································· 25개　(2.1%)
　　　　　　　　OVS ··························· 11개　(0.9%)
　　　　　　　　OSV ·························· 4개　(0.3%)
　　　　　　지배적 어순을 결하고 있는 언어 ······· 189개
　　　　　　　　　총 ································· 1377개
대체로 각 유형에 해당하는 언어의 수가 늘었지만 VOS의 경우에는 줄었다는 것이 눈에 뜨인다. 기존의 연구에 비하면 1377개 언어라는 수치는 상당히 놀라운 것이지만 세계 언어의 수를 5000에서 7000개까지로 간주하는 경우가 있다는 것을 염두에 둔다면 이들 수치도 앞으로 계속하여 변화할 것으로 예상된다.

다. la−gəndāb   'ənās
　　관사−늙은   남자
　　"그 늙은 남자"　　　　　　　　　　　　(Whaley, 1997 : 35에서 재인용·)

　(34가)를 보면 이 언어는 SOV 어순이고 (34나)를 보면 '명사−소유격' 어순이지만 (34다)를 보면 '형용사−명사' 어순이기 때문이다. 혹자는 (33)의 원칙은 (34)와 같은 예외가 있기는 하지만 비교적 강력한 원칙이라고 주장할 수도 있다. 즉 (33)은 다음과 같이 완화되는 것만으로 충분한 효력을 나타낼 수 있다고 보는 것이다.

　(35) 만약 어떤 언어가 SOV 어순을 주요 어순으로 하고 소유격이 지배 명사의 뒤에
　　　나타난다면 형용사도 거의 대부분 명사의 뒤에 나타난다.

　그러나 Dryer(1988, 1989)의 지적처럼 이러한 경향이 참인 것은 유라시아의 경우뿐이고 세계의 다른 곳에서는 OV 언어들이 명사 뒤에 형용사를 두는 것이 더 보편적이다. 즉 Greenberg(1966)의 방법론은 표본의 수도 그 규모가 작다는 문제를 가지고 있지만 그보다 근본적인 문제점은 표본이 실제 언어 분포의 실질적인 대표가 아니라는 사실이다. Tomlin(1986)은 이러한 한계를 극복하기 위해 각 언어의 어족은 그 어족에서의 언어의 수에 근거하여 표본의 대표성을 띤다고 보았다. 즉 더 많은 수의 언어로 구성된 어족들은 그보다 적은 수의 언어들로 구성된 어족보다 표본 내에서 더 대표적인 것으로 간주하자는 것이다.[17]

. . . .

17) 물론 이러한 방법도 문제가 없는 것은 아닌데 어족들의 실제적인 빈도가 단지 순수한 언어적 요인뿐만 아니라 역사적인 요인도 개입시키기 때문이다. 이러한 경우에는 해당 공동체의 사회학적인 성격 때문에 어족에 속하는 수가 상대적으로 적을 수도 있고 많을 수도 있다. 한편 Bybee(1985)에서는 표본을 구성하기 위해 어족들의 언어적 빈도를 무시하고 해당 어족에서 하나의 언어만 표본으로 선택하는 방법을 취하였다. 이러한 방법은 순수하게 언어학적 선호도를 더 정확하게 반영할 수 있고 필요한 표본의 크기를 조절할 수 있다는 장점을 가지지만 지리적 측면에서 충분히 구분되는 표본을 구성하는 것이 불가능할 수도 있다는 단점을 갖는다. 즉 발생적 소속과는 관계없이 언어들 사이의 지속적 접촉으로 언어 특질을 공유하는 언어가 적지 않게 존재하는 것이다. Dryer(1992)에서는 대규모의 데이터베이스(625개의 언어)를 사용하면서 그것의 발생적, 지역적 편견을 통제하기 위해 먼저 언어들을 속(genera)으로 나누고 다시 각각의 속을 여섯 개의 지역으로 나눈 바 있다.

앞의 표는 단순히 어순의 평면적 결합 이외에도 여러 가지 측면에서 홍미로운 사실을 암시한다. 첫 번째는 주어와 목적어의 상대적 빈도이다. Tomlin(1986)의 것만을 가지고 이를 살펴보면 다음과 같다.

어순	언어	
	수	%
SO	385	96
OS	17	4
합계	402	100

(Whaley, 1997 : 83에서 재인용)

위의 표를 보면 주어가 목적어 앞에 오는 언어가 목적어 뒤에 오는 언어보다 압도적임을 알 수 있다. 이에 대해서는 이미 Greenberg(1966)의 보편성 1에 드러나 있다.

(36) 보편성 1 : 명사인 주어와 목적어를 가진 평서문에서 주어가 목적어를 앞서는 것이 거의 언제나 지배적인 순서이다.

Comrie(1989 : 93)에서는 이처럼 주어가 목적어 앞에 오는 현상은 타동사절에서 주어는 일반적으로 동사에 의해 표현된 행위의 시발자이며 그 행위를 통제하는 실체인 반면 목적어는 행위의 영향을 받는 실체로서 인지적인 측면에서 목적어보다 주어가 더 현저하며 따라서 주어를 목적어 앞에 놓는 순서를 발전시킨 때문으로 풀이하고 있다.

기본 성분에 대한 상대적 백분율 표에서 드러나는 또 다른 특이성은 O와 V의 인접성이다. 즉 표를 보면 O와 V가 인접하여 나타는 언어가 훨씬 많다는 것을 알 수 있다.

어순	언어	
	수	%
OV	185	46
VO	180	45
그 외	37	9
합계	402	100

위의 표는 V, O 어순의 상대적 빈도를 나타내고 있는데 이를 보면 V와 O가 인접한 것은 91%로 S에 의해 V와 O가 갈라진 경우에 비해 압도적으로 높은 비율을 차지하고 있다. 이는 언어학에서 V와 O가 서로 단단하게 결속되어 있다는 그동안의 인식을 반영한다.

이제 주어와 목적어의 상대적 빈도 그리고 V, O 어순의 상대적 빈도에서 나타난 내용을 종합하여 이들을 각각 '주어 우선성'과 '목적어, 동사 인접성'으로 나타내고 이를 '+'와 '−'의 값으로 나타내면 기본 어순은 다시 다음과 같이 나타낼 수 있다.[18)

어순	주어 우선성	목적어, 동사 인접성
SVO	+	+
SOV	+	+
VSO	+	−
VOS	−	+
OVS	−	+
OSV	−	−

이 표를 통해 두 가지 특성에서 모두 '+'값을 가지는 성분 순서가 가장 보편적이고 한 가지 특성에만 부합하는 것은 덜 보편적이고 두 가지 특성을 모두 가지지 않는 것은 극히 드물거나 존재하지 않는다고 말할 수 있다. 두 가지 특성 가운데서도 어떤 것이 더 큰 비중을 가지느냐에 따라 보다 자세한 얘기가 가능한데 Song(1991)에서는 주어 우선성에 더 큰 비중을 두어 SVO와 SOV가 가장 우선 순서이고 VSO와 VOS가 그 다음 순서, OVS가 가장 나중 순서라고 하였다. 이는 Tomlin(1986)의 자료와 완벽하게 상호 관련된다는 점에서 주목하지 않을 수 없다.

일찍이 이상과 같은 S, O, V의 상대적인 순서는 해당 언어에서의 다른 문법 요소와도 긴밀한 관계를 가지는 것으로 언급되어 왔다. Lehmann(1973, 1978)에서는 다음과 같은 어순과의 상호 관련성을 제시한 바 있다.

....

18) 이 표는 Whaley(1997 : 85)의 표에서 '주어 현저성', '구절 구조 규칙'이라는 용어를 본서의 논의에 맞게 조금 수정한 것이다. '구절 구조 규칙'은 '지배 결속' 이론을 원용한 것이다.

어순	
VO	OV
전치사+명사	명사+후치사
명사+소유격	소유격+명사
명사+형용사	형용사+명사
명사+관계절	관계절+명사
문두 의문사	문두 이외 의문사
접두사	접미사
보조동사+본동사	본동사+보조 동사
비교형용사+기준	기준+비교 형용사
동사+부사	부사+동사
부정어+동사	농사+부정어
종속 접속사+절	절+종속 접속사

(첫 번째 열 왼쪽에 '상호 관련'이라는 행 레이블이 있음)

(Whaley, 1997 : 86에서 재인용)

이러한 설명에 잘 부합하는 오로첸어[19]와 같은 경우가 있기는 하지만 영어만 하더라도 VO 언어인데도 형용사가 명사 앞에 오고 소유격도 명사 앞에 오며 접미 사 사용이 우세하다는 점에서 Lehmann의 예측에 어긋난다.[20] 한국어의 경우는 어느 쪽에 가까울까? 한국어의 경우는 오히려 Lehmann의 예측에 잘 들어맞는다 고 할 수 있다. 형태론에 관심을 모으고 있는 본서의 입장에서 Lehmann의 제안에 대한 비판 가운데 주의를 끄는 것은 Dryer(1988)이다. Dryer(1988)에서는 동사— 목적어 어순과 명사—형용사 어순 사이에 상호 관련성이 없다고 주장한다. 즉 OV 언어들 가운데는 형용사를 명사 앞에 두기보다는 형용사를 명사 뒤에 두는 경향이 있다는 것이다.[21]

. . . .

19) 오로첸어는 SOV이고 후치사가 있으며 명사 앞에 소유격이 있고 명사 앞에 형용사가 있으며 명사 앞에 그 명사를 수식하는 관계절이 나타난다.

20) 물론 이러한 불일치에 대해 Lehmann은 "언어들이 예상과 다른 패턴을 보일 때에는 그것들이 변화하는 중이라고 가정할 수 있다."고 한 바 있다.

21) 이상의 어순에 대한 논의는 이른바 기본 어순과 관련되어 있다. 본서에서 논의의 초 점을 두고 있는 형태론과 관련되는 어순의 문제는 이러한 기본 어순에 대한 것만으로 도 크게 부족함이 없다. 그러나 주어, 목적어, 서술어를 제외한 부사어나 사격어 등이 포함된 기본 어순은 순수하게 통사적인 측면에서 매우 중요하지 않을 수 없다. 유형론

2.3. 한국어 유형론 약사
–굴절의 인정에 따른 조사와 어미의 처리를 중심으로

1장의 문제 제기를 비롯하여 지금까지 여러 차례 언급한 바와 같이 그동안 유형론적 측면과 관련된 한국어의 형태론 논의에서 가장 큰 문제를 가지고 있는 것은 '굴절'의 인정에 따른 조사와 어미의 단어 인정 여부이다. 주지하는 바와 같이 이에 대한 논의는 그 연원이 깊고도 오래되었다. 따라서 여기에서는 비교적 이른 시기부터 굴절 체계에 대한 인정이 조사와 어미 처리에 있어 어떤 의견 충돌을 겪었는지 살펴보기로 한다.22) 또한 이를 단순히 나열하는 대신 굴절의 인정 여부가 조사와 어미 처리와 어떤 관계를 가졌는지 비판적으로 검토해 볼 필요가 있다고 판단된다.23)

2.3.1. 굴절의 인정과 조사 및 어미의 처리

2.3.1.1. 조사와 어미 처리가 굴절의 인정과 일치하는 경우

굴절의 인정이 조사와 어미 처리와 일관적이라는 것은 굴절을 인정하느냐 여부가 조사와 어미에 독립된 단어 자격을 부여한 것과 일치하느냐를 의미한다. 따라서

적 측면에서 이러한 문제까지를 포함하여 한국어의 기본 어순에 대해 살펴보고 있는 논의로 임홍빈(2007b)를 들 수 있다.

22) 한국어에 대한 최근의 유형론적 검토는 5장에서 간단히 살펴보기로 한다.

23) 조사와 어미의 인정 여부는 한국어의 품사 분류와도 밀접한 연관을 갖는다. 굴절의 인정 여부는 품사 분류의 기준 가운데 특히 '형식'과 불가분의 연관을 갖는데 그동안 한국어의 논의에서는 조사와 어미의 인정 여부에 대해서는 논의가 적지 않았지만 이를 품사 분류 기준과 관련하여 논의한 경우는 거의 없었다고 할 수 있다. 이러한 측면에서 한국어의 품사 분류가 굴절의 인정 여부뿐만이 아니라 품사 분류 기준에서의 '형식'과 일관적으로 적용될 필요가 있다. 이에 대해서는 4장에서 자세히 논의하기로 한다.

표면적으로 굴절을 인정하고 있지는 않더라도 조사와 어미에 단어의 자격을 부여하지 않은 경우도 여기에서 함께 다룰 수 있다고 판단된다.

굴절의 인정과 조사와 어미의 처리를 일관적으로 다룬 경우는 일찍이 한국어에 대해 연구한 외국인의 업적 가운데 Ridel(1881)에서 먼저 찾을 수 있다. Ridel(1881)은 프랑스 문법 체계에 맞추어 한국어를 기술하고 있기 때문에 곡용과 활용을 인정하고 있고 어미는 물론 격조사도 곡용 어미로서 단어의 지위를 가지지 않는 것으로 보았다. 한편 Ramstedt(1939)는 알타이 제어에 대한 문법 연구를 바탕으로 한국어에서 곡용과 활용을 설정하였으며 따라서 역시 격조사나 어미의 단어 자격을 부정하였다.[24] 물론 고영근(2001 : 27~29)에서 언급한 바와 같이 Ramstedt(1939)는 실용적인 목적을 배제하고 있다는 점에서 유럽 문법가나 일본 학자들과 차이가 있다. 또한 순수하게 언어학적 관점에서 한국어의 구조를 규명하여 한국어가 알타이어족의 한 분파라는 사실을 증명하려고 하였다는 점에서 그 가치를 크게 인정받은 바 있지만 곡용과 활용 체계 그 자체는 알타이 제어의 특성에 바탕을 둔 것이라기보다는 굴절어에 기반한 체계일 가능성이 높다는 점에서 Ridel (1881)과 흡사하다고 할 수 있다.[25]

한국인 가운데서도 곡용 혹은 활용을 인정한 경우를 찾는 것은 그리 어렵지 않다. 먼저 김규식(1908~1909?)에서는 최광옥과 Underwood(1890)의 견해를 비판하면서 명사 곡용론을 강력히 주장하고 있는데 명사 곡용의 주격, 소유격, 목적격,

---

24) 이러한 사실을 감안한다면 Ramstedt(1939)의 동사 어미 가운데 'verba finita', 'converba', 'nomina verbalia'를 각각 '정동사(定動詞)', '부동사(副動詞)', '동명사(動名詞)'로 번역하는 것은 오해의 여지가 있을 수 있다. 후술하는 바와 같이 '詞'는 품사의 지위를 가지는 '단어'의 전유물이기 때문이다.

25) Ramstedt(1928)은 한국어에 관한 최초의 업적인데 주지하는 바와 같이 한국어의 우랄·알타이 어족설에서 퉁구스, 몽고, 터어키어와 함께 알타이 어족설로 전환시킨 출발점에 해당한다. 그러나 여기에서도 특별한 언급없이 한국어에 대해 용언의 활용과 체언의 곡용을 설정하고 있는데 이 역시 굴절어에 기반한 설명 체계를 별 비판없이 적용한 것으로 보인다. 한편 최근의 유형론적 업적 가운데는 Ramstedt의 체계로 환원해야 한다는 논의도 눈에 뜨인다. 고영근(2012, 2013)이 이에 해당한다. 알타이 어족설과 한국어의 계통 연구에 대한 개략적 이해를 위해서는 김주원(2008 : 344~348)을 참고할 것.

지명격(指名格),[26] 원인격 조사는 독립된 품사로 간주한 후사(後詞)에서 제외하였다. 남궁억(1913?)에서도 명사 곡용론을 찾아 볼 수 있는데 이에 따라 전형적인 격조사를 제외한 조사에만 후치사라는 독립된 품사의 자격을 주었다.

정렬모(1946)은 조사와 어미에 단어의 자격을 부여하지 않은 대표적인 논의인데 이는 결과적으로 곡용과 활용을 인정한 것과 다름이 없다.[27] 정렬모(1946 : 48)에서는 품사를 '감말의 종류'라고 하였는데 이때의 '감말'에 대해서 정렬모(1946 : 16)에는 '자기만의 힘으로 관념을 나타내는 것'이라 하였다. 그리고 그 예로 '산', '나', '간다', '멀다', '어느', '만일', '아아' 따위를 들고 '산이 보인다', '산에 오른다'의 '이'나 '에'처럼 감말에 붙어서 비로소 그 관념을 나타내는 '낱뜻'과 차이가 있다고 하였다. 이에 따라 주지하는 바와 같이 품사로 '명사', '동사', '관형사', '부사', '감동사'의 다섯을 두었다. 그러나 여기에서 한 가지 주의할 점이 있다. 이러한 관점에서는 대체로 어절이 하나의 단어로 인정되지만 모든 어절이 곧 단어라고 보아서는 안 된다는 것이다. 가령 정렬모(1946 : 51)에서는 '꽃', '달'뿐만이 아니라 '하얀 꽃', '푸른 하늘'도 명사라고 하였고 정렬모(1946 : 56)에서는 '봉내산 제일봉에 낙낙장송 되었다가, 백설이 만건곤할 제 독야 청청하리라' 전체가 하나의 동사라고 하였기 때문이다.[28] 장하일(1947)도 정렬모(1946)과 같이 품사를 다섯으로 나누되 다만 그 이름을 '임자씨, 풀이씨, 어떤씨, 어찌씨, 느낌씨'로 했을 뿐이라는 점에서 정렬모(1946)과 정확히 일치한다고 할 수 있다. 다만 장하일(1947 : 16)에서는 몽고어, 토이기어 등 문법학자들도 토를 씨 즉 품사로 보지 않고

....

26) 이는 현대 문법 연구에서 '여격'이라 부르는 것에 해당한다.

27) 정렬모(1946)의 머리말 가운데는 "내가 이십 년 전에 서울 중동학교에 재직할 때 생도에게 국어를 가르치는 책임을 가저 한편으로는 문예독본의 재료를 모으고, 한편으로는 문법교재를 조사하다가 우연히 일본 국학원대학 교수 마쓰시다씨의 표준일본문법이란 책을 읽어, 그때까지 내가 가진 문법상 의견과 부합된 점이 있음을 발견하고 정성스러이 읽어 얻은 바가 많았으니, 이 책의 조직은 전적으로 그를 모방한 것이다."라는 구절이 나온다. 이는 곧 정렬모(1946)의 토대가 마쓰시타(松下大三郎)(1924)의 『標準日本文法』임을 알 수 있게 해 준다.

28) 이는 곧 현대 문법에서 '철수', '먹다' 각각에 대해 '훌륭한 철수', '밥을 먹다'를 염두에 두고 'NP', 'VP'의 자격을 부여한 것을 떠올리게 한다. 기존의 정렬모(1946)에 대한 논의에서 이러한 점에 주목한 경우는 없었던 것 같다.

있다는 점을 언급한 것이 정렬모(1946)과 차이가 난다고 할 수 있다. 알타이어 학자들의 이름은 구체적으로 열거되어 있지 않지만 Ramstedt(1939)도 염두에 둔 것이 아닌가 한다.

한편 이숭녕(1953)에서는 조사를 독립된 단어로 인정할 수 없다는 의견을 제시한 바 있으며 이숭녕(1956, 1961)에서는 결과적으로 조사에 단어 자격을 부여하지 않았고 체언에 조사가 붙는 일을 용언의 활용에 준하여 체언의 곡용으로 처리하기에 이르렀다. 이는 이숭녕(1954)에서 Ramstedt(1939)적인 견지에서 알타이어의 테두리 내에서 한국어를 연구하기 위해서는 어절을 단어로 간주해야 한다고 본 것에 대한 자연스러운 귀결이다. 김민수 외(1960)에서도 조사와 어미에 별도의 단어 자격을 부여하지 않았다. 나반 체언에 결합하는 것만을 '토'라 하였고 '곡용'이라는 단어를 사용하지 않았으며 용언의 경우에는 어미를 통한 어형 변화만 '활용'이라 하였다. 명사는 더 세분하지 않았기 때문에 품사는 '명사, 동사, 형용사, 관형사, 부사, 접속사, 감탄사'의 7개로 설정되어 있다.

다음으로 곡용이나 활용 혹은 굴절을 인정하지 않고 그에 따라 조사나 어미에 단어의 자격을 부여한 경우를 살펴보기로 하자. 우선 외국인 가운데 먼저 살펴볼 필요가 있는 것은 Underwood(1890)이다. Underwood(1890)에서는 한국어가 서양의 곡용과 차이가 있다는 점에서 곡용을 인정하고 있지 않다. 이에 따라 곡용 어미로 처리되던 조사를 후치사 즉 품사의 하나로 처리하고 있다. 한편 Martin (1954)은 '형식(form)'을 품사 분류의 제1차 기준으로 삼아 한국어의 단어를 가변어(inflected word)와 불변어(uninflected word)로 나누었는데[29] 명사를 비롯한 체언을 불변어로 처리하고 가변어는 용언만을 포함하고 있다. 명사의 곡용은 따로 인정하지 않고 있는 셈인데 이에 따라 조사('particle')에 별도의 품사 자격을 주고 있다.

----

29) Martin(1954)에서는 '형식'에 기반하여 관형사, 부사 등도 불변어에 넣었다. 후술할 Levin(1970)에서도 이러한 처리가 보이는데 고영근(2001), 최형용(2012a)에서는 이들의 처리를 주시경의 『말의소리』(1914)에서 '언, 억' 즉 관형사, 부사를 '임' 즉 명사에 넣은 것과 동궤의 사실로 간주한 바 있다. 이에 대해서는 §4.2.1.2.에서 보다 자세히 언급하기로 한다.

한국인 가운데서는 먼저 김희상(1909)을 살펴볼 필요가 있을 듯하다. 김희상(1909)에서는 품사로 명사, 대명사, 동사, 형용사, 부사, 감탄사 외에 '토(吐)'를 두고 있다. 이때 '토(吐)'는 조사와 어미를 모두 일컫는 것으로 한국어 문법 연구에서 '토(吐)'에 독립된 품사 자격을 부여한 것으로는 처음이다.[30] 즉 결과적으로는 곡용과 굴절을 모두 인정하지 않고 있는 것과 차이가 없는 셈이다.

우리의 전통 문법에서 조사와 어미에 별도의 품사 자격을 부여하고 있는 대표적인 학자는 주시경이다. 주시경(1914)는 주시경(1910)에서 더 나아가 조사와 어미에 별도의 품사 자격을 부여하고 있다는 점에서[31] 김희상(1909)과 일맥상통한다. 한편 강매·김진호(1925)에서는 김희상(1909)의 '토'를 '도움말'이라 하였지만 역시 독립된 품사로 인정하였다.

본서에서 조사와 어미의 처리, 그리고 이에서 더 나아가 품사 분류의 측면에서 주목하고자 하는 사람은 홍기문이다. 먼저 홍기문(1927)에서는 '토'에 독립된 품사의 자격을 주었을 뿐만 아니라 이를 중심으로 한국어의 품사 분류를 시도하고 있는데 이러한 품사 분류는 다른 경우에서는 발견되지 않는다. 이는 그만큼 한국어에서 '토' 즉 어미와 조사의 중요성을 인식한 결과로 판단된다. 이를 제시하면 다음과 같다.[32]

> (37) 가. 完全한 一個語를 이루지 못하고 他語를 補佐해서만 쓰는 것. 卽 토라고 하는 것.
>
> 나. 토의 補佐를 밧지 않고 쓰지 못하는 것. 卽 形容詞와 動詞.

. . . .

30) 주지하는 바와 같이 '토(吐)'가 늘 조사, 어미를 모두 가리키는 것은 아니다. 학자마다 그 범위에 있어서도 차이를 보일 뿐만 아니라 후술하는 바와 같이 때에 따라서는 조사만 지시하는 경우도 적지 않으므로 주의할 필요가 있다.

31) 주시경(1910)에서도 조사와 어미가 품사의 자격을 가지고 있었지만 관형사형과 부사형 어미는 단어의 일부로 간주되었다. 주시경(1914)에서는 이들도 별도의 품사 자격을 가지게 되었다는 점에서 '더 나아가'와 같은 표현을 사용한 것이다. 이런 점에서 보면 주시경(1910)은 조사와 어미에 대한 일관된 처리 측면에서 문제가 있음을 알 수 있다. 본서에서 주시경(1910)을, 후술하는 바와 같이 조사와 어미 처리가 일관되지 못하다고 본 것은 이러한 이유 때문이다.

32) 본서에서 인용한 것은 원문을 그대로 옮기되 세로쓰기로 되어 있는 것은 가로쓰기로 바꾸고 현행 맞춤법에 따라 띄어쓰기를 조절하였다.

다. 토의 補佐를 밧기도 하고 아니 밧고 獨立해 쓰기도 하는 것. 卽 名詞와 副詞.
라. 토와는 아조 沒關係한 것. 卽 感歎詞.

홍기문(1927)에서는 이어 서양의 품사 분류를 참고한 또 다른 품사 분류 체계도 제시하고 있는데 여기에서는 격조사를 '格詞'라 하였고 격조사를 제외한 조사는 '後系詞'라 하였으며[33] 어미는 '終結詞' 등으로 명명하였다. 조사와 어미가 명칭을 달리하고 있지만 독립된 품사의 지위를 가지고 있다는 것을 알 수 있다. 한편 홍기문(1946)에서도 토를 중심으로 한 분류와 서양의 품사 분류를 참고한 것 두 가지를 제시하고 있는데 홍기문(1927)과 다소 차이가 있다. 먼저 (37)처럼 토를 중심으로 한 품사 분류를 보이면 다음과 같다(홍기문, 1946 : 85~86).

(38) 가. 토의 補助를 받음이 定則이나 안 받을 수도 잇는 것. 體詞라고 할까?
　　 나. 토의 補助를 안 받는 것이 定則이나 받을 수도 잇는 것. 介詞라고 할까?
　　 다. 토의 補助가 업시는 絶對로 못 쓰는 것. 用詞라고 할까?
　　 라. 토와는 全然 無關係한 것. 投詞라고 할까?
　　 마. 다른 말을 補助해서만 쓰는 것. 卽 토, 助詞라고도 한다.

(37)과 (38)을 비교해 보면 홍기문(1927)에서는 명사와 부사를 함께 다룬 데 비해 홍기문(1946)에서는 이를 두 가지로 나누었음을 알 수 있다. (38마)에 제시되어 있는 것처럼 토를 '助詞'로 명시한 것도 차이라고 할 수 있다. 박승빈(1935)에서 조사와 어말 어미 전반을 '조사'라 하고 이를 다시 '체언조사, 용언조사'로 나눈 것과[34] 직간접적으로 연결된다고 할 수 있다. 서구어의 품사 분류를 참고한 경우도 홍기문(1927)과 홍기문(1946)이 차이를 보이는데 이를 각각 제시하면 다음과 같다.

(39) 가. 명사, 동사, 형용사, 부사, 감탄사, 격사, 후계사, 접속사, 종결사(홍기문,
　　　　 1927 : 99~100)

---

33) '格詞'에 대해 보다 자세히는 "西洋에는 名詞의 屈折性으로 그 格(case)을 表示하지만 우리말에는 格을 表示하는 語詞가 잇다. 이것을 格詞라고 한 것이다."(홍기문, 1927 : 99－100)로 되어 있다. 격조사를 이렇게 처리하였기 때문에 격과는 상관없지만 서양의 전치사에 대응하는 조사들을 따로 '後系詞'라 이름 붙인 것이다.
34) 이 외에 '別働助詞'가 더 있는데 이는 현대 문법 연구에서 보조사 혹은 특수조사라 부르는 것에 해당한다.

　　나. 명사, 대명사, 수사, 동사, 형용사, 부사, 감탄사, 접속사, 후치사, 종결사(홍기
　　　문, 1946 : 86~89)

　(39)에서 볼 수 있는 바와 같이 홍기문(1927)에서는 더 세분하지 않았던 '명사'
를 홍기문(1946)에서는 '명사', '대명사', '수사'로 세분하였다. '접속사'는 연결
어미, '종결사'는 종결 어미에 해당한다. '후치사'는 홍기문(1927)과는 달리 격조사
를 포함한 조사가 모두 해당한다. 즉 홍기문(1927)의 '격사'와 '후계사'를 합친
것이 홍기문(1946)의 '후치사'이다.

2.3.1.2. 조사와 어미 처리가 굴절의 인정과 일관적이지 못한 경우

　한편 이번에는 품사 분류의 역사 가운데 굴절의 인정 여부가 품사 분류의 결과와
일관적이지 않은 경우를 살펴보기로 한다. 여기에서는 조사나 어미의 일부에만 단
어의 자격을 부여한 경우도 포함시켜 다루기로 한다.

　먼저 외국인의 업적 가운데 前間恭作(1909), 高橋亨(1909)에서는 동사와 형용
사의 활용을 인정하면서도 어미에도 '助動詞'라 하여 품사의 자격을 부여하였다.
Levin(1970)은 Martin(1954)처럼 '형식'을 제1차 기준으로 삼아 동사와 형용사를
가변어로 다루고 명사, 대명사, 수사, 관형사, 부사, 접속사, 감탄사를 불변어로 처
리하면서도 조사를 불변어로 처리한 Martin(1954)과는 달리 조사를 후치사
(postposition)라 하여 가변어와 불변어 어디에도 소속시키지 않고 있다. 조사에
별도의 자격을 부여한 것은 체계상 바람직하다고 할 수 있지만 이를 불변어에 넣지
않은 것은 '형식'을 기준으로 볼 때 Martin(1954)에 미치지 못하는 경우라 할 수
있다.

　한국인에 의한 한국어의 문법 연구에서도 이처럼 일관되지 않은 조사나 어미
처리를 살펴볼 수 있다. 한국인에 의한 한국어 연구 가운데 책자의 형태를 띠고
나타난 최초의 문법서는 최광옥(1908)인데[35] 대부분의 조사는 후사(後詞)라 하여
독립된 품사의 자격을 주었고 대부분의 어미는 조동사(助動詞)라 하여 동사의 범주

---

35) 고영근(2001 : 48)에서 언급하고 있는 바와 같이 최광옥(1908)은 유길준의 업적일 가
　능성이 매우 높다.

에서 처리하고 있다. 어미를 품사의 하나로 전면에 내세운 것은 아닌데도 '조동사'라는 자격을 줌으로써 어느 정도 품사의 자격을 준 것으로 평가할 수 있다. 유길준 (1909)은[36] 조동사를 전면에 내세우고 후사를 접속사에 통합시키고 있다는 점에서 최광옥(1908)과 차이가 있지만 역시 어미와 조사에 단어의 자격을 부여하고 있다는 것에는 차이가 없다. '조동사'라는 용어를 볼 때 전술한 일본인 학자의 영향을 받은 것으로 판단된다. 이는 안확(1917)에서도 마찬가지이다.[37]

한편 주시경(1910)에서는 조사와 어미에 독립된 품사로서의 자격을 부여하고 있지만 전술한 것처럼 관형사형과 부사형에 있어서는 어미를 어간과 함께 처리하고 있다. 이는 주시경(1910)이 '기능'을 중심으로 품사를 분류하고 있는 데 따른 것이지만 '형식'의 측면에서 보면 모순을 지닌 것이라고 할 수 있다.[38]

누구보다도 굴절의 인정 여부와 품사 분류가 일치하지 않는 경우는 최현배 (1930, 1937)라고 할 수 있다. 주지하는 바와 같이 현재 학교 문법의 토대가 된 최현배(1930)에서는 용언의 활용법을 확립함으로써 조사는 단어로, 어미는 단어의 일부로 처리하였다.[39] 이를 흔히 절충적 체계로 언급하거니와 굴절의 인정 여부 측면에서만 보면 체언의 곡용은 인정하지 않고 용언의 활용은 인정함으로써 한국어의 유형론적 특성을 제대로 조명할 수 없게 된 직접적인 원인을 제공한 것이라고 할 수 있다.

이희승(1949)에서도 이러한 측면을 찾을 수 있다고 판단된다. 즉 이희승(1949 : 58~64)에서는 '체언의 활용'이라 하여 '이다'를 하나의 어미로 간주하여 단어의 자격을 부여하지 않았다. 즉 일반적인 격조사의 결합에서는 결합하는 조사를

---

36) 유길준(1909)는 그의 8차 고본(稿本)이다. 자세한 것은 고영근(2001 : 56)을 참고할 것.
37) 안확(1917)에서는 수사를 품사의 하나로 설정하고 있는데 이는 한국인으로서는 처음이 아닌가 한다. 한국어의 수사가 가지는 유형론적 특성에 대해서는 §4.2.3.1.2.에서 후술하기로 한다.
38) 김두봉(1916, 1922)에서는 주시경(1914)에 따라 관형사형과 부사형 어미에 독립된 단어의 자격을 주었으나 주시경(1914)에서 '임' 즉 명사에 소속되었던 '언, 억, 놀' 즉 관형사, 부사, 감탄사를 '언, 억, 늑'으로 다시 독립시켜 '모임씨'라 하였다.
39) 어미를 단어로 인정하는 견해에 대한 최현배(1930)의 비판에 대해서는 §4.2.2.2.에서 상술하기로 한다.

별도의 단어로 인정하고 있지만 서술어의 자격을 가지게 하는 '이다' 결합형은 동사나 형용사의 활용과 동일하게 간주하고 있다.

허웅(1975)는 굴절을 '굴곡'이라 하였는데 굴곡을 '활용'과 '준줄곡법'으로 나누었다(허웅 1975 : 31). 그리고 굴곡법은 형태론에 속하는 것이라 하였지만 실제 품사 분류에서는 줄굴곡법에 참여하는 조사를 '토씨'라 하여 '씨' 즉 품사의 하나로 인정하였다.

2.3.2. 조사와 어미 처리의 혼란상

이상에서 살펴본 바와 같이 조사와 어미의 단어 인정 여부에 따라 여러 가지 가능성이 존재해 왔다. 당시에도 조사와 어미의 단어 처리 여부는 품사 분류에 있어 초미의 관심사였던 것으로 판단된다. 이는 이극로(1935 : 2)의 다음과 같은 언급을 통해 살펴볼 수 있다.

(40) 조선말 토 처리에는 세 가지 태도가 나타났다. 첫재는 토를 모두 딴 씨(品詞)로 잡은 이도 있고, 둘재는 임자씨(主語) 밑에 토만 딴 씨로 잡고 풀이씨(用言) 밑에 것은 씨끝(語尾)으로 잡은 이도 있고, 셋재는 토를 모두 씨끝으로 잡은 이도 있다. 이 세 가지 생각이 나타난 것을 살펴본다면 첫재 토를 모두 딴 씨로 잡은 것은 씨가름이 없이 써오던 조선말을 처음으로 가르고저 하니, 자연히 잔칼질이 있을 것은 피하기가 어려운 생각일 것이다. 둘재 임자씨 밑에 다만 씨로 잡은 것은 풀이씨를 토를 떼어놓으면, 그 뜻을 임자씨처럼 잘 알아 볼 수가 없다는 것이다. 셋재 토를 모두 씨끝으로 잡은 것은 토와 관계된 그 웃 말을 갈라놓는다면, 토 제 스스로는 임자씨 밑에 것이나 풀이씨 밑에 것이나 다 제 홀로 설 힘이 없는 것은 꼭 같다는 것이다.

위의 세 가지 견해에 더하여 연구자들까지 소개한 것은 김윤경(1948 : 70~72)에서 찾아 볼 수 있다. 김윤경(1948 : 70~72)에서는 '으뜸씨(實辭)'와 '토씨(虛辭)'에 대한 처리는 세 가지로 크게 나눌 수 있는데 첫째는 '으뜸씨'와 '토씨'를 가른 체계로 이는 우리말이 계통적으로 우랄·알타이어족으로서 첨가어인 탓에 '으뜸씨'와 '토씨'를 더하여서 문장을 구성하는 특성을 밝힌 견해로 보고 이 견해는 주시경이 원조이며 선구자요 권위자로 되어 있고 김두봉, 권덕규, 장지영, 이상춘, 이규영, 김원우, 이규방, 심의린, 김희상 등 여러 학자가 있다고 하였다. 둘째는 '임씨'와 '토씨'는 가르고 '얻·움씨'와 '토씨'는 합하여 한 '씨'로 본 체계로 이 학설은 '곡미어족(曲尾語族)'의 특징인 '씨끝바꿈(語尾變化)'의 체계를 본뜬 학설로 보았다. 그리고 이는 최현배의 학설이라고 언급하였다. 본서의 논의를 위해 중요한 것은 다음의 언급이다.

> (41) 곡미 어족에 붙은 말에서는 뜻을 보이는 부분(實辭)과 법측을 보이는 부분(虛辭)을 따로 가를 수가 없이 되었다. 일본 말은 첨가 어족임에도 불구하고 곡미 어족의 씨끝 바꿈(語尾變化)의[40] 체계를 본받았다. 이것이 또한 우리 말에도 씨끝 바꿈의 체계를 세우기에 큰 영향(影響)을 준 것이다. 그러하나 이 체계에서 씨의 줄기(語幹)와 씨끝(語尾)은 곡미어와 같이 나눌 수 없이 붙어 댕기는 것이 아니요 늘 따로 돌기 때문에 줄기(語幹)란 것을 얻·움씨로 보고 씨끝(語尾)이란 것을 얻·움씨 밑에 쓰이는 토라고 본다면 다름이 없이 될 것이다.

이는 이른바 굴절어와 교착어의 차이를 정확하게 인식하고 있는 것으로서 일본어가 굴절어가 아님에도 불구하고 활용을 인정하고 있는 것을 지적한 것이다. 셋째는 토를 전부 '으뜸씨'에 합하여 본 체계로 토란 것을 모두 없앤 견해인데 이는 정렬모의 학설이라고 언급하였다. 그리고 최현배의 체계를 곡미어와 첨가어의 특질을 섞어 본 절충(折衷) 학설이라 한다면 정렬모의 체계는 토에 생명이 달린 첨가어의 특질을 아주 무시하고 곡미어의 특질을 본뜬 것이라 하였다. 이러한 논의 결과에 따라 김윤경(1948 : 36)에서는 '토씨'를 '겻씨, 잇씨, 맺씨'로 나누어 모두 단어의 자격을 부여하고 있다.[41]

---

40) 김윤경(1948 : 71)에는 '變尾變化'로 되어 있는데 앞의 '變'은 '語'의 잘못이다.

41) 김윤경의 '겻씨'는 조사뿐만이 아니라 '붉은 꽃', '빠르게 간다'의 '-은, -게'가 포함되고 '잇씨'에는 연결 어미뿐만이 아니라 '와, 과'와 같은 접속 조사가 포함되어 있다. 한편 '맺씨'는 종결 어미뿐만 아니라 선어말 어미들도 포괄하고 있다. 김윤경(1948)의 9품사는 김두봉(1922)과 그 명칭이 일치하지만 김두봉(1922)에서는 선어말 어미들을 어간의 일부분으로 본 것과 차이나는 부분이다.

　　이상의 논의를 통해 분명하게 드러나는 것은 특히 조사와 어미를 중심으로 한국어의 특성에 대한 시각이 다양하게 제시되면서 이들에 대한 단어 자격 인정 여부에 매우 큰 의견 차이가 있어 왔다는 점이다. 서양어의 체계에 한국어를 끼워 맞추려고 하는 외국인의 견해에서는 한국어의 특질이 드러나기가 어려웠고 이에 따라 조사나 어미의 단어 자격 부여가 부정적인 것이 자연스러웠다. 그러나 한국어의 특질을 부각시키려는 논의에서는 특히 곡용과 관련하여 조사의 처리에 견해의 차이가 나타나기 시작했고 활용에 대한 입장 차이까지 발생하면서 조사와 어미에 대한 단어 자격 부여가 그 경우의 수만큼 갈리게 되었다. 심지어 한국어를 교착어 혹은 첨가어로 보는 입장에서도 각기 다른 주장을 제시하고 있음을 발견할 수 있었다. (41)에 제시한 바와 같이 한국어에 대한 정확한 시각 아래에서도 김윤경(1948)처럼 조사와 어미에 단어의 자격을 부여한 경우도 있었지만 이숭녕(1954)에서처럼 조사와 어미에 단어의 자격을 부여하지 않은 경우도 있었기 때문이다.[42]

　　이제 지금까지의 논의를 바탕으로 본격적으로 한국어 형태론의 특수성과 보편성에 대해 언급할 차례가 되었다고 할 수 있다. 그 과정에서 한국어가 교착어로서 제대로 평가받기 위해 조사와 어미가 유형론적 측면에서 어떻게 한국어의 형태론과 연관되고 자리매김되어야 할지 생각을 펼쳐 보기로 한다.

---

42) 이는 단어 개념에 대한 입장 차이와도 밀접하게 연관된다. 본서에서는 §3.1.2.와 §4.1.2.에서 각각 후술하는 바와 같이 기존의 단어 개념을 '해체'하여 김윤경(1948)은 '문법적 단어' 개념으로, 이숭녕(1954)은 '음운론적 단어' 개념으로 수용할 수 있음을 보일 것이다.

III.

한국어 형태론의
유형론적 보편성

3.1. 형태론의 단위

3.1.1. 형태소

3.1.1.1. 분석 단위로서의 형태소[1]

형태론의 기본 단위인 형태소는 다른 언어 단위에 비해 출현 시기가 그리 오래되지 않았다. 보통은 Bloomfield가 그의 저서 『Language』(1933)에서 이를 처음 사용했다고들 일컫지만 Mugdan(1986)에 의하면 러시아 언어학자 Courtenay가 1880년에 처음 '형태소' 즉 'morpheme'을 사용했다고도 한다.[2] 어느 쪽이 시작이건 그 차이가 50여년에 불과하다는 점과 19세기 말 혹은 20세기 초의 일이라는 점을 감안하면 그 연원의 깊이가 '단어'에 비할 수 없다는 사실을 알 수 있다. 그런데 형태소와 단어에 대한 이러한 연원은 이 두 언어 단위의 개념적 정의와 관련하면 겉보기에는 매우 역설적인 측면을 내비친다. 그토록 오랜 연원을 가지는 '단어'는 지금도 쉽사리 정의내릴 수 없는 언어 단위임에 반해 '형태소'는 짧은 역사를 가진 데 비해 그 정의가 '의미를 가지는 최소 단위'(the minimal unit of meaning)로 비교적 깔끔하게 정리되기 때문이다. 그러나 이러한 차이는 어찌 보면 지극히 당연한 것이라 할 수 있다. '단어'는 언중들이 쉽게 인식 가능한 단위이지만 '형태소'는 대개 '단어'를 분석해야만 얻을 수 있는 단위이기 때문이다. 즉 '형태소'는

---

1) 분석 단위로서의 형태소의 정의적 속성과 이에 따른 현대 한국어 사이시옷의 형태소성에 대한 검토는 최형용(2009a)의 내용에 기반한 것이다.
2) Mugdan(1986)의 진술은 고영근(2005 : 21)에서 재인용한 것이다. 고영근(2005)에는 형태소에 대한 그동안의 국내외의 연구가 특히 '교체'에 초점을 맞추어 전개되고 있다.

그 출현 자체가 언어학적 사고를 어느 정도 전제로 한 단위라 할 수 있는 것이다.

Bloomfield(1933 : 161)는 성분을 형태소와 복합 형식(complex form)으로 나누고 이 복합 형식이 형태소가 될 때까지의 과정을 다음과 같은 직접 성분(immediate constituent) 분석으로 제시하고 있다.

(1) 가. Poor John ran away.
    나. [Poor John] [ran away].
    다. [Poor] [John] [ran] [away].
    라. [Poor] [John] [ran] [a][way].

(1)은 'Poor John ran away.'라는 문장이 먼저 복합 형식 'poor John'과 'ran away'로 분석되고 다시 복합 형식 'away'는 'a-'와 'way'로 분석되어 다섯 개의 형태소로 분석되는 과정을 보인 것이다.

그러나 이렇게 비교적 그 정의가 분명한 '형태소' 개념도 실제 언어 사실들에 예외 없이 모두 적용되는 것은 아니다. 그 개념은 분명한데 어떤 대상이 과연 형태소인지 여부를 따지는 데는 문제가 있는 경우도 적지 않다는 것이다.

형태소는 앞서 언급한 바와 같이 의미를 가지는 최소 단위일 것을 정의적 속성으로 한다. 이는 곧 더 이상 쪼갤 수는 있으나 그렇게 되면 스스로 의미를 가지지 못한다는 것을 뜻한다. 그리고 이때의 '의미'란 주지하는 바와 같이 어휘적 의미는 물론이거니와 가령 '-었-'을 시제 선어말 어미라 할 때의 '시제'와 같은 문법적 의미까지를 포함한다. 여기서 문제가 되는 것은 우선 한국어의 '오솔길', '아름답다', '착하다', 영어의 'cranberry' 등에서 보이는 '오솔-', '아름-', '착-', 'cran-'과 같은 이른바 특이형태소(unique morpheme)라 불리는 존재들이다. 이들은 분포가 극도로 제약되어 있기 때문에 그 의미를 제대로 알기 어려운 것들이다. 그러나 이들도 형태소임에는 분명하다. 그 이유는 '오솔길', '아름답다', '착하다', 'cranberry'의 의미가 '오솔-', '아름-', '착-', 'cran-'을 제외한 것과 다르기 때문이다. 즉 의미를 제대로 알기 어렵다고 해서 의미가 없는 것은 아니며 이들을 더 쪼갤 수 없다면 '의미를 가지는 최소의 단위'라는 형태소의 정의에 어긋난다고 볼 수는 없다. 이익섭·채완(1999 : 49)에서는 이들 특이형태소의 존재 때문에 형태소의 정의를 "어휘항을 구성하는 분석 가능한 단위 및 분석 가능한 단위를 제외한 나머지 형식"으로 확대해야 한다는 견해를 소개하고 있다. 그러나 여기에서의 '분석 가능한 단위를 제외한 나머지 형식'도 이익섭·채완(1999 : 49~50)의 언급처럼 어떤 의미를 가져야 한다는 사실을 위배해서는 안 된다. 그렇지 않으면 '좁쌀'의 '-ㅂ'과 같은 것도 형태소로 간주될 위험이 있기 때문이다.

이러한 측면에서 보다 복잡한 문제를 제기하는 것은 영형태소(zero morpheme)와 공형태소(empty morpheme)이다. 전자는 가시적인 형식을 가지지 않는 것에 형태소의 자격을 부여한 것이고 후자는 형식만 있을 뿐 의미를 가지지 않는 것에 형태소의 자격을 인정한 것이다. 전자는 형식을 갖추지 않은 것이 문제가 되기는 하지만 형태소의 원래 정의를 훼손시키지는 않는다.3) 사실 형식을 갖추지 않은 것에 기능을 부여한 경우는 2장에서 이미 제시한 바 있다. 논의의 편의를 위해 이를 다시 가져오면 다음과 같다(2장의 예문 (29)).

(2) 가. Juan−Ø   aywa−n
         호안−격표지   가다−3단수
         "호안이(S) 간다."
     나. Juan−Ø   Pedro−ta   maqa−n−Ø
         호안−격표지   페드로−격표지   때리다−3단수−3단수
         "호안이(A) 페드로를(P) 때린다."

(2)는 주격−대격 언어인 Quechua의 예인데 'Ø' 즉 영형태소가 주어를 나타내는 표지로 인정되고 있음을 볼 수 있다.

그러나 후자인 공형태소는 의미를 갖지 않는 것에 형태소의 자격을 주고 있다는 점에서 형태소 정의 자체에 대해 문제를 제기한다. 한국어에서 공형태소 분석은 주로 중세 한국어에 한정하여 논의가 이루어졌다. 일찍이 고영근(1978)에서는 Aronoff(1976)의 '음운론적 현현 방식의 특수성'이라는 조건을 받아들여 '−오딕'

---

3) 그러나 이것이 본서가 모든 영형태소를 인정한다는 것을 의미하는 것은 물론 아니다. 본서에서는 특히 새로운 단어 형성과 관련되는 영형태소를 인정하지 않는다. 이는 형태소를 분석의 단위가 아니라 형성의 단위로 보았을 때 생기는 문제이다. 이에 대해서는 바로 후술하기로 한다.

의 '−오−'를 의미는 없지만 하나의 형태소라 하고 이를 바탕으로 형태소의 정의도 "최소의 의미단위라는 굴레에서 벗어나 일정한 음운론적 특징을 가진 단위에까지 확대될 수 있음"을 주장하였다(고영근 1978 : 34). 김영욱(1997)에서는 이를 공형태소라 하고 형태소는 의미가 있는 것과 그렇지 않은 것 두 가지 종류로 구분되며 따라서 "모든 형태소가 최소의 유의적 단위라는 통념은 더 이상 유지할 수 없게 된다."고 언급하였다(김영욱, 1997 : 185). 그리고 이른바 둘째 설명법 어미 '−니라'의 '−니', '−오딕/−옴'의 '−오−', '−을브터'의 '을'을 대표적인 예로 들었다. 한편 장윤희(1999)에서는 이들을 공형태소라 보는 견해를 부정하고 오히려 '거슬−(逆)'과 '거스리−', '거릻−(濟)'과 '거리치−', '듣−(走)'과 '돌이−'에서 보이는 '−이−'가 공형태소로 간주될 수 있다고 보았다. 시정곤(2000)에서는 앞의 논의들에서의 공형태소 개념이 형태소의 기본 개념을 흔드는 것이라고 비판하고 공시적 개념인 형태소와 통시적인 변화의 산물인 '화석'은[4] 서로 구별해야 한다고 주장하였다.

유형론적인 측면에서도 공형태소의 존재는 문제가 적지 않다는 사실이 논의되었지만 대체로 이를 인정하는 모습이다. Haspelmath(2002 : 133)에서는 이들이 달리는 'stem affixes', 'stem extensions', 'thematic affixes'로[5] 불리고 특히 접사가 모음일 경우에는 'thematic vowels'라고 불린다고 하였다. Booij(2005 : 29)에서는 아예 공형태소라는 용어가 보이지 않고 'thematic vowels'만 나오고 있다. 그런데 이들을 모두 형태소로 간주하는 데는 일치한다. Haspelmath(2002 : 133)에서 이들을 형태소로 다루어야 하는 이유로 든 것은 이들이 보통의 형태소처럼 이형태를 가질 수 있고 굴절의 경우 패러다임 형성에 참여한다는 점 때문이다.

. . . .

4) 이때의 화석은 송철의(1993)에서 제시한 화석 개념과는 조금 다르다. 송철의(1993)에서 제시된 화석화는 "어떤 구성체의 구성 요소가 독자적으로는 변화를 입었지만 구성체 속에서는 변화를 입기 전의 상태를 유지하고 있거나 그 흔적을 남기는 현상"을 의미한다. 그 예도 '좁쌀'의 'ㅂ', '안팎'의 '안ㅎ', '새롭다'의 명사 '새', '그믐'의 '그믈−'을 들었다. 한편 시정곤(2000 : 163)에서는 화석을 어휘형태적 화석과 문법형태적 화석으로 더 세분하고 이른바 공형태소는 문법형태적 화석 가운데서도 무의미 화석이라 보았다.

5) 'thematic'의 'theme'는 'stem'을 가리키는 옛 용어이다(Haspelmath, 2002 : 133).

다음의 예를 살펴보기로 하자.

(3) 주격   목적격   소유격

  mupin   mupitta   mupittan   "코"

  tümpi   tümpitta   tümpittan   "바위"

  nümü   nümi   nümin   "사람"

  piammütsi   piammütsi   piammütsin   "아기"

  kahni   kahni   kahnin   "집"

(Haspelmath, 2002 : 132)

(4) larg—o   "넓은"   al—larg—a—re   "넓히다"

  profond—o   "깊은"   ap—profond—i—re "깊게 하다"

(Booij, 2005 : 29)

(3)은 Tümpisa Shoshone의 굴절의 예이고 (4)는 이탈리아어 파생의 예이다. (3)에서 주격 'piammütsi'와 'kahni'를 참고하면 목적격과 소유격은 주격과 직접적 연관이 있음을 알 수 있다. 그러나 'mupin', 'tümpi', 'nümü'는 각각 목적격과 소유격이 주격과 다른데 이들에서는 오히려 목적격형에 'n'을 결합시키면 소유격이 도출된다는 것을 알 수 있다. 따라서 이들 세 어형에서 분석되는 '—tta, —ta, —i'와 같은 것들은 특정한 의미를 지니지 못한다고 할 수 있다. 만약 이들이 결합한 것을 하나의 형태소로 간주하면 주격형과의 연관성이 떨어지게 되고 주격과 이들을 분석해 내지 않으면 속격형은 '—n'으로만 설명할 수 있는 경제성을 포기하게 된다.

(4)에서도 형용사에서 보이는 '—o'가 경우에 따라 '—a'나 '—i'를 이형태로 가진다는 사실을 보여 준다. 여기에서도 이들을 선행 형태소의 일부로 다루면 동사 파생 접미사 '—re'가 가지는 설명의 경제성을 상당 부분 잃게 된다. Booij(2005 : 29)에서 '—o'를 굳이 'thematic vowel'이라고 한 것은 이것이 어느 정도 일정한 역할을 담당하고 있다고 보았기 때문이다. 그런데 여기서 한 가지 짚고 넘어가야 할 부분은 이들 공형태소의 다른 이름에서 모두 'stem'을 발견할 수 있다는 것이다. 즉 이들이 후행 요소가 아니라 모두 선행 요소에 속한다고 본 것은 공통된다는

것이다. 또한 이들은 단순한 통시적 변화의 산물이 아니라는 점에서 국내 논의의 '화석'과도 연관성을 찾기 어렵다.

여기서 중요한 것은 공형태소를 형태소로 인정한다고 하더라도 그것은 이른바 이형태 관계를 전제한다는 사실이다. 물론 모든 형태소가 이형태를 가지는 것은 아니지만 만약 이형태를 가진다면 그것들 사이는 상보적 분포를 보여야 한다. 이것이 형태소가 가지는 또 다른 정의적 속성이다.

이상에서 제시된 형태소의 정의적 속성 두 가지는 그대로 어떤 요소가 형태소인지 아닌지 여부를 판별하는 기준이 된다. 즉 하나는 그것이 어휘적이든 문법적이든 독자적인 의미를 가져야 한다는 것이고 다른 하나는 이형태를 가지는 것 사이에는 상보적인 분포 관계가 존재해야 한다는 것이다. 공형태소의 경우에는 전자의 기준은 만족하지 않지만 후자의 기준은 만족하기 때문에 형태소로 인정하는 경우들이 있음을 살펴보았다.

이상과 같은 공형태소(empty morpheme)의 문제와 관련하여 살펴볼 필요가 있는 것은 현대 한국어의 사이시옷이 아닐까 한다. 주지하는 바와 같이 현대 한국어의 사이시옷은 원래 통사적 요소였으나 지금은 그 지위를 거의 잃었다.[6] 김창섭(1996b : 60)에서는 '[[철수가 도착한 날]ㅅ 밤]', '[[이 동네]ㅅ 사람]', '[[저 구름]ㅅ 속]', '[[이 산에 사는 동물]ㅅ 수]', '[[2 년]ㅅ 동안]' 등에서 'ㅅ'이 구 구성에 등장하는 사이시옷임을 밝히고 있지만 이들은 속격 '-ㅅ'이 화석화한 것이며 특정 명사들이 형태론적 자질로서 가지는 'ㅅ 전치성'이라 한 바 있다.[7] 그러나 합성 명사에서 출현하는 사이시옷에 대한 견해도 여러 가지로 다양하다. 이를 형태소로 인정하는 경우와 그렇지 않은 경우로 나누어 살펴보고자 한다.

우선은 사이시옷을 형태소로 인정하지 않는 견해이다. 이는 합성 명사에서 나타나는 경음화 현상을 음운론적 관점에서 설명하려는 경우에서 쉽게 발견된다. 전철

---

6) 사이시옷은 현대 한국어에서 가장 논의거리가 많은 대상 가운데 하나이다. 이는 달리 말하자면 사이시옷이 통시적인 측면에서 다양한 모습을 보임으로써 그 지위나 용법이 변화하고 있는 데 따른 것이라고 할 수 있다. 즉 사이시옷은 한국어에서 통사적인 요소가 형태론적 요소로 변화한 대표적인 예라고 할 수 있다. 이에 대한 통시적 고찰은 4장에서 베풀기로 한다.

7) 주지하는 바와 같이 'ㅅ 전치 명사'와 'ㅅ 후치 명사'는 임홍빈(1981)에서 쓰인 용어이다.

웅(1990 : 188~190)에서 제시된 바와 같이 '된소리화', '유성음화 방지', '가중조음 현상', '보강', '동화표지',[8] '강세' 등의 해석이 모두 이와 연관된다. 또한 김진우(1970)에서 비롯된 생성음운론적 접근도 결론적으로는 사이시옷을 형태소로 인정하지 않는다. 사실 폭넓은 의미에서 사잇소리 현상을 음절말 자음의 미파화에 의해 발생하는 것으로 간주하면 '안고[안꼬]'에서 나타나는 경음화도 사잇소리 현상이 될 가능성이 있고 또 어떤 음이 첨가되는 것도 사잇소리 현상이라고 보면 '그런 여자[그런 녀자]'에서 나타나는 'ㄴ' 첨가도 사잇소리 현상의 테두리에 들어온다.

다음으로 사이시옷을 형태소로 간주하는 견해이다. Ramstedt(1939 : 48~49)에서는 '훗날', '웃집'에 나타나는 'ㅅ'을 'short genitive'라고 하였고 이희승(1955 : 60)에서는 사이시옷을 '삽요어(음)' 즉 'infix'로 처리하였다. 심재기(1979 : 119)에서는 'ㅅ'을 관형격 형태소로 보았다. 임홍빈(1981)에서는 사이시옷을 통사적 파격을 극복하는 수단으로 보아 '형태소적'이라고 한 바 있다.[9] 즉 사이시옷이 나타나는 것은 통사적인 파격이 형성되거나 명사가 그 본래적인 의미에서 일탈하여 의미의 특수화를 경험할 때인데 사이시옷은 관계가 먼 두 요소를 결합하는 촉매적인 작용을 하는 존재로 간주되었다(임홍빈, 1981 : 23).

한편 왕문용(1989)은 명사가 관형 구성을 이루는 방법 가운데 하나가 사이시옷 구성이라고 하였다. 이러한 주장은 임홍빈(1981)의 주장과 반대의 입장이라 할 수 있다. 임홍빈(1981 : 33)에서는 명사가 관형적 용법으로 쓰일 때 그 뒤에는 결코 사이시옷이 나타나는 법이 없다고 보았기 때문이다. 다만 왕문용(1989)에서는 사이시옷의 이형태로 Ø를 설정하고 있다는 점에서 다른 논의들보다 사이시옷의 형태소성에 대해 보다 분명한 입장을 취하고 있다. 즉 '귓가'에 대해 '입가'는 사이시옷이 Ø로 실현된 것이라고 본다. '의'가 나타나지 않는 경우가 있는 것처럼 사이시옷도 나타나지 않는 경우가 있다고 보는 것이다. 이러한 견해는 이남순(1988 : 89~95)에서도 발견할 수 있다. 즉 '나뭇가지'와 같은 경우를 통사론적 절차로 간주

---

8) 이때의 표지는 전철웅(1976)에서 도입된 것으로 기저형에 존재하는 'α' 음소를 일컫는다. 이것이 표층에서는 동화표지(순행동화 또는 역행동화)로 기능한다고 본다.
9) 보다 정확히는 '고유한 기능을 가진 형태소적인 존재'로 되어 있다(임홍빈, 1981 : 2).

하고 '나무 가지, 나무의 가지'와 함께 속격 구성이라 보고 있기 때문이다. 고영근·구본관(2008 : 255)에서는 '나뭇잎, 바닷가, 시냇물' 등의 단어를 '통사 구성의 어휘화'로 보았는데 이처럼 사이시옷을 통사 구성과 연결시키려는 논의는 모두 사이시옷이 가지는 문법 형태소로서의 자격을 암묵적으로 용인하는 것이라 할 수 있다.

이처럼 사이시옷의 형태소로서의 자격에 미련을 버리지 못하는 이유는 문법 형태소로서의 자격을 가졌던 과거가 의심할 수 없는 사실이기 때문이다. 현행 <표준어 규정> 제2부 <표준 발음법> 제28항에서도 "표기상으로는 사이시옷이 없더라도 관형격 기능을 지니는 사이시옷이 있어야 할(휴지가 성립되는) 합성어의 경우에는 뒤 단어의 첫소리 'ㄱ, ㄷ, ㅂ, ㅅ, ㅈ'을 된소리로 발음한다."고 되어 있는데 여기서의 '관형격 기능을 지니는 사이시옷'도 역시 마찬가지 선상에서 이해할 수 있다.

엄태수(2007 : 282)에서도 사이시옷을 "그 기능이 분명히 존재하는 형태소"라고 한 바 있는데 이는 특히 사이시옷이 들어가는 경우와 그렇지 않은 경우에 의미 차이가 있다는 점을 염두에 두었기 때문이다. 하세경·문양수(2005 : 280)에서는 사잇소리를 합성어 형성 과정에만 나타나는 단어 표지 형태소라 간주하고는 있지만 그 기능을 강조하고 있다기보다는 사잇소리가 나타나지 않음으로 해서 합성명사의 의미를 해석할 때 구성소인 두 단어의 결합관계가 병렬관계가 아니고 동격관계가 아니고 도구격 관계가 아닌 것을 말해 준다고 보았다.

한편 사이시옷을 그야말로 합성어의 '표지'로 간주한 견해들도 있다. 이는 표면적으로는 사이시옷의 형태소성에 대해 유보적인 입장을 취하는 것으로 해석할 수도 있다. 그러나 이기문(1972), 홍윤표(1994)의 논의를 참조하면 합성어의 '표지'로 본 것은 대체로 사이시옷의 지위가 중세 한국어와 달라졌다는 논의에 대한 귀결일 뿐만 아니라 합성어이면 반드시 나타나야 하는 요소로 간주한 것은 아니기 때문에 사이시옷의 형태소성에 대한 부정적인 시각을 반영한 것으로 간주할 수 있다.

이상의 논의는 현대 한국어에서의 사이시옷이 문법 형태소로서의 지위를 잃고 소극적인 의미에서 합성어의 표지 역할을 하거나 아니면 아예 선행 요소나 후행 요소의 일부분으로 간주되는 요소로 변화하였음을 의미한다. 그런데 이러한 사이시옷과 흡사한 요소가 한국어에만 존재하는 것은 아니다.

(5) Volk−s−wagen lit. 'people' car'(Volk 'people' + Wagen 'car')
Liebe−s−brief 'love letter'(Liebe 'love' + Brief 'letter')
Schwan−en−gesang 'swansong'(Schwan 'swan' + Gesang 'song')

(5)는 독일어의 예인데 Haspelmath(2002 : 86)에서는 합성 명사를 형성할 때 '−s', '−en'과 같은 요소가 나타나는 데 주목하고 이를 합성에 적합한 어간(stem)을 형성하기 위한 의미론적 공접미사(semantically empty suffix)로 간주하고 있다. 앞의 'stem affixes'를 떠올리게 하는 부분이다.

시이시옷의 형태소성과 관련하여 매우 의미 있는 논의는 다음과 같은 예들에서 발견된다.

(6) 가. schaap−herder   "양치기"
schaap−s−kop   "양머리"
schaap−en−vlees   "양고기"
가'. koei−en−oog   "소눈"
paard−en−oog   "말눈"
pauw−en−oog   "공작눈"
varken−s−oog   "돼지눈"
나. meisje−s−lijk   "여자시체"   *meisje−ø−lijk
dagje−s−mens   "당일여행객"   *dagje−ø−mens
rijtje−s−huis   "연립주택"   *rijtje−ø−huis
다. land−s−ting   "시의회"

(6가, 나)는 Booij(2005 : 89)에서, (6가')은 Booij(2005 : 249)에서, (6다)는 Booij(2005 : 171)에서 가져왔는데 (6다)를 제외한 나머지는 모두 네덜란드어 합성 명사의 예이다. (6가)는 선행 요소가 일정한 예이고 (6가')은 후행 요소가 일정한 경우이다. 이들을 보면 단어들이 합성 명사를 이룰 때 명사와 명사 사이에 다양한 요소가 들어갈 수 있음을 알 수 있다. 한편 (6나)에서는 '−s'가 들어가지 않으면 안 되는 양상을 함께 제시하고 있다. (6다)는 스페인어의 예인데 그 양상은 (6가, 가')과 평행하다. Booij(2005)에서는 그동안 게르만어에 흔히 보이는 '−s'나 '−en'과 같은 요소가 접요사(infix)로 불린 데 대해 '연결소(linking element)'라는

명칭을 부여하였다. 접요사란 엄밀한 의미에서 하나의 형태소를 깨고 들어가는 것을 지시한다는 점에서[10] 이들을 접요사로 부르는 것은 합당하다고 볼 수 없었기 때문으로 풀이된다. 즉 이는 단순한 명칭의 차이가 아니라 이들 요소에 독자적인 형태소 자격을 부여하기 어려웠기 때문으로 본서는 파악하고자 한다.

또한 매우 흥미로운 사실은 독일어의 예들을 포함하여 '−s'나 '−en'과 같은 요소들이 기원적으로는 속격을 나타내는 문법 형태소였다는 사실이다. 이를 바탕으로 Booij(2005 : 171)은 다음과 같이 이러한 현상을 정리하고 있다.

(7)   [N−GEN N]NP 〉 [N−linking element−N]N

그리고 '심판'의 의미를 가지는 'scheid−s−rechter'와 같은 단어를 연습 문제에서 제시하였다. 이 단어의 선행 요소인 'scheid'는 '나누다'의 의미를 가지는 동사 어간인데 연결소 '−s'를 매개로 나타나는 것을 보면 이제는 이를 속격의 형태소로 볼 수 없다고 하였다.[11]

전술한 바와 같이 합성 명사에서 나타나는 이들 '연결소'들은 모두 선행 요소와 밀접한 관련을 가지는 것으로 언급되었다. 특히 한국어에서는 사이시옷과 연결된 요소가 재분석을 거쳐 다른 문법 단위로 변화하는 양상도 보인다. 최형용(2003a : 210)에서 제시한 '웃−, 숫−, 풋−'이 사이시옷과 관련된 접두사화의 예로 다루어진 것이나[12] 고영근·구본관(2008 : 212)에서 '의붓딸, 의붓아들, 의붓아버지, 의붓아범, 의붓아비, 의붓어머니, 의붓어멈, 의붓어미, 의붓자식'에서 나타나는 '의붓−'을 접두사로 처리하고 있는 것이 모두 이러한 사실을 반영한다. 또한 한국어에

....

10) Haspelmath(2002 : 19)에서는 접요사의 정의를 '어기(base) 내부에 나타나는 것'으로 정의하고 그 예로 아랍어 'iš−t−aġala'의 '−t−', 타갈로그어의 's−um−ulat'의 '−um−'을 들었다. 전술한 이희승(1955)에서는 한국어 사이시옷을 접요사로 볼 것을 제안했지만 지금 그 주장이 받아들여지지 않는 이유이다. '좁쌀'의 '−ㅂ'에 대해서도 마찬가지이다.

11) 중세 한국어의 '값돌다≪월곡 152≫ ; 감쏠다 ≪월석 1 : 30≫', '덦거츨다≪법화 3 : 3≫ ; 덤써츨다 ≪소언 5 : 26≫' 등 동사 어간 다음에 나타나는 사이시옷에 대해서도 같은 맥락에서의 서술이 가능하다. 이에 대해서는 §4.3.5.2.에서 다시 언급하기로 한다.

12) 이에 대해서는 §4.3.5.2.에서 통시성의 측면에서 접두사화로 묶어 더 자세히 다루기로 한다.

서는 사이시옷이 후행 요소와 연결되는 경우도 없지 않다. 현대 한국어에서는 접미
사로 처리되는 '-꾼'이 우선 그러하고 '색깔'의 '-깔'도 같은 범위에 넣을 수
있다. 이상의 예들은 현대 한국어에서 하나같이 사이시옷의 독자적 형태소성을 부
정하게 만들기에 충분하다고 판단된다.13)

3.1.1.2. 형성 주체로서의 형태소

앞에서는 '분석'의 관점에서 영형태소를 인정할 수 있는 가능성에 대해 살펴보
았다. 그러나 '형성'의 관점에서도 영형태소를 인정할 수 있을 것인가에 대해서는
회의적이다. 이에 대해서 알아보기 위해 하나의 단어가 두 개 이상의 품사의 지위
를 가지는 것들에 대해 관심을 가져보기로 하자.

(8)　　　형용사　　　　동사　　　　명사
　　가. empty　　　to empty　　an empty
　　　　round　　　to round　　a round
　　나.　　　　　　devoi　　　le devoir　　"의무"
　　　　　　　　　pouvoir　　le pouvoir　　"힘"
　　다. gígùn　　　　　　　　gígùn　　　"길이"
　　　　dídún　　　　　　　　dídún　　　"달콤함"

　　　　　　　　　　　　　　　　　　　　(Bauer, 1988 : 30)

(8가)는 영어, (8나)는 불어, (8다)는 Yoruba의 예이디. 한국어의 경우에도 이처
럼 하나의 단어가 두 개 이상의 품사를 가지는 경우를 접하는 것은 그리 어렵지
않다.

(9)　가. 나도 참을 만큼 참았다.<명사> / 나도 그 사람만큼 뛸 수 있다.<조사>
　　나. 그 애는 열을 배우면 백을 안다.<수사> / 열 사람이 백 말을 한다.<관형사>
　　다. 오늘은 달이 매우 밝다.<형용사> / 벌써 날이 밝는다.<동사>
　　라. 바람이 아니 분다.<부사> / 아니! 어디 가겠단 말이냐.<감탄사>

　　　　　　　　　　　　　　　　　(남기심·고영근, 2011 : 187)

---

13) 이들은 결국 통사적 구성이 접사화하는 예들로 다룰 수 있는데 이에 대해서는 4장에
　　서 다시 한 번 후술하기로 한다.

(8)과 (9)에서 보는 바와 같이 이들 예들을 통해 단어 형성의 관점에서 영형태소의 하나인 영접미사를 인정하여 설명할 수도 있다. 그러나 이러한 설명은 '분석'의 관점과는 차원이 정반대라는 점에서 주의를 요한다. 즉 '분석'의 관점에서 인정되는 영형태소는 패러다임의 측면에서 무표적이지만 '형성'의 관점에서 상정되는 영형태소는 개별 어휘의 측면에서 설명되어야 한다는 점에서 유표적이다. Booij (2005 : 39)에서도 영접사에 대한 독립된 증거가 발견되지 않으며 영접사가 접두사인지 혹은 접미사인지도 알 수 없다고 보아 이들에 대해 'zero-derivation'이라는 용어 대신 'conversion'을 쓰고 있다.14)

3.1.2. 단어

형태소와는 달리 단어의 정의에 대해서는 지금까지 단일한 정의가 제시되어 있지 않은 형편이다. 임홍빈·장소원(1995)에서는 지금까지 제시된 단어에 대한 정의를 다음과 같이 세 가지로 정리하고 그 각각의 문제점에 대해서도 언급하고 있다.

(10)   가. 단일한 의미를 가지는 음 결합체
       나. 최소의 자립 형식
       다. 휴지가 개입할 수 없고 내부가 분리되지 않는 형식

즉, 한국어를 예로 들어 살펴보자면 (10가)는 '애인'과 '사랑하는 사람'에서 볼 수 있듯이 같은 의미를 가지고 있는 형식이 하나는 단어로, 다른 하나는 단어보다 큰 것으로 판명된다는 점에서 문제이고 (10나)는 단어인 '책상'과 같은 예에서 '책'과 '상'이라는 더 작은 자립 형식이 분석되어 나온다는 점에서 문제이며 (10다)는 휴지가 개입되지 않음에도 불구하고 하나의 단어가 아닌 '철수가'와 같은 예의 존재나 단어이면서도 '깨끗은 하다'처럼 한 단어의 내부가 분리되는 경우가 문제라는 것이다.

· ·

14) 이 점 Bauer(1988), Haspelmath(2002)도 마찬가지이다. 형성의 차원에서 영형태소를 인정하지 않는다는 것은 형태소-기반 모형(morpheme-based model)에 대한 단어-기반 모형(word-based model)의 우위를 뒷받침하는 것이라 할 수 있다. 이에 대해서는 §3.3.에서 후술하기로 한다.

3.1.2.1. 단어 개념의 해체 : 음운론적 단어와 문법적 단어

단어에 대한 정의가 이처럼 어려운 이유는 우리가 일반적으로 단어로 부르는 것에 너무 많은 개념들이 포함되어 있기 때문이라고 판단된다. 이러한 생각 아래 Di Sciullo & Williams(1987 : 2)에서는 단어를 '형태론적 대상(morphological object)', '통사원자(syntactic atom)', '등재소(listeme)', '음운론적 단어(phono-logical word)'의 넷으로 나누었다. 한편 Aronoff(1994 : 9)에서는 단어가 '어떤 단어의 음성 형식(sound form of a word)', '문법적 단어(grammatical word)', '어휘소(lexeme)'의 개념을 아우르는 모호한 것이었음을 지적하고 있다.15) Julien (2007)에서, 단어는 일반 화자가 의식적으로 인지하는 형태소 연쇄이기는 하지만 문법적인 실재(entities)는 아니라고 한 사실도 이와 연관된다고 할 수 있다. 그럼에도 불구하고 단어는 문장은 물론 다른 어떤 단위보다 인식론적으로 우선적이라 할 수 있다.16)

박진호(1994)에서는 단어에 대한 정의 대신 단어 개념을 음운론적 단어와 통사원자(syntactic atom)로 해체할 것을 주장한다. 굴절어를 대상으로 한 서양의 단어관이 공교롭게도 음운론적 단어와 통사원자가 대부분 일치하는 데 비해 국어는 음운론적 단어와 통사원자가 일치하지 않는다는 것이다. 이때의 통사원자는 통사론의 기본 단위로서 구(句) 이상과 결합하는 것으로 조사와 어미도 모두 이에 포함된다. 박진호(1994 : 22)에서 제시된 통사원자의 범주는 명사, 동사, 관형사, 부사, 격조사, 문말어미, 보조사, 선문말어미, 접속사, 감탄사이다. 비록 통사원자라는 명칭을 취하고 있기는 하지만 이들은 통사부에서 그 지위가 같다. 이들 통사 단위는 물론 형태소와 같은 것은 아니다. '책상'은 명사로서 통사원자이지만 여기에는 '책'과 '상'의 두 형태소가 들어 있다.17)

---

15) Aronoff(1994)는 Aronoff(1976)이 word 가운데 특히 'lexeme'을 다룬 것이었다고 밝히고 있다.

16) 단어가 인식론적으로 문장보다 우선이라는 사실에 대해서는 박진호(1994 : 16), 채현식(2000 : 3)을 참고할 수 있다.

17) '책상'과 같은 것을 하나의 형태소로 간주하는 견해도 있다. 최명옥(2008 : 32~34)에서는 '책상'과 구조가 동일한 '꽃방석'이나 '눈코 뜰 새 없一'과 같은 것도 쪼개면 그 전체 의미를 파악할 수 없다는 점에 근거하여 형태소로 간주하고 있다. 그러나 이러한

Dixon & Aikhenvald(2002 : 13~25)에서도 단어를 크게 음운론적 단어와 문법적 단어로 나누어 그 정의와 특성을 다음과 같이 제시하고 있다.

(11) 가. 음운론적 단어 : 음절보다 큰 음운론적 단위로서 다음과 같은 음운론적 속성 가운데 적어도 하나 이상의 특성을 갖는다.
　　　① 분절적 특성 : 내적인 음절 그리고 분절 구조; 이에 의한 음성적 실현; 단어 경계 현상; 휴지 현상
　　　② 운율적 특성 : 강세 (혹은 억양) 그리고/혹은 성조 할당; 비음화, 권설화 (retroflexion), 모음 조화와 같은 운율적 특성
　　　③ 음운론적 규칙 : 음운론적 단어 내에서만 적용되는 규칙들; 어떤 음운론적 단어 경계를 가로 질러 적용되는 규칙들
　　나. 문법적 단어 : 다음과 같은 문법 요소로 이루어진 단어
　　　① 산재하기보다 항상 함께 공기함(응집성(cohesiveness) 기준)
　　　② 고정된 순서로 나타남
　　　③ 규약화된 응결성(coherence)과 의미를 가짐

흥미로운 것은 음운론적 단어와 문법적 단어가 가지는 상관성에 대해 관심을 기울이고 있다는 점이다. 이를 다음과 같이 네 가지로 나누어 제시하고 있다.

(12)　가. 음운론적 단어와 문법적 단어가 일치하는 경우
　　　나. 음운론적 단어가 두 개 이상의 문법적 단어로 이루어진 경우
　　　다. 문법적 단어가 두 개 이상의 음운론적 단어로 이루어진 경우
　　　라. 문법적 단어와 음운론적 단어 사이에 보다 복잡한 관계가 존재하는 경우

(12) 가운데 논의를 집중하고 있는 것은 (12나, 다, 라)인데 먼저 (12나)의 예로는 접어(clitic)를 가지는 언어를 예로 들었다. 접어는 영어의 'mustn't'의 '-n't'처럼 문법적으로는 단어이지만 음운론적으로는 단어를 이루지 못해 다른 문법적 단어와 연합하여 하나의 음운론적 단어를 이루는 것들이다. (12다)의 예로는 합성어가 대표적이라 하였다. 대부분의 합성어는 별개로는 음운론적 단어인 것들이 모여 하나의 문법적 단어를 이루는 경우라 할 수 있기 때문이다. 전술한 한국어의 '책상'

견해는 '의미를 가지는 최소 단위'라는 형태소의 개념을 너무 포괄적으로 적용한 결과가 아닌가 한다.

도 이에 해당한다. (12라)는 가령 두 개의 문법적 단어와 두 개의 음운론적 단어가 서로 경계를 달리하는 경우에서 발견된다.

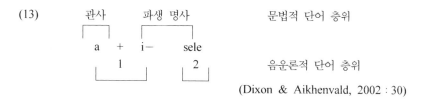

(13)   관사   파생 명사   문법적 단어 층위

          a   +   i−   sele

                1   2   음운론적 단어 층위

(Dixon & Aikhenvald, 2002 : 30)

(13)은 피지어의 예인데 파생 접두사 'i−'는 '자르다'의 의미를 가지는 동사 'sele'와 결합하여 '칼'이라는 파생 명사를 만들고 있다. 그런데 음운론적으로는 관사 'a'와 결합하여 'ai'가 하나의 음운론적 단어를 이룬다고 한다. 즉 'ai'는 이중 모음으로 발음되는데 이는 (11가)에서 제시한 음운론적 단어의 특성을 만족시킨다. 따라서 (13)은 두 개의 문법적 단어로 이루어져 있고 또한 두 개의 음운론적 단어로 이루어져 있지만 (12가)의 경우라고 할 수 없는 것이다.

3.1.2.2. 단어 형성과 어휘적 단어

Dixon & Aikhenvald(2002)의 음운론적 단어, 문법적 단어 개념은 같은 대상에 대한 다른 시각을 가지고 있다는 점에서 중복적인 처리가 가능하다. (12), (13)이 이를 반영한다. 한편 단어에 대한 중복적 처리 대신 부분적으로 단어를 겹치지 않도록 분리하여 처리하는 방법도 가능하다. 가령 최형용(2003a)에서는 단어를 통상 '어절'로 칭해지는 '음운론적 단어', 명사나 동사 등을 망라한 '어휘적 단어', 조사와 어미를 대상으로 하는 '문법적 단어'의 세 가지로 나눈 바 있다. 이 경우 음운론적 단어는 앞의 박진호(1994), Dixon & Aikhenvald(2002)의 음운론적 단어와 일맥상통하지만 어휘적 단어와 문법적 단어는 겹치지 않는다. 즉 이때의 문법적 단어는 전술한 Aronoff(1994), Dixon & Aikhenvald (2002)의 문법적 단어와는 구별해야 한다. 이들에서의 문법적 단어는 '문법적으로 그 기능이 단어인 것'으로 어휘소 등을 포함하지만 최형용(2003a)의 문법적 단어는 어휘소를 제외한 '문법적 기능을 담당하는 단어'로서 한국어의 경우에는 조사와 어미에 국한되기 때문이다. 최형용(2003a)처럼 단어를 어휘적 단어(lexical word), 문법적 단어(grammatical word)로 나누는 경우는 Booij(2010 : 25)에서도 찾을 수 있다. 여기서는 영어를 대상으로 명사, 동사, 형용사 등을 어휘적 단어로 간주하였고 관사, 전치사 등을 문법적 단어로 보고 있어 서로 겹치지 않는다.18)

이러한 견해는 특히 단어 형성에서 문제가 되는 단어가 어휘적 단어임을 명시하기 위해 필요하다. 앞에서 언급한 바와 같이 박진호(1994)의 '통사원자'와 '통사원자 형성론'은 한국어의 경우 조사나 어미도 포괄한다는 점에서 단어 형성의 대상보다 그 범위가 넓다.

그런데 한국어의 어휘적 단어에는 다음과 같은 예들이 적지 않다.

(14) 가. 공짜로, 꿈에도, 너희들, 동시에, 때로는, 멋대로, 이로부터, 혹시나
      나. 갈수록, 곱게곱게, 벼락치듯, 아무러면, 어찌하여, 오래도록

(최형용, 2003a : 33)

(14가)는 한국어의 조사가, (14나)는 어미가 단어 형성에 참여한 것으로 그 결합체가 모두 사전에 등재되어 있는 것들이다. 문제는 이들이 전통적으로 파생이나 합성어와 같은 전형적인 어휘적 단어에 속한다고 보기 어렵다는 데 있다. 분석의 관점에서는 이들에서 보이는 조사나 어미를 대체로 접미사로 처리하려는 견해가 주종을 이루어 왔으나 만약 이들을 접미사로 '처리'한다면 형성의 관점에서 같은 기능을 가지는 동형의 요소를 각각 다른 자격으로 분류해야 한다. 또한 조사의 경우 '눈엣가시, 나도밤나무' 등과 어미의 경우 '어린이, 열쇠', '섞어찌개, 살아생전' 등 단어의 끝이 아니라 중간에 오는 요소들은 접미사로 처리할 수 없다는 점에서 모순을 지니게 된다.19) 이러한 점에서 최형용(2003a : 34)에서는 (14)에 제시된 단어들을 모두 포괄하는 명칭으로 '통사적 결합어(syntactically combined

----

18) 따라서 혼동의 여지를 줄이기 위해 Dixon & Aikhenvald(2002)의 문법적 단어를 '문법적 단어1'로 표시하고 최형용(2003a)의 문법적 단어를 '문법적 단어2'로 표시하기로 한다.

19) 이는 곧 앞에서 형성의 관점에서 영접미사를 인정하지 않은 것처럼 조사나 어미도 형성의 관점에서는 접미사로 간주하기 어렵다는 것을 의미한다. 분석의 관점 및 형성의 관점에서 접미사의 분류 체계가 달라질 수 있다는 사실에 대한 종합적 검토는 구본관(2005a)를 참고할 것.

words)'를 별도로 제시하고 파생어 및 합성어와 동등한 자격을 가지는 것으로 상정하여 다음과 같은 단어 체계를 제시한 바 있다.20)

(15)

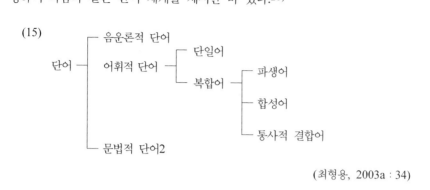

(최형용, 2003a : 34)

이와 같이 통사적 요소가 단어 형성에 참여하는 경우가 한국어에만 존재하는 것은 아니다.

(16)　가. Kind−er−chen
　　　　　아이−복수−지소사
　　　나. merch−et−os
　　　　　소녀−복수−지소사
　　　다. scholier−en−dom
　　　　　학생−복수−추상명사 형성 접미사
　　　라. report−ed−ly
　　　　　보고하다−과거−부사 형성 접미사

(Bauer, 1988 : 81)

(16가)는 독일어, (16나)는 웨일즈어, (16다)는 네덜란드어, (16라)는 영어의 예인데 파생보다 이른바 굴절이 더 앞서는 예들이다. 따라서 이들도 일반적인 단어 형성 과정으로는 설명되기 어려운 경우라 할 수 있다. 한국어의 통사적 결합어와 흡사한 예는 다음의 네덜란드어 예들에서 보다 쉽게 관찰된다.

---

20) (15)에서 '문법적 단어2'로 표현한 것은 앞에서 언급한 바와 같이 두 가지의 '문법적 단어'를 구분한 데 따른 것이다. 다시 한 번 언급하거니와 '문법적 단어2'는 조사와 어미에만 국한된 것이다.

(17) 가. aan bied—en "제공하다"　　　aan—bied—er "제공자"

　　　　aan kommen "도착하다"　　　　aan—kom—st "도착"

　　　　aan ton—en "입증하다"　　　　aan—toon—baar "입증 가능한"

　　　　aan trekk—en "끌어당기다"　　　aan—trekk—elijk "끌어당기는"

　　　나. in voer—en "도입하다"　　　　her—in—voer—en "재도입하다"

　　　　uit gev—en "공표하다"　　　　　her—uit—gev—en "재공표하다"

　　　　uit zend—en "운송하다"　　　　her—uit—zend—en "재운송하다"

　　　　　　　　　　　　　　　　　　　　　(Booij, 2010 : 126)

(17)에서의 동사들은 이른바 첨사(particle) 동사라고 하는 것들인데 부치사 (adposition)와 동사의 결합으로 이루어진 구성이다. 그런데 이들은 (17가)에서는 접미사와, (17나)에서는 접두사와 결합하여 새로운 단어로 파생된다. 이러한 점에서 보면 첨사 동사들은 통사적 결합이 새로운 단어 형성에 참여하고 있다고 할 수 있다.[21)]

한국어에서는 통사적 결합어에 참여[22)]하고 있는 단위가 조사와 어미이므로 이를 조사 결합어, 어미 결합어라 할 수 있다. 또한 파생어는 전술한 바와 같이 영접미사에 의한 영파생어를 인정하는 대신 이들을 파생어, 합성어와 대등한 영변화어 (zero modification words)로 설정할 수 있다.

한편 한국어의 '반짝반짝—번쩍번쩍', '감감—깜깜—캄캄' 등에서 보이는 모음 교체나 자음 교체도 내적 파생이라 불리는 경우가 있으나 이들에서 교체되는 모음이나 자음도 접사로 보기는 어렵다. 영파생어가 영변화어로 간주되는 것에 착안한

....

21) (16)과 (17)의 예들은 Greenberg(1966 : 93)에 제시된 다음의 보편성 원칙 28에도 예외가 된다.

　　보편성 28. 만약 파생과 굴절이 어근 다음에서 실현되거나 어근 앞에

　　　　　실현된다면 파생은 항상 어근과 굴절 사이에 온다.

한편 Booij(2010)에서는 이들을 위해 '통사적 합성(syntactic compound)'이라는 개념을 제시하고 있다.

22) 사실 한국어의 통사적 결합어가 (16), (17)과 다른 것은 한국어의 경우는 조사 결합, 어미 결합 그 자체가 단어화하였다는 점이다. 그런데 이것은 바로 유형론적인 측면에서 한국어가 교착어로서 조사 결합, 어미 결합 그 자체가 하나의 단위, 즉 단어로 변하는 것은 쉽게 예측될 수 있는 것이기 때문이다. 지금까지는 한국어에 통사적 결합어가 적지 않은 것을 이렇게 유형론적인 측면에서 바라보고 해석한 경우는 없었던 듯하다.

다면 이들은 내적 변화어(internal modification words)라 할 수 있다. Bauer(1988 :
26)에서는 영어의 다음 예들을 내적 변화의 예로 다루고 있다.

(18) mouth[mauθ] "입" mouth[mauð] "말하다"
      sheath "칼집" sheathe "칼집에 넣다"
      strife "분쟁" strive "싸우다"
      thief "도둑" thieve "훔치다"
      wreath "화환" wreathe "장식하다"

즉 (18)에서 명사들은 무성 마찰음을 가지고 있는데 이것이 유성 마찰음으로
바뀌면서 동사로 바뀌었다고 보고 있다. 역시 이들에서의 무성 마찰음과 유성 마찰
음은 새로운 단어를 형성하는 접사로 볼 수는 없다는 점에서 한국어에서 교체되는
자음이나 모음을 새로운 단어 형성에 참여하는 '접사'로 볼 수 없는 것과 일맥상통
한다고 할 수 있다.

이상의 논의는 한국어뿐만 아니라 다른 언어의 어휘적 단어들도 유형론적 관점
에서 파생어 및 합성어와 대등한 자격을 가지는 통사적 결합어, 영변화어, 내적
변화어를 인정할 수 있다는 것으로 정리할 수 있다. 이를 정리하면 한국어의 어휘
적 단어의 체계는 (15)에서 다음과 같이 더 자세해진다는 것을 알 수 있다.

(19)

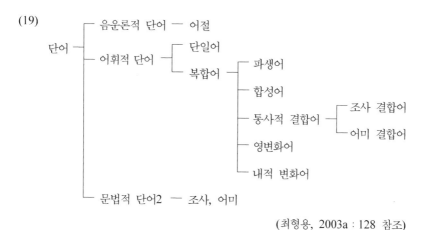

(최형용, 2003a : 128 참조)

이제 지금까지의 논의를 바탕으로 박진호(1994), Dixon & Aikhenvald(2002)

의 음운론적 단어, 문법적 단어1(통사원자)과 최형용(2003a)의 음운론적 단어, 어
휘적 단어, 문법적 단어2가 어떤 차이를 가지는지 한국어의 '철수가 밥을 빨리 먹
었다.'라는 문장을 통해 다시 정리해 보기로 하자.

(20) 박진호(1994), Dixon & Aikhenvald(2002)의 음운론적 단어, 문법적 단어1
      가. 음운론적 단어 : '철수가', '밥을', '빨리', '먹었다'
      나. 문법적 단어1(혹은 통사원자) : '철수', '가', '밥', '을', '빨리', '먹-',
                                        '-었-', '-다'

(21) 최형용(2003a)의 음운론적 단어, 어휘적 단어, 문법적 단어2
      가. 음운론적 단어 : '철수가', '밥을', '빨리', '먹었다'
      나. 어휘적 단어 : '철수', '밥', '빨리', '먹-',
      다. 문법적 단어2 : '가', '을', '-었-', '-다'

(20가)와 (21가)의 음운론적 단어는 서로 일치하고 (20나)의 문법적 단어1은
(21나, 다)에서 제시된 어휘적 단어와 문법적 단어2의 합이다. 이들 개념은 모두
그 나름대로 중요성을 갖는다. 우선 음운론적 단어는 4장에서 한국어의 형태론적
현저성을 위해 필요한 개념일 뿐만 아니라 바로 후술할 형태소 교체를 위해서도
매우 중요한 개념이다. 즉 한국어는 음운론적 단어 개념이 다른 단어 개념과 차이
가 있지만 인구어의 경우는 대체로 일치하고, 인구어의 단어는 한국어에서는 대체로
음운론적 단어와 대응되기 때문에 음운론적 단어 개념을 중심으로 해야만 형태소의
교체뿐만이 아니라 다른 언어들과 형태론적 현저성 측면에서 비교 혹은 대조가 가능
하다.23) 다음으로 (20나)의 문법적 단어1 개념은 통사적 단위와 일치하므로 이는
품사 분류를 위한 단어 개념에 적합하다는 것을 알 수 있다. 4장에서 살펴볼 품사
분류는 따라서 (20나)의 문법적 단어1 개념을 바탕으로 한다. 한편 (21나)의 어휘적
단어 개념은 전술한 바와 같이 특히 단어 형성을 대상으로 할 때 중심이 된다. 끝으
로 (21다)의 문법적 단어2 개념은 어휘적 단어 개념과 구별되어 그 자체로는 단어
형성의 대상이 되지 않는다는 사실을 강조할 때 필요하다는 것을 알 수 있다.

....
23) 이는 2장에서 대조언어학적 측면에서는 접사의 범위를 포괄적으로 간주할 수도 있다
    고 본 것과 일맥상통한다.

3.2. 형태소의 교체

어휘적 단어는 전술한 바와 같이 Aronoff(1994)에서 어휘소(lexemes)이 대동소이하다는 것을 언급한 바 있고 Matthews(1991 : 37)에서도 단어 형성은 엄밀한 의미에서 '어휘소 형성(lexeme formation)'이라고 언급한 바 있다. 이때의 어휘소는 흔히 추상적인 어휘 항목으로 정의된다. 그리고 이러한 어휘소의 실현형이 단어형(word-forms)이다. 형태소도 마찬가지로 이해할 수 있다. 형태소는 의미를 가지는 최소 단위이지만 그 실현형은 형태(morphs)가 되는 것이다. 이러한 관계를 도식화하면 다음과 같다.

(22)

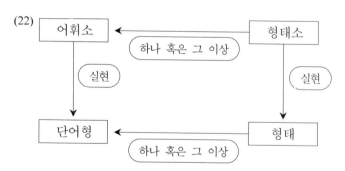

(Bauer, 1988 : 17 참조)

그런데 형태소가 형태로 실현될 때 늘 하나의 모습으로만 나타나는 것은 물론 아니다.

(23)   −im   ev "집"   ev−im "나의 집"
                  dil "언어"   dil−im "나의 언어"

−üm	köy "마을"	köy−üm "나의 마을"
	gün "날"	gün−üm "나의 날"
−um	yol "길"	yol−um "나의 길"
	tuz "소금"	tuz−um "나의 소금"
−ɯm	ad "이름"	ad−ɯm "나의 이름"
	kɯz "소녀"	kɯz−ɯm "나의 소녀"
−m	baba "아버지"	baba−m "나의 아버지"

(Haspelmath, 2002 : 26)

(23)은 터키어 일인칭 소유 접미사가 모두 다섯 개의 형태로 나타나고 있음을 보인 것이다. 이처럼 하나의 형태소가 환경에 따라 음상(phonetic shape)을 달리하는 일을 교체(alternation)라고 하는데 교체를 보이는 형태는 의미는 같되 상보적 분포(complimentary distribution)를 보인다는 점에서 서로 이형태(allomorph) 관계에 있다고 한다.

3.2.1. 형태소 교체의 조건

하나의 형태가 다른 형태로 교체될 때 이를 여러 가지 조건 짓기(conditioning)로 나눌 수 있다. Haspelmath(2002 : 30)에서는 이러한 조건의 유형에 대해 다음과 같이 정리하고 있다.

(24)

조건 짓기의 유형	기술	예
음운론적 조건 짓기	이형태의 선택이 음운론적 맥락에 의존하는 경우	Martuthunira의 처소격 이형태 교체 '−ngka/−la'가 음절 수에 의존하는 경우
형태론적 조건 짓기	이형태의 선택이 형태론적 맥락에 의존하는 경우	라틴어 일인칭 단수 이형태 교체 '−o/−i'가 시제에 의존하는 경우
어휘적 조건 짓기	이형태의 선택이 개별적 어휘 항목에 의존하는 경우	영어 과거 분사 이형태 교체 '−en/−ed'가 개별 동사에 의존하는 경우

Katamba(1993 : 30~31)에서는 영어의 'weep−wept, sweep−swept, shape−shook, take−took'에서 나타나는 교체를 문법적으로 조건 지어진(grammatically conditioned) 것으로 보았다. 이는 '시제'를 문법 범주로 간주한 데 따른 것이다. 국내에서도 이익섭·채완(1999 : 54)에서 '에게'와 '에'를 유정물과 무정물에 따른 이형태 교체로 파악하여 이를 문법적으로 조건 지어진 것으로 본 바 있다.

한편 Bauer(1988 : 14)에서는 조건 짓기의 유형으로 음성적으로 조건 지어진 것, 어휘적으로 조건 지어진 것, 문법적으로 조건 지어진 것 세 가지를 두었는데 문법적으로 조건 지어진 것으로 다음의 예를 들었다.

(25)   ein gross−er Wagen "한 큰 차(남성)"
ein gross−er Fisch "한 큰 물고기(남성)"
ein gross−es Haus "한 큰 집(중성)"
ein gross−es Tier "한 큰 동물(중성)"
eine gross−e Feder "한 큰 가죽(여성)"
eine gross−e Schlange "한 큰 뱀(여성)"

즉 형용사에 결합한 접미사의 교체는 음성적 환경에도 무관하고 동일한 교체를 보이는 경우가 여럿 있다는 점에서 어휘적으로 조건 지어진 것도 아니며 교체를 결정짓는 것은 문법적인 성(gender) 부류이므로 이를 문법적으로 조건 지어진 이형태 교체로 볼 수 있다는 것이다.

본서에서는 형태소 교체의 조건에 대한 위의 견해들 가운데 Haspelmath(2002)의 분류를 따르고자 한다.24) 그에 대한 이유는 다음과 같다. 첫째, Katamba (1993), Bauer(1988)에서 언급한 '문법적'은 '문법 범주'를 의미한다는 점에서 '통사적'이라고 보기 어렵다. 즉 문법 범주는 언어에 따라 형태론적으로 실현될 수도 있고 통사적으로 실현될 수도 있다. 2장에서 언급한 사동의 경우가 이의 대표적이다. 따라서 가변적일 수 있는 문법 범주를 두고 이를 문법적으로 조건 지어진 것으

---

24) 고영근(2005), 박재연(2010)에서도 이러한 견해를 피력하고 있다. 특히 박재연(2010)에서는 한국어 '달−/다오−'를 화용론적으로 조건 지어진 것으로 본 배주채(2009)의 견해를 부정하고 있는데 화용론적으로 조건 지어진다는 것은 결국 의미의 등가성을 부정하는 것이므로 이를 이형태로 볼 수 없다는 것이 주된 근거이다.

로 한정하는 것은 문제가 있다.

둘째, 이익섭·채완(1999)에서 상정된 한국어의 '에게'와 '에'의 교체에 대해서는 우선 이것이 똑같은 의미를 가지면서 상보적 분포를 보이는지에 대한 보다 정밀한 논의가 선행되어야 할 필요가 있다.[25] 다음으로 설령 '유정성'에 따른 이형태 교체가 의심의 여지가 없다고 하더라도 이것이 '문법적'이라는 명칭을 가질 수 있는 성격인지에 대해서도 고민할 필요가 있다.[26]

셋째, 이형태가 실현되는 범위에 대해서도 생각해 보아야 한다. 형태소는 단어 내부 요소이다. 따라서 그 교체도 단어 내부에 국한되어야 한다. 시제나 성을 형태론적으로 조건 지어진 교체로 특징지은 Haspelmath(2002)의 견해는 이를 염두에 둔 것으로 해석해야 한다. 그렇다면 한국어의 경우는 다음과 같은 예문을 통해 문제를 제기할 수 있다.

(26) 가. [[철수]가]/[[책]이]
    나. [[훌륭한 철수]NP가]/[[새 책]NP이]

(26)은 주격 형태소의 이형태 '이/가'의 교체를 보인 것이다. 주지하는 바와 같이 '이/가'의 교체는 그 조건이 음운론적인 것이다. 그런데 문제는 (26가)의 '철수'나 '책'은 (26나)에서 보는 바와 같이 '훌륭한 철수', '새 책'처럼 확장될 수 있다는 점에서 구(句)적이다. 즉 '가'나 '이'는 통사론적 측면에서 볼 때 구에 결합하고

----

25) 대표적으로 유현경(2003, 2007)에서는 '에게'와 '에'의 이형태 관계를 부정하고 있다. 유현경(2003)에서 '에게'와 '에'를 이형태 관계로 볼 수 없는 근거로 든 예는 다음과 같다.
    가. 그는 누군가{에/에게} 이끌려 어디론가 가고 있었다.
    나. 영희가 {철수에게로/*학교에로}, {*철수에게를/학교에를} 갔다.
    (가)는 '에'와 '에게'가 상보적 분포를 보이지 못한다는 것을 의미하고 (나)는 '에게'와 '에'가 이형태라면 그 다음에 오는 조사의 분포 차이가 이해되지 않는다는 것을 보이기 위한 것이다. 한편 유현경(2007)에서는 '에게'가 '에'와 그 의미가 다르며 '에게'는 결합하는 명사의 '유정성' 자질에 대한 화자의 판단을 나타내는 표지라고 한 바 있다.
26) 고영근(2005 : 23)에서는 유정성을 문법 범주가 아니라 명사가 가지는 의미 자질의 하나일 뿐이라고 언급한 바 있다. 박재연(2010)에서도 이러한 논지가 유지되고 있다.

있고 한국어에서는 '철수가'나 '책이'가 통사적으로 한 단어가 아니다. 그렇다면 '철수가'나 '책이'에서 형태소 교체를 따진다는 것은 모순이다. 그럼에도 불구하고 '이/가'를 교체의 측면에서 언급할 수 있는 이유는 무엇일까? 이것은 앞에서 언급한 단어 개념의 해체와 관련이 있다. 형태소의 교체를 따질 때 필요한 단어 개념은 바로 음운론적 단어 개념이기 때문이다. 즉 '철수가', '책이'는 음운론적인 측면에서 단어이기 때문에 이 개념 아래에서만 이형태 교체를 따질 수 있는 것이다.

이제 지금까지의 논의를 바탕으로 하면 한국어의 경우에는 범주를 전제로 하는 형태론적으로 조건 지어진 교체 혹은 문법적으로 조건 지어진 교체를 상정하기가 어렵고 음운론적으로 조건 지어진 교체와 어휘적으로 조건 지어진 교체 두 가지로 나눌 수 있음을 알 수 있다. 이를 구체적인 예와 함께 보이면 다음과 같다.

(27) 교체 조건에 따른 한국어의 이형태
　　가. 음운론적으로 조건 지어진 교체 : '먹-/멍-', '값/갑/감', '이/가', '을/를',
　　　　'-으니/-니' 등
　　나. 어휘적으로 조건 지어진 교체 : '-었-/-였-', '-어라/-너라' 등

형태론적으로 조건 지어진 교체는 패러다임을 전제로 하는 성(gender), 수(number), 격(case), 인칭(person) 등 형태론적 부류(morphological class)와 관계되는 것으로 굴절어에 합당한 개념이라 할 수 있다.27)

····························

27) Spencer(1991 : 7)에는 다음과 같이 특정 형태소기 교체 조건인 독일어의 예가 제시되어 있다.

Schwachheit-en	'weaknesses'
Spracheigentümlichkeit-en	'idioms'
Flüssigkeit-en	'fluids'

't'로 끝나는 단어들은 다음과 같이 다양한 복수형을 보이기 때문에 위의 복수형 '-en'은 오로지 '-heit'라는 형태소에 의해 지배된다는 것이다.

Streit	Streit-e	'quarrels'
Kraut	Kräut-er	'plants'
Zeit	Zeiten	'times'
Braut	Bräut-e	'brides'

이를 염두에 둔다면 본고에서 '하-' 혹은 '오-'를 '어휘'가 아니라 '형태소'로 보아 '형태론적으로 조건 지어진 교체'에서 '형태론적'을 '형태소'로 한정하여 함께 묶을 수

3.2.2. 형태소 교체의 요인

형태소 교체의 조건과는 별도로 형태소의 교체를 동기화하는 요인에 대해서도 살펴볼 필요가 있다. Haspelmath(2002 : 181)에서는 음 교체를 자동적 교체(또는 음성적 교체)와 형태음운론적 교체(또는 어휘적 교체) 두 가지로 나누고 있다. 전자는 순수히 음운론의 대상이 되지만 후자는 음운론과 형태론의 속성을 모두 가지고 있다는 점에서 형태론의 대상이 된다고 보았다. 그리고 자동적 교체와 형태음운론적 교체의 차이를 다음과 같이 정리하고 있다(Haspelmath, 2002 : 185).[28]

(28)

	자동적 교체	형태음운론적 교체
(가)	음성 규칙 적용을 도움	음성 규칙 적용을 돕지만은 않음
(나)	음성적으로 일관성 있음	음성적으로 일관성이 있을 것까지는 없음
(다)	교체형은 음성적으로 관계가 밀접함	교체형은 음성적으로 거리가 멀 수도 있음
(라)	오직 음운론적으로 조건 지어짐	적어도 부분적으로 형태적으로나 어휘적으로 조건 지어질 수도 있음
(마)	단순 형태소와 불일치가 없음	도출될 환경에 한정될 수도 있음
(바)	차용어에까지 확장됨	차용어에까지 확장될 필요 없음
(사)	수의적이며 발화 스타일에 영향 받음	필수적이되, 발화 스타일에까지 영향 받지 않음
(아)	새로운 분절음을 만들 수 있음	새로운 분절음을 만들어 내지 못함
(자)	단어 층위에만 한정되지 않음	일반적으로 단어 층위에 한정됨

· ·

있다고 주장할 수 있다. 실제로 연구자에 따라서는 '형태론적으로 조건 지어진 교체'를 이렇게 정의하는 경우도 적지 않고 당장 최형용(2011a)에서도 그렇게 사용한 바 있다. 그러나 본고에서는 '형태론적으로 조건 지어진 교체'에서의 '형태론적'을 문법 범주에 제한하고 '문법적으로 조건 지어진' 것과 동일하게 보았으며 '어휘론적으로 조건 지어진 교체' 안에 '하-', '오-' 다음의 '-여', '-너라' 교체를 포함시켰으므로 '-heit'로 끝나는 독일어의 경우도 이를 '어휘론적으로 조건 지어진 교체'에 포함시켜서 다루게 된다. 대신 그 기술을 "'-heit'라는 형태소에 의해"가 아니라 "'-heit'로 끝나는 어휘에 의해"와 같이 조정하게 되는 것이다.
28) 이에 대한 번역은 고영근(2005 : 28)을 참조하였다.

(28가)는 형태음운론적 교체가 통시적인 변화의 결과로 원래의 음성적 동기를 잃었기 때문에 나타나는 현상인데 이로 미루어 (28나), (28다)도 자연스럽게 예측이 된다. (28라)는 그 조건을 밝힌 것인데 음성적 동기를 잃었기 때문에 형태음운론적 교체는 그 조건이 순수 음운론적일 수 없다는 것을 의미한다. (28마)는 교체의 환경이 형태음운론적 교체에서 제약될 수 있음을 뜻하는 것이고 (28바)는 형태음운론적 교체가 차용어에까지 적용될 필요는 없다는 것을 나타낸다. (28사)에서의 '수의성'은 가령 빠르냐 천천히냐 하는 발화 스타일에 따라 영향을 받을 수 있는가를 문제 삼는 경우 형태음운론적 교체는 반드시 일어나야 한다는 점에서 발화 스타일에 영향을 받지 않는다는 것을 의미한다. (28아)는 자동적 교체가 다른 환경에서는 나타나지 않는 새로운 음절을 만들 수도 있음을 의미한다. 또 (28자)는 자동적 교체가 단어 경계를 뛰어넘을 수도 있지만 형태음운론적 교체는 그렇지 못함을 지적한 것이다. 이상을 참조하여 먼저 자동적 교체를 보이는 예들을 보이면 다음과 같다.

(29)　가. Tage[ta：gə] "날들"　　　　　Tag[ta：k] "날"
　　　　　Liese[li：zə] "Liese(이름)"　　Lieschen[li：sçən] "작은 Liese"
　　나. kas-e "빌리다(명령형)"　　　　kash-i "빌리다(지속형)"
　　　　kat-e "이기다(명령형)"　　　　kach-i "이기다(지속형)"

　　　　　　　　　　　　　　　　(Haspelmath, 2002：182~183에서 재인용)

(29가)는 독일어에서 유성 장애음이 음절말에 올 때 무성음으로 바뀌는 예이고 (29나)는 일본어에서 [t], [s]가 [i] 모음 앞에서 구개음화하는 예이다.

다음으로 형태음운론적 교체를 보이는 예들은 다음과 같다.

(30)　가. Buch "책"　　　　　　　　Bücher "책들"
　　　　bot "제공했다"　　　　　　böte "제공할 것이다"
　　나. zámok "성(城)(주격)"　　　zámk-i "성들(주격)"
　　　　ókon "창들(속격)"　　　　　okn-ó "창(주격)"

　　　　　　　　　　　　　　　　(Haspelmath, 2002：183에서 재인용)

(30가)는 독일어의 예인데 복수를 나타내거나 과거 가정형에서 'a, o, u, au'가

'ä, ö, ü, äu'로 교체함을 보이고 있다. (30나)는 러시아어의 예인데 모음 접미사와 결합할 때 어간의 마지막 음절의 모음 'o/e'가 탈락하는 예이다.

Haspelmath(2002)는 형태음운론적 교체를 다시 세 가지로 구분하고 있다. 그 기준으로는 항목 수, 새로운 단어에의 적용 가능성, 화자에 의한 인식 정도인데 이에 따라 유물(relic) 교체, 일반(common) 교체, 생산적 교체로 나누고 있다 (Haspelmath, 2002 : 193). 여기서 흥미로운 것은 생산적 교체인데 이는 적용되는 항목도 많고 새로운 단어에도 적용되며 화자에 의해서도 분명히 인식되는 것으로서, 원래는 음운론적 동기에 따라 교체를 보이던 독일어의 움라우트가 지금은 생산성을 조금 잃어버렸지만(현대 독일어 복수에서는 더 이상 움라우트가 일어나지 않는다) 신조어뿐만 아니라 차용어에도 적용되는 것을 그 예로 들고 있다. 통시적인 관점에서 보면 이처럼 자동적 교체가 형태음운론적 교체로 발전하는 경향이 있지만 그 반대의 경우는 불가능하다는 사실을 지적한다.

이제 이상의 논의를 (27)에 제시된 한국어에 적용해 보기로 하자.

(31) 교체 동기에 따른 한국어의 이형태
    가. 자동적 교체 : '먹-/멍-', '값/갑/감' 등
    나. 형태음운론적 교체 : '이/가', '을/를', '-으니/-니', '-었-/-였-',
       '-어라/-너라' 등

(27)과 (31)을 통해 볼 때 두 부류의 교체는 서로 상관관계가 있음을 알 수 있다. 즉 자동적 교체는 모두 음운론적으로 조건 지어진 교체이며 어휘적으로 조건 지어진 교체는 모두 형태음운론적 교체라는 사실이다. 또한 이보다는 좀 느슨하지만 형태음운론적 교체 가운데는 음운론적으로 조건 지어진 것도 있고 어휘적으로 조건 지어진 것도 있으며 음운론적으로 조건 지어진 교체는 자동적 교체도 있고 형태음운론적 교체도 존재한다는 것이다.[29]

---

29) 국내의 논의에서는 '형태음운론적 교체'를 흔히 '비자동적 교체'로 지칭한다.

3.3. 형태론의 모형

굴절이든 교착이든 다양한 형태론적 과정들이 존재한다. 여기서는 이러한 형태론적 과정들을 포착해 내는 모형에 대해 살펴보기로 한다.

3.3.1. 형태소−기반 모형과 연쇄 과정

앞서 (1)에서 제시한 바와 같이 형태소를 분석의 대상으로 간주하는 견해는 다음과 같은 도식화에 주목한다.

(32) **통사론**
문장은 단어로 이루어져 있다

형태론
단어는 형태소로 이루어져 있다

음운론
형태소는 음소로 이루어져 있다

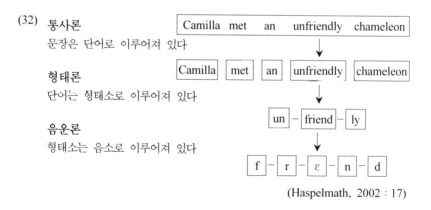

(Haspelmath, 2002 : 17)

이러한 입장에서는 단어가 형태소의 결합으로 간주되므로 형태론적 과정은 형태소−기반 모형(morpheme−based model)에 의해 설명되는 것으로 본다.30) 이러

----

30) 형태소−기반 모형은 1장에서 언급한 바 있는 구조주의의 항목−배열 모형(IA

한 입장에서는 가령 (32)의 'unfriendly'는 다음과 같이 형성되는 것으로 간주된다.

(33) 가. friend + −ly → friendly
      나. un− + friendly → unfriendly

여기에서 주목해야 할 것은 우선 형태소−기반 모형은 통합 관계(syntagmatic relation)에 기반하고 있다는 점이다. 즉 전술한 바와 같이 형태소와 형태소가 '결합'하여 단어를 형성한다고 보는 것이다.

다음으로 형태소−기반 모형은 방향성을 가진다. (33)에서 '→'로 표시된 것이 이를 반영한다. 그리고 그 방향성의 역은 불가능하다. 또한 'unfriendly'처럼 세 개 이상의 형태소가 결합되어 있는 경우에는 (33)에서 알 수 있는 바와 같이 결합 순서가 정해져 있다. 'un−'이 'friend'와 먼저 결합한 '*un−friend'는 존재하지 않는다.31)

단어 형성 과정인 (33)과 달리 굴절과 같은 형태론적 과정도 이와 평행하게 처리된다.

(34) bag + −s → bags
      key + −s → keys

(34)는 복수를 만드는 과정을 보인 것인데 이 경우에도 복수형은 두 형태소의 결합으로 이루어져 있다.

이처럼 형태소−기반 모형은 형태소들이 횡적 연쇄(concatenation)로 이루어진 경우 설명력을 유지할 수 있다. 따라서 형태소−기반 모형에서는 어휘부도 형태소들의 목록을 담고 있고 어휘 내항에는 그 정보가 명세되어 있는 것으로 간주된다. (33)의 'un−'이나 (34)의 '−s'는 대략 다음과 같이 어휘 내항에 음운론적 정보, 분포 정보, 의미 정보를 가지고 있으리라 생각할 수 있다.

    Model)과 직접적인 연관성을 가진다.
31) 이는 주지하는 바와 같이 Siegel(1974)에서 제시한 1종 접사와 2종 접사 가운데 'un −'은 2종 접사에 해당하기 때문이다.

(35) 가. −s   나. un−

한국어에서 음운론적 단어 내부에서 외현적으로 나타나는 접미사와 접두사 결합
에 의한 단어 형성, 조사와 어미의 결합 양상은 대체로 이와 같이 형태소−기반
모형으로 기술해도 크게 문제가 없다고 할 수 있다.

3.3.2. 단어 − 기반 모형과 비연쇄 과정

그러나 형태론적 과정이 언제나 연쇄적 과정을 전제하는 것은 아니다. 형태론적
과정 중에는 비연쇄적 과정이 적지 않다. 비연쇄적 과정은 (33), (34)와는 달리
형식적 증가를 결과시키지 않는 경우이다. 이는 다시 형식적으로 증감이 없는 경우
와 오히려 형식적으로 감소가 나타난 경우로 나눌 수 있다.

(36) 가. call(동사)−call(명사)
      나. sheep(단수)−sheep(복수)
      다. take(현재)−took(과거)

(36)은 형태론적으로 다른 지위를 갖는 것들이 형식적으로 증감이 없는 경우의
예이다. 형태소를 분석의 대상으로 바라보고 영형태소를 인정하는 경우에는 (36
가, 나)의 경우도 형태소−기반 모형으로 설명할 수 있다고 주장하지만 (36다)에
이르러서는 과거를 나타내는 형태소를 상정하기 어렵기 때문에 문제가 발생한
다.[32)]

형태소−기반 모형에서 더욱 더 설명이 어려운 경우는 형식의 감소를 동반하는
형태론적 과정의 존재이다.

----

32) 이 예는 구조주의의 항목−배열 모형(IA Model)에 대한 항목−과정 모형(IP Model)
   혹은 단어−패러다임 모델(WP Model)의 설명적 우위성을 위해 흔히 언급되어 왔다.

(37) 가. nyoon "양"　　　　　　　　　nyoo "양들"

　　　wawoc "하얀 왜가리"　　　　wawo "하얀 왜가리들"

　　　onyiit "갈빗대"　　　　　　onyii "갈빗대들"

　　　rottin "전사"　　　　　　　rotti "전사들"

　　　　　　　　　　　　　　　　(Haspelmeth, 2002 : 24에서 재인용)

　　나. hi : nk "(개가) 짓다"　　　　hi : n "짓었다"

　　　ñeid "보다"　　　　　　　　ñei "보았다"

　　　ñeok "말하다"　　　　　　　ñeo "말했다"

　　　　　　　　　　　　　　　　(Haspelmeth, 2002 : 167에서 재인용)

　　다. babysitter "아기 봐 주는 사람"　babysitt "아기 봐 주다"

　　　airconditioner "에어컨"　　aircondition "에어컨을 설치하다"

(37가)는 Murle에서 마지막 자음을 삭감하여 복수를 나타내는 경우이며 (37나)는 Tohono O'odham의 예로 역시 마지막 자음을 탈락시켜 과거를 나타내는 경우이다.[33] (37다)는 영어의 역형성(back-formation)의 예로서 명사에서 '-er'을 삭감하여 동사를 만드는 경우이다. 이들은 형태소-기반 모형에서는 자연스러운 설명이 불가능한 경우들이다.

이러한 (36), (37)의 경우들은 단어-기반 모형(word-based model)을 통해 설명할 수 있다. 단어-기반 모형은 형태소들의 결합이 아니라 단어와 단어의 대치를 통해 형태론적 과정을 설명할 수 있다고 본다.[34] 즉 단어-기반 모형은 통합 관계가 아니라 계열 관계(paradigmatic relation)에 기반한다. 가령 Haspelmath (2002 : 169)에서는 단어-기반 모형에 기반하여 (36가)를 다음과 같이 틀(scheme)을 이용하여 도식화한다.

(38)

즉, 동사로서의 단어와 명사로서의 단어를 단어 대 단어로 파악하고 있으므로

---

33) 물론 이러한 예들은 도상성(iconicity)에서 예외적이라는 점에서 매우 드물다. 도상성에 대해서는 §4.3.4.1.에서 후술하기로 한다.

34) 이러한 점에서 단어-기반 모형은 단어-패러다임 모형(WP Model)과 흡사하다.

형식에 증감이 없거나 감소하는 경우도 문제가 되지 않는다고 본다. 형태소−기반 모형의 방향성도 '↔'가 보여 주듯이 양방향으로 전환됨으로써 방향성에 대해서도 고민할 필요가 없다. 이러한 방식을 따르면 (37)의 예들도 다음과 같이 표시할 수 있다.

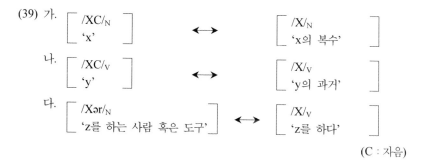

(39) 가.

$$[\ /XC/_N\quad 'x'\ ] \leftrightarrow [\ /X/_N\quad 'x의\ 복수'\ ]$$

나.

$$[\ /XC/_V\quad 'y'\ ] \leftrightarrow [\ /X/_V\quad 'y의\ 과거'\ ]$$

다.

$$[\ /X\partial r/_N\quad 'z를\ 하는\ 사람\ 혹은\ 도구'\ ] \leftrightarrow [\ /X/_V\quad 'z를\ 하다'\ ]$$

(C : 자음)

이상에서 살펴본 것처럼 형태소−기반 모형과 단어−기반 모형은 설명력의 측면에서 '선택'의 대상이 되는 것은 아니라는 점에 주의할 필요가 있다. 즉 어떤 현상을 형태소−기반 모형으로도 설명할 수 있고 단어−기반 모형으로도 설명할 수 있는 것이 아니라 형태소−기반 모형으로 설명할 수 없는 것을 단어−기반 모형으로는 설명할 수 있다는 것이다. 또한 형태소−기반 모형으로 설명할 수 있는 것들도 단어−기반 모형으로 설명이 가능하다. 가령 (33나)나 (34)는 다음과 같이 단어−기반 모형으로 얼마든지 포착이 가능하다.

(40) 가.

$$[\ /X/_A\quad 'x의\ 특성을\ 가지는'\ ] \leftrightarrow [\ /\Lambda nX/_A\quad 'x의\ 특성을\ 가지지\ 않는'\ ]$$

나.

$$[\ /X/_N\quad 'y'\ ] \leftrightarrow [\ /Xz/_N\quad 'y의\ 복수'\ ]$$

따라서 단어−기반 모형은 설명력의 측면에서 형태소−기반 모형보다 더 포괄적이라 할 수 있다.

한편 단어−기반 모형은 상관적인 단어 형성의 측면에서도 설명력을 발휘한다.

(41) 가. attract   attraction   attractive
          suggest   suggestion   suggestive
          prohibit   prohibition   prohibitive
      나. elude   –   elusive
          insert   insertion   –
          discuss   discussion   –
      다. –   illusion   illusive
          –   agression   aggressive

(41)은 영어에서 동사, 명사, 형용사의 단어 형성을 보인 것인데 (41가)의 경우
는 형태소–기반 모형으로 아무런 문제없이 설명할 수 있다. (41나)의 경우도 빈칸
이 있기는 하지만 동사를 출발점으로 삼아 형태소–기반 모형으로 설명할 수 있다.
그러나 (41다)에 이르면 이는 불가능하다는 것을 알 수 있다. 형태소–기반 모형에
서 출발점에 해당하는 동사가 존재하지 않기 때문에 명사나 형용사의 존재는 형태
소–기반 모형으로 설명할 수 없는 것이다. (41다)를 위해서는 다음과 같은 단어–
기반 모형을 이용한 틀이 필요하다.

(42)
$$\left[\begin{array}{l} /\text{Xion}/_N \\ \text{'action of doing}_x\text{'} \end{array}\right] \longleftrightarrow \left[\begin{array}{l} /\text{Xive}/_A \\ \text{'prone to doing}_x\text{'} \end{array}\right]$$

(Haspelmath, 2002 : 50)

한국어의 경우에는 형태소–기반 모형과 단어–기반 모형 가운데 어떤 모형이
더 적합할까? 지금까지의 논의를 참고한다면 이에 대한 대답은 한국어에 비연쇄
과정이 있느냐 여부에 달려 있음을 알 수 있다. 전술한 영변화어, 내적 변화어는
비연쇄 과정에 해당하므로 이들을 설명하는 데는 형태소–기반 모형이 적합하지
않다고 할 수 있다. 한국어에도 '어쩌면'에서 형성된 감탄사 '어쩜'의 경우를 보면
형식적 감소가 나타나는 경우들도 존재한다. 따라서 한국어의 형태론적 과정을 위
해서는 단어–기반 모형이 더 적합하다는 사실을 짐작하는 것은 그리 어렵지 않
다.35) 이러한 맥락에서 보면 Booij(2005 : 24)에서 단어들 사이의 관계가 본질적

----

35) 단어–기반 모형에 따른 한국어 단어 형성의 체계에 대해서는 4장에서 자세히 다루

이므로 형태론을 '형태소 결합론(the syntax of morphemes)'으로 간주할 수 없다고 한 언급을 음미할 필요가 있다고 판단된다.36)

기로 한다. 최근 한국어 형태론에서 쟁점이 되어온 '규칙'과 '유추'의 논쟁도 이 두 가지 모형과 관련이 있다. 규칙은 대체로 형식의 증가를 가져온다는 점에서 직렬 처리 과정을 전제로 하고 있지만 유추는 대치를 기반으로 한다는 점에서 병렬 처리 과정을 전제로 하고 있기 때문이다. 이에 대해서도 4장에서 더 자세히 다루기로 한다.

36) 여기에서의 'syntax'를 '통사론'으로 번역하지 않은 것은 우리가 흔히 '통사론'에 대해 가지고 있는 선입견을 떨쳐 버리기 위해서이다. '통사론'은 그야말로 문장을 만들기 위한 '단어 결합론'이지만 (32)에서 제시한 것처럼 '형태론'은 '형태소 결합론'으로 볼 수 없다는 것이 Booij(2005 : 24)에서 제시한 언급의 핵심이다. 한편 Booij(2010)은 구성(construction)에 크게 기대고 있고 또 논의를 단어 형성에 주로 한정하고 있기는 하지만 '틀'에 기반한 형태론을 체계적으로 제시하고 있다. 즉 Booij(2010)에서는 (17)에 제시된 첨사 동사뿐만 아니라 형태론과 통사론의 경계에 속하는 것으로 간주되는 의사-명사 포함 구성, 분리적 복합 동사 구성, 진행 구성, 구적 명명, 수사 구성 등에 대해 관심을 기울이고 있다. 자세한 것은 최형용(2013b)를 참고할 것.

IV.
한국어 형태론의
유형론적 특수성

4.1. 한국어 형태론의 범위와 특성

4.1.1. 굴절 및 교착과 한국어 형태론의 단어 개념

2장의 끝 부분에서 지난날 한국어 형태론 연구에서 조사와 어미의 처리가 굴절의 인정 여부와 함께 어떻게 변화하였는지 살펴본 바 있다. 그리고 2장에서는 한국어의 형태적 특징으로 교착이 굴절과 어떻게 차이가 나는지 기술하였다. 또한 3장에서는 단어의 개념을 해체하여 '음운론적 단어, 문법적 단어1' 혹은 '음운론적 단어, 어휘적 단어, 문법적 단어2'로 구분하였다.

이제 이를 바탕으로 한국어 형태론의 특수성에 대해 본격적으로 언급하기 위해 한국어 형태론의 범위에 대해 논할 차례가 되었다고 판단된다. 이를 위해서는 형태론의 정의에서부터 논의를 시작할 필요가 있다. 형태론의 정의에 대해서는 학자마다 다양하다. Haspelmath(2002 : 2~3)에서는 형태론의 정의에 대해 다음과 같이 제시하고 있다.

(1) 가. 형태론은 단어의 형식과 의미에서의 체계적 공변동(covariation)에 대한 학
        문이다.
     나. 형태론은 단어를 산출해 내는 형태소들의 결합에 대한 학문이다.

(1가)의 정의는 'nuts'의 '[s]'와 'lapse'의 '[s]'를 비교하는 것으로 설명될 수 있다. 즉 전자와 후자는 같은 소리를 가지지만 전자는 '복수'라는 의미를 가지는데 비해 후자는 아무런 의미를 가지지 않는다는 점에서 형태론적 구조를 가지고 있지 않다고 말할 수 있는데 형태론은 전자와 같이 형식과 의미 사이의 관련성을

가지는 것들의 상관성을 밝히는 학문이라는 것이다. 한편 (1나)의 정의는 형태론에 대한 보편화된 정의로서 (1가)보다 더 구체적이라 할 수 있다. 이 정의를 통해서는 형태론의 범위가 형태소에서 출발하여 단어까지라는 사실을 알 수 있다.

그런데 이러한 정의는 Booij(2005 : 24)의 다음 정의와 같은 듯하면서 차이가 있다.

(2) 형태론은 단어의 내적 구조에 대한 학문으로서 <u>어휘소의 형식을 다루고 어휘소가 형성되는 방법</u>에 대해 다룬다.(밑줄 저자)

Booij(2005 : 24)에서는 '어휘소의 형식을 다루고'에 괄호 표시를 하고 'inflection'이라 적었고 '어휘소가 형성되는 방법'에 괄호 표시를 하고 'word−formation'이라 적었다. 전자의 것은 (1가)와 일맥상통하고 후자의 것은 (1나)와 큰 차이가 없다. 그러나 전자의 것을 'inflection'이라고 한 것은 유형론적 측면에서는 동의하기 어렵다. 그렇다면 교착어인 한국어에서는 '형식과 의미 사이의 체계적 공변동' 혹은 '어휘소의 형식을 다루고'에 대해서는 언급할 것이 없기 때문이다.

3장에서 살펴본 것처럼 박진호(1994)에서는 한국어의 단어 개념을 음운론적 단어와 통사원자로 나누면서 조사와 어미는 통사원자로서 구(句)와 결합하기 때문에 한국어에서 '굴절형태론의 폐기'를 주장한 바 있다. 이는 곧 한국어에서는 형태론의 범위가 (2)의 '어휘소가 형성되는 방법'에만 국한되는 것으로 생각하게 할 수도 있다.

그러나 그렇게 볼 수 없는 근거로 이미 몇 가지 사실을 언급한 바 있다. 그 중심에 있는 것이 조사와 어미의 형태소 교체였다. 만약 체언과 조사, 용언과 어미의 결합을 형태론에서 폐기한다면 이들에서 나타나는 형태소의 교체도 이해하기 힘든 현상이 되는 것이다. 이를 해결하기 위한 방법은 단어 개념의 해체를 통한 단어 개념의 상대화이고 체언과 조사, 용언과 어미의 결합을 단어, 즉 음운론적 단어로 간주하는 것이다. 3장에서 제시한 통사적 결합어도 음운론적 단어 개념에 대한 근거의 하나로 제시할 수 있다.

이상과 같은 처리는 단어 내적 구조에 대한 학문이라는 형태론의 정의를 큰 문제 없이 유지할 수 있게 해 준다. 다만 여기서 주의할 것은 체언과 조사, 용언과 어미의 결합을 굴절이라고 할 수는 없다는 것이다.

따라서 박진호(1994)의 '굴절형태론의 폐기'는 한국어의 조사와 어미가 서양의 굴절과 다른 양상을 보이는 단위라는 것을 강조한 것으로 해석하고자 한다. 임홍빈 (1997 : 102)에서는 한국어에서 굴절이 인정되게 된 역사적 연원에 대해 비판적으로 검토한 후 한국어에서의 굴절의 성격에 대해 다음과 같이 정리하고 있다.

(3) 국어에 곡용 굴절이든 활용 굴절이든 굴절을 설정한다면, 그것은 조사나 어미의 의미 기능이 그 자체로서 굴절 범주를 형성하는 기능·의미론적인 굴절의 성격을 띤다. 이는 서구어의 굴절이 기본적으로 형태론적인 성격을 띠는 것과 대조된다. 따라서 서구어의 굴절을 "형태론적인 굴절"이라 할 수 있다면, 그에 대하여, 가령 국어에 굴절을 설정한다면 그 굴절은 "의미론적인 굴절"이 된다고 할 수 있다.

그리고 이러한 굴절은 약정의 성격을 띠는 것이기 때문에 한국어의 조사와 어미를 위해서는 다음과 같이 명명의 체계를 교체해야 한다고 하였다(임홍빈, 1997 : 104).

(4) 굴절법 → 교착법/첨가법
활용/활용법 → 용언구 교착법, 또는 문미 교착법/첨가법
곡용/곡용법 → 체언구 교착법, 또는 조사 교착법/첨가법

이에 따라 어미는 용언구 교착소로, 조사는 체언구 교착소로 명명되기에 이른다. 본서와 관련하여 흥미로운 것은 본서에서 음운론적 단어로 명명한 것에 대한 임홍빈(1997)의 언급이다.

(5) 교착소 구성의 성분적 효과
용언구 교착소와 체언구 교착소는 선행 형태와 함께 하나의 성분처럼 행동하는 효과를 가진다.

(임홍빈, 1997 : 143)

(6) 교착소 구성의 재구조화
국어의 통사 구조에 대한 일반적인 인식에 있어서는 흔히 국어의 용언구 교착소와 체언구 교착소는 선행 요소와 함께 재구조화되어 하나의 성분처럼 인식된다.

(임홍빈, 1997 : 148~149)

(5)와 (6)은 모두 어절이 하나의 단위처럼 행동한다는 것을 지적한 것으로 본서의 음운론적 단어가 가지는 특성과 일치한다. 결국 임홍빈(1997)에서는 한국어에서 굴절을 부정하고 교착을 주장하고 있다는 점에서 다른 논의들과 본질적으로 구별될 뿐만 아니라 한국어의 교착소 즉 조사와 어미가 통사적 요소라는 사실을 강조하고 있기는 하지만 조사 결합체와 어미 결합체 즉 음운론적 단어의 존재를 재구조화라는 기제로 파악하고 있음을 알 수 있다.1)

따라서 이상의 논의를 바탕으로 하면 한국어 형태론의 대상은 '단어'이되 그 '단어'는 '음운론적 단어' 개념을 통해서는 조사 및 어미의 결합 양상을 대상으로 삼을 수 있고 '어휘적 단어' 개념을 통해서는 전형적인 단어 형성을 대상으로 삼을 수 있다는 것을 알 수 있다. 다른 한편으로 조사와 어미는 각각 '문법적 단어2'로서 품사 분류의 대상이 된다. 품사 분류는 단어를 공통되는 성질로 묶은 것이라는 점에서 형태론의 최대 범위라 할 수 있다. 즉 한국어 형태론은 형태소 교체, 단어 형성, 품사 분류를 대상으로 하여 다음과 같이 범위를 정리할 수 있다.

(7) 한국어 형태론의 범위

형태론의 대상	관련 단어 개념	예
형태소의 교체	음운론적 단어 어휘적 단어	'학교를', '책을'의 '을', '를'의 교체 '휘감다', '휩쓸다'의 '휘-', '휩-'의 교체
단어의 형성	어휘적 단어	'개나리', '눈물', '공짜로', '갈수록', '아니'(부/감), '반짝반짝/번쩍번쩍' 등 복합어의 형성
품사의 분류	음운론적 단어 어휘적 단어 문법적 단어2	'학교', '책' 등의 어휘적 단어로 이루어진 어절 '하늘', '개나리', '눈물' 등 단일어와 복합어 '을', '-다' 등의 조사와 어미

1) 그러나 임홍빈(2001)에서는 어미 결합체는 재구조화를 통해 하나의 품사를 부여하고 있고 조사 결합체는 이를 분리하고 있다는 점에서 일관적이지 못한 처리를 하고 있다고 판단된다. 이에 대해서는 (6)을 다시 언급하면서 §4.2.2.1.에서 종합적으로 다루고자 한다.

4.1.2. 한국어 형태론의 현저성

이제 앞의 논의를 바탕으로 음운론적 단어 개념을 통해 한국어 형태론을 다른 언어의 형태론과 어떻게 비교할 수 있는지 현저성(prominence)의 측면에서 언급해 보기로 한다.[2]

지금까지 도처에서 언어의 형태론적 특성에 따른 분류 즉 고립어, 교착어 등에 대해 언급하였다. 그러나 어떤 언어든 온전히 고립어적이라거나 혹은 교착어적인 경우는 드물다. 형태론적 사실에 근거하여 언어를 분류하는 방법에 대해 문제가 제기된 것은 이러한 사실과 무관하지 않다. 다음의 영어 문장을 살펴보기로 하자.

(8) If a language has discontinuous affixes, it always has either prefixing or suffixing or both.

(8)은 Greenberg(1966 : 92)에서 형태론 관련 보편 원칙 첫 번째로 제시된 문장인데 이 가운데 'If', 'always', 'either', 'or', 'both'는 단일 형태소로서 항상 동일한 모습으로 또 늘 단독으로 쓰인다는 점에서 고립어적으로 쓰이고 있고 이에 비해 'discontinuous', 'affixes', 'prefixing', 'suffixing'은 파생 혹은 굴절을 나타내는 형태소가 투명하게 분석된다는 점에서 교착어적인 것이다. 이에 비해 'has'는 공시적으로는 형태소 분석이 어렵다는 점에서 굴절어적 속성을 가진 것이라 할 수 있다.

언어에 대한 이러한 유형론적 시각이 가지는 문제점을 극복하려는 노력은 Sapir(1921)에서 본격화하여 Greenberg(1954)에서 계량적으로 뒷받침되었다. 먼저, 전술한 바와 같이 Sapir(1921 : 128)에서는 기존의 '고립', '굴절', '교착' 등을 '방식(technique)'에 의한 분류로 보고[3] '통합성(synthesis)'을 기준으로 삼아 '분석적(analytic)', '통합적(synthetic)', '다통합적(polysynthetic)'으로 언어들을 나눌 것을 제안하였다. '분석적 언어'는 중국어처럼 어떤 개념이 단일한 단어로 실현

----

2) 최형용(2011a)에서는 음운론적 단어 개념에 기반하여 한국어의 형태론적 특성을 현저성의 측면에서 살펴본 바 있다. 따라서 이 부분은 §4.1.2.4.를 제외하면 최형용(2011a)를 기반으로 하고 있음을 밝혀 둔다.

3) 이 외에 상징(symbolism)을 더 들고 있다. 상징은 자음이나 모음의 교체에 의해 나타나는 내적 변화를 일컫는다.

되지 못하거나 혹은 영어나 불어처럼 경제적으로 단일한 단어로 실현되는 것을 뜻한다. 이러한 언어에서는 문장이 일차적으로 중요성을 가지며 단어는 특별한 관심의 대상이 되지 못한다고 보았다. '통합적 언어'는 라틴어, 아랍어, 핀란드어와 같이 개념들이 보다 더 밀집하여 단어들이 보다 풍부하게 구성되며 '다통합적 언어'는 말 그대로 일반적인 통합적 언어보다 정도가 더 심해서 단어의 복잡함이 극도에 다다른 것이다. Sapir의 이러한 방법론은 어떤 언어가 관점에 따라 분석적이거나 통합적일 수는 있어도 분석적이면서 통합적인 경우는 배제할 수 있다는 장점을 가진다. Sapir(1921 : 142~143)에 제시된 실제 언어들의 분류의 경우에도 '방식'에 의한 분류에는 '교착'과 '고립', '융합(fusion)(즉 굴절)'과 '교착', '융합'과 '고립'이 함께 들어 있는 경우가 적지 않지만 '통합성'에 의한 분류에는 가령 "'통합적'(약간 다통합적)"처럼 정도의 차이를 반영하고 있기는 하되 중복되어 있는 경우는 존재하지 않는다.4)

Sapir(1921)의 '분석적', '통합적', '다통합적'을 '단어의 복합성(complexity)'으로 명시하고 이를 계량화한 것은 Greenberg(1954)에서이다. 즉 Greenberg(1954 : 204)에서는 다음과 같은 공식에 기반한 통합성 지수를 통해 언어를 분류할 것을 제안하였다.

....

4) Aikhenvald(2007 : 8)에서는 형태소들을 결합시키는 방식인 '고립', '교착', '융합'과 단어당 형태소의 수를 중시하는 '분석적', '통합적', '다통합적'의 상호 관계를 다음과 같이 도식화하고 그 대표적인 언어 예에 대해서 아래와 같이 기술하고 있다.

1. 베트남어와 고전 중국어는 고립 분석적 언어의 전형적 예이다.
2. 헝가리어는 전형적으로 교착 통합적 언어이다.
3. 러시아어는 융합 통합 언어이다.
4. Yupik 에스키모어는 다통합적 교착 언어이다.
5. Chiricahua Apache는 다통합적 융합 언어이다.

(9) 통합성 지수(index of synthesis) = M/W(M=형태소의 수, W=단어의 수)

이에 따르면 가령 (8)의 문장은 15개의 단어, 19개의 형태소로 분석되어 통합성 지수는 1.27로 계산된다. Greenberg(1954)에서는 100 단어 길이의 문장을 분석하여 분석적 언어는 지수 1.00~1.99, 통합적 언어는 지수 2.00~2.99, 다통합적 언어는 지수 3.00 이상으로 규정하였다.

Greenberg(1954)에서는 또한 통합성 지수를 바탕으로 이 외에 아래와 같은 합성 지수, 파생 지수, 교착 지수 등도 제시하고 있다.5)

(10) 합성 지수(compounding index) = R/W(R=어근 형태소의 수, W=단어의 수)
(11) 파생 지수(derivational index) = D/W(D=파생 형태소의 수, W=단어의 수)
(12) 교착 지수(index of agglutination) = A/J(A=교착 구성의 수, J=형태소 연접의 수)

(10)에서 어근은 Greenberg(1954 : 215)의 언급처럼 형식적으로 정의하기가 가장 어렵지만 인식하기는 가장 쉬운 것 중의 하나이다. 모든 단어는 적어도 하나 이상의 어근 형태소를 가지고 있다.6) 어근 하나로 이루어진 단어는 식별에 아무 문제가 없으나 두 개 이상의 형태소로 이루어진 단어에서는 어근을 식별해 내야 하는데 이때는 어근으로 의심되는 요소의 확장 가능성이나 의미의 구체성 등으로 판별이 가능하다. 만약 굴절 형태소와 결합하고 있다면 굴절 형태소는 수에 있어서의 소수성과 의미에 있어서의 관계성 및 추상성으로 구별이 가능한 것이다.

(11)에서 '파생 형태소'란 파생어를 산출하는 데 관여하는 접사로 접두사, 접미사, 접요사 등을 일컫는다.7) 파생 형태소는 어근과 결합하되 그 어근과 결합한

. . . .

5) Greenberg(1954)에서 검토된 지수는 본서에서 제시된 통합성 지수, 합성 지수, 파생 지수, 교착 지수 외에 굴절 지수, 접두사 지수, 접미사 지수, 고립 지수, 순수(pure) 굴절 지수, 총(gross) 굴절 지수, 일치(concordial) 지수 등 모두 열 가지에 이른다. 후자의 것들 가운데 접두사 지수, 접미사 지수는 파생 지수로 갈음할 수 있고 나머지는 한국어와 큰 연관이 없기 때문에 관심의 대상으로 삼지는 않기로 한다.
6) 본서의 논의를 따른다면 이때의 단어는 '문법적 단어2'를 제외한 나머지 단어들이다.
7) Bauer(1988 : 19~25)에서는 접사의 종류로 접미사, 접두사, 접요사 외에도 불연속접사(circumfix), 삽입사(transfix)를 더 들고 있다. 불연속접사는 독일어에서 과거분사를 나

형식이 다른 단일 형태소와 대치될 수 있다는 특성을 갖는다. 즉 'duckling'에서 '-ling'이 파생 형태소인 이유는 'duckling'이 'goose', 'turkey'와 자유롭게 교체될 수 있기 때문이다.

(12)에서 형태소 연접의 수는 결합하는 형태소의 수보다 언제나 하나 적다는 특성을 갖는다. 그리고 Greenberg는 교착의 범위를 보다 엄밀히 규정하여 형태소가 교체를 보일 때 그 교체가 일련의 규칙에 의해 도출될 수 있는 자동적(automatic)인 것에만 한정하고 있다는 사실이 중요하다. 이때의 '자동성(automaticity)'은 Greenberg(1954 : 214)에서 상론하고 있는 바와 같이 '예측가능성(predictability)'이다.8) 이에 따르면 영어의 복수는 예측이 가능한 형태로 나타나는 경우도 있지만 그렇지 않은 경우도 있기 때문에 자동적 교체가 아니다. 즉 교착 구성으로 인정되지 않는 것이다.

이상과 같은 방법론이 가지는 가장 큰 장점은 Sapir(1921)에서도 언급한 바와 같이 언어의 발생론적 분류와 상관없이 언어 사이의 비교가 가능해졌다는 것이다. 또한 주어진 인어를 어느 하나의 유형에 무리하게 할당하는 문제점이 해결되었고 어느 하나의 유형에 할당된 언어들에서 발견되는 다른 유형의 특성을 설명해야 할 필요성이 없어졌으며 동일한 유형에 속하는 언어들 사이에서 볼 수 있던 차이에 대해서도 명확한 설명을 할 수 있게 되었다는 점 등도 장점이라 할 수 있다(전상범

타낼 때 쓰이는 'ge…t'를 예로 들었는데 접두사와 접미사가 동시에 첨가된 것이지만 항상 동시에 나타나므로 하나의 접사로 간주할 수 있다고 하였다. 삽입사는 접요사의 하나로 소개되어 있는데 아랍어의 'katab'("썼다")를 예로 들어 'ktb'가 "쓰다"의 의미를 나타내는 불연속 동사 어기인데 여기에 삽입사 'aa'가 역시 불연속적으로 삽입되어 과거를 나타낸다고 하였다.

8) 주지하는 바와 같이 '자동성'은 연구자에 따라 그 지시하는 범위에 차이가 있다. 가령 한국어의 주격 조사 '이'와 '가'는 서로 음운론적으로 조건 지어져 있지만 반드시 그렇게 발음해야 하는 '필연성'이 없기 때문에 비자동적이라고 본다면 이는 Greenberg (1954)보다 '자동성'의 범위를 엄밀하게 규정하고 있는 셈이 된다. Greenberg(1954)의 '자동성'은 '예측가능성'이라는 점에서 '규칙성'을 지시하는 것으로 보아 무방할 듯하다. 즉 '이'와 '가'는 그 교체가 예측된다는 점에서 Greenberg(1954)적인 개념에서는 '자동적'이다. 이러한 측면에서 3장에서 살펴본 Haspelmath(2002)의 '자동적 교체'와 구별된다.

1995 : 21~22).

Sapir(1921)의 생각을 계량화한 Greenberg(1954 : 218)에서 제시된 8개 언어의 통합성 지수, 합성 지수, 파생 지수, 교착 지수를 가져오면 다음과 같다.

(13)

	산스크리트어	앵글로-색슨어	페르시아어	영어	야쿠트어	스와힐리어	베트남어9)	에스키모어
통합성 지수	2.59	2.12	1.52	1.68	2.17	2.55	1.06	3.72
합성 지수	1.13	1.00	1.03	1.00	1.02	1.00	1.07	1.00
파생 지수	0.62	0.20	0.10	0.15	0.35	0.07	0.00	1.25
교착 지수	0.09	0.11	0.34	0.30	0.51	0.67	...10)	0.03

이 가운데 야쿠트어, 스와힐리어는 교착어의 예이고 베트남어는 고립어, 에스키모어는 다통합어의11) 예로 든 것이다. 앵글로-색슨어와 산스크리트어는 고대 언어의 예로서 각각 현대의 영어 및 페르시아어와 비교하기 위한 것이다.

Haspelmath(2002 : 4~6)에서는 특히 통합성 지수에 초점을 두어 단어당 형태소의 비율을 해당 언어에서의 형태론의 역할의 비중 즉 '현저성(prominence)'으로 파악하고 있다. 형태론이 단어 내부에서 나타나는 형태소들의 운용을 대상으로 삼는 학문 분야라면 통합성 지수가 높으면 높을수록 그 언어의 형태론적 현저성은 그에 비례하는 것이라 할 수 있기 때문이다. 이에 따라 Haspelmath(2002 : 4~5)에서는 분석성의 극단에 서서 형태론이 거의 제 역할을 하지 못하는 '고립적 언어',

---

9) Greenberg(1954)에는 'Annamite'로 표기되어 있는데 이는 베트남어의 다른 이름으로 Bauer(1988 : 169), Haspelmath(2002 : 5)에서는 'Vietnamese'로 표기하고 있다.

10) 베트남어의 경우 교착 구성이 0이고 형태 연접도 0이기 때문에 값을 낼 수 없다.

11) Sapir(1921)에서 언급한 바와 같이 '분석적', '통합적', '다통합적'은 '통합성'이 기준이고 '고립', '굴절', '교착' 등은 '방식'이 기준이라 서로 관점이 다르고 서로 혼용되는 경우가 많지 않지만 유독 '다통합어'는 '포합어(incorporating language)'와 혼용하여 쓰인다. 다른 것은 한 언어에 여러 가지가 나타날 수 있지만 다통합어는 포합어의 특성으로 간주되는 사정에 따른 결과라 할 수 있다.

그보다는 상대적으로 낮지만 역시 형태론의 역할이 제한적인 '분석적 언어', 이보다 형태론이 더 중요한 역할을 담당하는 '통합적 언어', 그리고 형태론이 특별할 정도로 풍부하고 합성어가 많은 '다통합적 언어'로 세계의 언어들을 나누고 있다.

한국어는 교착어이지만 Sapir(1921), Greenberg(1954)적인 개념에서 통합성 지수가 검토된 적이 없었다. 따라서 Greenberg(1954)에서 제시된 방법론을 바탕으로 통합성 지수를 중심으로 하여 한국어 형태론의 현저성을 검토해 보는 것은 여러 가지 측면에서 의미가 적지 않다고 생각된다. 합성 지수, 파생 지수는 결국 형태소의 지위와 관련이 있으므로 통합성 지수에 대해 부수적이라고 할 수 있다. 그러나 단어 형성도 형태론에서 매우 중요한 지위를 차지하는 것이라면 그 지수가 높으면 높을수록 한국어 형태론은 더 큰 비중을 차지한다고 할 수 있을 것이다. 교착 지수도 일차적으로는 통합성 지수에 좌우되는 것이기는 하지만 같은 교착어로 제시된 야쿠트어, 스와힐리어와 비교해 볼 필요가 있다. 또한 참고를 위해 중세 한국어의 경우도 통합성 지수를 포함한 여러 지수들을 산정하여 현대 한국어와 어떤 차이가 있는지 간략히 언급해 보기로 한다.

4.1.2.1. 통합성 지수 산출을 위한 기초 작업

한국어의 통합성 지수 산출을 위해 제일 먼저 해야 할 일은 Greenberg(1954)의 방법론을 한국어에도 적용할 수 있도록 조건을 동일하게 하는 것이다. 통합성 지수만 제대로 산출할 수 있다면 합성 지수, 파생 지수, 교착 지수 산출도 큰 어려움은 없을 것이라 판단된다. 따라서 우선 통합성 지수 산출을 위해 Greenberg(1954)에서의 단어 개념을 파악할 필요가 있다.

통합성 지수를 산출하는 데 있어 가장 중요한 것은 단어를 어떻게 정의하느냐 하는 점일 것이다. Greenberg(1954 : 216~217)에서는 이를 위해 음운론적 단어와 형태론적 단어를 구별하고 음운론적 단어 개념은 통합성 지수 산출을 위해 부적당한 것으로 보고 있다. Greenberg(1954)에 있어서 음운론적 단어란 음운론적 특성에 따라 단어를 정의내리는 것으로 가령 강세나 음소의 경계 변이 등을 그 표지로 삼는 것이다.[12] 그러나 이러한 표지에 따른 단어 개념은 다른 측면에서는 단어로 보기 어려운 것들도 단어로 귀결시키며 더욱이 어떤 표지가 다른 언어에서는 나타나지 않기도 하므로 보편적인 정의가 불가능하다는 문제가 있다고 보았다. 가령 강세에 따라 단어를 정의하게 되면 당장 강세가 없는 한국어는 단어를 정의하는 데 있어 심각한 문제를 일으킬 수 있다는 것이다. 이에 대해 형태론적 정의는 (의미를 가지지 않는 요소에 기반한 음운론적 정의와 달리) 의미를 가지는 요소의 분포에 근거를 둔 것으로서 예를 들자면 Bloomfield의 '최소 자립 형식(minimum free form)'과 같은 조건이 더 보편적으로 적용 가능한 정의가 될 수 있다고 보았다.

그러나 Greenberg 스스로도 인정하고 있는 것처럼 이러한 특성에 따른 단어의 정의에도 문제가 전혀 없는 것은 아니다. 영어의 'the'와 같은 것들은 Bloomfield의 입장에서는 단어로 간주될 수 없기 때문이다. 그리하여 Greenberg(1954 : 217~218)에서는 단어 간 경계와 단어 내부 경계를 구별하기 위해 어떤 요소를[13) 그 사이에 삽입할 수 있는지 하는 것으로 판가름하고자 하였다. 즉 "The farmer killed the ugly duckling."과 같은 문장에서 'farmer'와 'killed' 사이에도 경계가 있고 'killed'의 'kill'과 '-ed' 사이에도 경계가 있지만 전자는 단어 경계이고 후자는 그렇지 않은데 이는 전자의 경계 사이에는 다른 요소가 들어가 "farmer who killed the man who killed the man who … killed the ugly duckling"과 같은 구성이 가능하지만 후자는 그렇지 못하다는 것이다. 이는 단어를 "최소의 자립 형식"에서 더 나아가 "휴지가 개입할 수 없고 내부가 분리되지 않는 형식"으로 정의하는 것과 매우 흡사하다. 국내에서도 이미 정경해(1953 : 76)에서 단어 '도둑놈의 지팽이'와 비단어(정경해의 용어로는 '숙어') '미친 놈의 지팽이'를 구별하면서 그 기준으로 중간에 다른 말이 들어갈 수 있는가로 파악한 것과 흡사하다. 즉 단어 책정의 기준으로 '분리성'과 '독립성'을 들고 있는 것이다.

그런데 사실 통합성 지수를 염두에 두지 않는다면 이러한 단어 개념에는 외현적으로 문제가 없지 않다. 당장 다른 언어들은 차치하고 한국어의 경우만 보더라도 '철수가 밥을 먹었다'와 같은 문장에서 '철수가', '밥을'과 같은 구성을 단어로 간

---

12) 따라서 본서에서 단어 개념을 해체하여 얻은 '음운론적 단어'와는 그 개념이 다름에 주의할 필요가 있다.

13) 후술하는 바와 같이 이 '어떤 요소'는 형태소보다는 큰 개념이다.

주할 가능성이 크기 때문이다. '철수'와 '가', '밥'과 '을' 사이에 Greenberg(1954)
적인 의미에서 다른 요소가 들어가기는 쉽지 않다. 통사론적으로는 '따뜻한 밥을'
과 같은 구성에서 '을'이 '따뜻한 밥' 전체 즉 구(句)에 결합하는 것으로 간주되지만
형태론적 측면에서는 '철수가'와 '밥을'의 '철수'와 '가', '밥'과 '을'이 'farmer'와
'killed' 사이보다는 'kill'과 '-ed' 사이와 훨씬 가깝기 때문이다. 3장에서 살펴본
것처럼 박진호(1994)에서는 이러한 모순을 해결하기 위해 단어 개념을 음운론적
단어와 통사원자로 해체한 바 있다. 그리고 영어와 같은 인구어는 음운론적 단어와
통사원자가 공교롭게 일치하는 언어인 데 비해 한국어는 음운론적 단어와 통사원
자가 일치하지 않는다고 보았다. 즉 '철수가'나 '밥을'은 통사원자는 아니지만 기식
군(breath group)을 기준으로 한 음운론적 단어라 할 수 있다는 것이다. 이는
'farmer'와 'killed'가 단어로 간주되는 것과 동일한 것이라 보아 문제가 없다. '철
수가'의 '가'나 '밥을'의 '을'은 음운론적 단어의 일부분이지만 통사원자의 자격을
가지는 것이라 할 수 있다는 것이다.[14]

따라서 통합성 지수 산출을 위한 단어 개념은, 한국어에서는 대체로 어절 개념과
일치한다는 사실을 확인할 수 있다. 즉 조사나 어미를 모두 단어의 일부분으로
처리하여야 Greenberg(1954)에서 제시된 통합성 지수를 한국어와 비교할 수 있다
는 결론에 다다르는 것이다.[15] 즉 Greenberg(1954)의 방법론을 한국어에 적용하
기 위해서는 3장에서 제시한 여러 가지 단어 개념 가운데 '음운론적 단어' 개념이
필요한 것이다.

한편 Greenberg(1954 : 210)에서는 더 이상 나누어질 수 없는 의미 요소를 분
석해 내기 위해 고심하고 있다. 즉 'eating'은 누가 봐도 'eat'과 '-ing'으로 나뉘
고 'chair'는 'ch-'와 '-air'로 분석되지 않지만 과연 'deceive'와 같은 예는 'de

---

14) 이에 따라 보조 동사 구성과 의존 명사 구성처럼 분리성과 독립성이 크지 않은 경우
도 어절을 경계로 하여 단어를 나누기로 한다. 이것이 영어의 경우 정관사 및 부정관사
구성을 단어로 인정하는 것과 평행한 것으로 판단되기 때문이다.

15) 이는 사실 결과적으로는 조사와 어미를 모두 단어의 일부로 보는 정렬모나, 이숭녕의
역사언어학적 견해와 일치하는 것이기도 하다. 특히 이숭녕(1954 : 30)에서는 어절을
단어로 간주하여야 알타이어의 테두리 내에서 한국어를 연구하는 것이 가능하다고 하
였다. 이점 본서와 관련하여 시사하는 바 적지 않다고 할 수 있다.

—'와 '—ceive'로 나눌 수 있는지 없는지 불분명하다는 것이다. 이러한 경우를 위해 일련의 형식들을 묶어 비례식을 구성하여 형태소 분석의 방법론으로 삼고 있다.16) 비례식은 AC, BC, AD, BD의 형식을 가지는, 적어도 네 가지 의미 연쇄가 있을 때 존재한다. 가령 영어의 'eating : sleeping : : eats : sleeps'에서 A는 'eat—'이고 B는 'sleep—', C는 '—ing', D는 '—s'라고 하면 비례식이 의미의 대응 변형과 함께 존재할 때 연쇄를 이루는 각각의 부분을 분석하는 것이 정당화될 수 있다는 것이다. 다만 Greenberg(1954 : 210)의 각주에서 밝히고 있는 바와 같이 자립형이 홀로 나타나는 경우 A, B, C, D 가운데는 영(zero)이 있을 수 있다. 여기서 주의할 것은 '영'이 외현적인 음소 연쇄를 보이지는 않지만 통사적인 영향력을 미치므로(Greenberg, 1954 : 216) 형태소의 자격을 갖는다는 것이다. 즉 터키어에서의 주격 단수나 영어의 명사 단수는 외현적으로는 영(zero)이지만 형태소의 자격을 갖는다. 이는 전술한 3장에서 패러다임을 대상으로 한 분석적 차원에서의 영형태소를 인정한 것과 일맥상통한다.

일단 분석이 가능해지면 분석된 조각들은 비례식의 구성 요소인지 테스트를 거치고 만약 테스트를 통과하게 되면 각각 형태(morph)의 자격을 가지게 된다. 만약 이것이 불가능하다면 어떤 구성체는 더 이상 분석할 수 없는 것이 된다. 여기에서 의미의 대응을 따지는 것은 가령 'hammer : ham : : badger : badge'와 같이, 분석될 수 없는 '—er'을 분석하게 되는 잘못된 비례식을 피하고 대신 다른 곳에서는 의미를 가지는 'huckleberry'의 'berry'를 형태로 분석하는 데 필요하기 때문이다.

경우에 따라서는 비례식이 형식적으로 불완전할 수도 있는데 'man : men : : boy : boys'와 같은 경우가 여기에 속한다. 이 경우 'boy'가 상황에 따라 'boys'로 대치되는 것과 똑같이 'man'에 대해 'men'이 대치되므로 'men'은 두 개의 형태로 분석될 수 있다.17) 이와 마찬가지로 단수 'sheep'에 대한 복수 'sheep'도 두 개의 형태로 분석된다. 그러나 이들처럼 형식적으로 완전한 비례식의 구성 요소와 대치

---

16) Greenberg(1954 : 210)에서는 비례식을 구성하는 일련의 형식들을 'square'로 부르고 있다.

17) 후술하는 바와 같이 한국어의 경우에는 '우리'가 형태소 2개로 분석되지 않는다. §2.1.에서 전술한 것처럼 한국어의 경우는 '수'가 문법 범주가 아니기 때문이다.

되지 않는 경우의 형태 분석은 허락되지 않는다는 점에 주의하여야 한다. 즉 라틴어 비례식 '−us : ō : : ī : īs'는 '주격 단수 : 여격 단수 : : 주격 복수 : 여격 복수' 이지만 형식적으로 완전한 비례식과 대치될 수 있는 것이 없어 더 이상의 형태소 분석은 거부된다. Greenberg(1954 : 212)에서는 비례식이 형식적으로 불완전한 경우뿐만 아니라 의미적으로 불완전한 경우도 형태 분석을 인정한다. 그리하여 'deceive : receive : : decep−tion : recep−tion : : decei−t : recei(p)t'와 같은 경우 각각 특정한 의미를 부여하기는 어렵지만 'de +ceive', 're + ceive'와 같이 형태 분석한다. 대신 단어당 형태소의 비율을 따지기 때문에 단어의 범위를 넘어서는 불연속 형태나 단어보다 더 큰 단위에 영향력을 미치는 억양 등의 요소는 분석하지 않는다는 것이 Greenberg(1954)의 형태소 분석 원칙이다.

이러한 형태소 분석 원칙은 통합 관계보다 계열 관계를 중시한 것이라 할 수 있다. 또한 이때 계열 관계는 의미 요소를 전제하는 것이기는 하지만 형식적 유사성도 매우 중요하게 작용하고 있다는 점에 주의할 필요가 있다.

Greenberg(1954)에서는 통합성 지수 산출을 포함하여 유형론적 지수 산출을 위해 100 단어 길이의 텍스트를 선정하여 분석 대상으로 삼고 있다. Greenberg (1954 : 219)에 텍스트 목록이 정리되어 있으나 그 선정 기준은 '단일한 단락 (single passage)'이라는 것 이외에 특별한 것은 없어 보인다. 가령 영어의 경우는 1952년 12월 13일자 「New Yorker」 29페이지를 대상으로 통합성 지수를 산출하여 1.68이라는 수치를 얻어낸 것으로 되어 있다. 문제는 과연 이 텍스트들이 대표성을 확보할 수 있는가 하는 것이다. Greenberg(1954 : 220)에서는 이러한 문제에 대해 문체에 따른 수치의 변화가 있을 수 있다는 점을 언급하고 다음과 같이 영어의 다양한 문체를 반영하는 자료의 수치를 들고 있다.

(14) Ladies' Home Journal, January 1950, p. 55 ·················· 1.62
     R. Linton, Study of Man, p. 271 ······························· 1.65
     O. J. Kaplan, Mental Disorders in Later Life, p. 373 ··· 1.60

그리고 이들의 수치가 1.68이라는 수치와 크게 차이가 없다는 사실에 주목하고 있다. 독일어의 경우도 문체가 다른 텍스트를 분석한 결과가 1.90, 1.92, 2.11로 크게 차이가 없는 것으로 되어 있다. 한편 Bauer(1988 : 169)에서는 더 작은 크기의 샘플을 통해 분석한 수치가 제시되어 있는데 영어의 경우 그 수치가 1.69로 되어 있어 Greenberg(1954)와 차이가 거의 없다.[18] Haspelmath(2002 : 5)에서는 Greenberg (1954)의 텍스트 선정 방식을 '무작위(random)'한 것으로 보고 있다.

이상의 논의를 따른다면 한국어의 통합성 지수를 산출하기 위한 텍스트 선정에 있어서 특별한 주의를 기울일 필요는 없다는 결론이 나온다. 그러나 후술하는 바와 같이 한국어의 통합성 지수 산출에는 단어당 형태소의 수에 적지 않은 영향을 미치는 고유어, 한자어, 외래어라는 어종(語種)이 변수가 된다는 점에는 주의할 필요가 있다.

4.1.2.2. 현대 한국어의 형태론적 현저성

이제 Greenberg(1954)의 통합성 지수 산출 방법에 따라 먼저 한국어 텍스트의 통합성 지수를 산출해 보고 이와 함께 합성 지수, 파생 지수, 교착 지수를 계산하여 한국어의 형태론적 현저성을 살펴보기로 한다. 한국어는 이를 다시 현대 한국어와 중세 한국어로 나누되 초점은 어디까지나 현대 한국어에 두기로 한다.

Greenberg(1954)에서 살펴본 바와 같이 한국어의 통합성 지수를 산출하기 위해

---

18) Bauer(1988 : 169)에는 Greenberg(1954)에서는 분석되지 않은 요루바어, 터키어, 러시아어에 대한 수치가 더 제시되어 있고 Greenberg(1954)에서는 검토되지 않은 형태당 형태소의 비율(가령 영어의 /z/라는 형태는 '복수', '소유격', '3인칭 단수' 등의 형태소 구실을 한다)도 조사하여 제시하고 있다. Bauer(1988 · 169)에서 제시된 통합성 지수와 형태당 형태소의 비율을 제시하면 다음과 같다.

	통합성 지수	형태당 형태소 비율
요루바어	1.09	1.00
영어	1.69	1.37
터키어	2.86	1.31
러시아어	3.33	1.58

표에서 보는 바와 같이 통합성 지수가 커짐에 따라 형태당 형태소 비율도 대체로 증가하지만 영어와 터키어의 경우에서 보는 바와 같이 꼭 그런 것만은 아니다. 따라서 이러한 수치는 고립어에서 포합어로 갈수록 하나의 형태가 복수의 형태소를 나타낼 가능성이 높아진다는 것을 예측하게 하기는 하지만 결국 언어를 고립어, 굴절어, 교착어로 나눌 때와 비슷한 문제를 야기하게 한다. 더욱이 교착어의 경우 형태당 형태소의 비율은 매우 낮을 수밖에 없다. 따라서 본고에서는 이에 대해서는 따로 살펴보지 않기로 한다.

특별한 텍스트 선정 방법을 마련할 필요는 없다. 우선 무작위로 선정된 다음 100단어 길이의 단일 텍스트의 통합성 지수를 살펴보기로 하자.

(15)

> 다시 말해 전통적인 서사가 시작과 끝이 분명하며, 이야기가 특정한 구조로 배열됨으로써 이야기의 시작에서 끝으로의 흐름이 자연스럽고 명백해 보이도록 해 주는 특정한 논리에 의해 맞물려 있는 것으로 논의되어 왔다면, 컴퓨터 게임은 잘 짜여진 시작과 끝 그리고 그 과정 위의 짜임새 있는 연결보다는 계열체적 구조 및 공간적인 구성과 같은 이용자의 구체적인 행위를 통해 이야기가 구성될 수 있도록 개방된 형식을 갖는다. 앞서 언급한 바와 같이 컴퓨터 게임에서 배경 이야기, 인물 및 아이템 등 일련의 구성 요소들은 이용자들의 조합과 조작을 기다리는 상태로 나열적으로 제시됨으로써 이야기를 구성할 수 있는 가능성으로만 존재한다. 이것을 이야기로 만드는 것은 이용자의 몫으로, 이용자는 위의 요소들을 조합·재조합하면서 이야기를 구성하게 된다.
>
> <이인화 외(2003), 『디지털 스토리텔링』, 황금가지, 64페이지>

위 예문의 통합성 지수를 산출하기 위해서는 Greenberg(1954)에서 제시된 형태소 분석 방법을 원용해야 한다. 우선 한자는 표의문자이므로 의미를 중심으로 하는 Greenberg(1954)의 개념에서도 하나하나가 형태소의 자격을 가진다는 점에 주의할 필요가 있다. '컴퓨터'와 같은 외래어는 원어에서는 'compute'와 '−er' 두 개의 형태소로 분석되겠지만 한국어에서는 이러한 분석이 불가능하므로 '컴퓨터' 전체를 형태소 하나로 분석하기로 한다.

조사 연속체의 경우에는 단순한 조사의 연속인지 아니면 하나의 합성 조사인지 구별할 필요가 있다.[19] '에서'나 '으로부터'와 같은 것은 기원적으로는 둘 이상의 형태소로 구성되어 있지만 현대 한국어 공시적으로는 이들을 서로 분리해 내는 것이 어렵기 때문에 이를 하나의 형태소로 간주하기로 한다. 마찬가지로 '됨으로써'의 '으로써'는 합성 조사로 판단하고 이에 비해 '끝으로의'의 '으로의'는 '으로'와 '의'의 기능이 개별적으로 파악되는 조사 연속 구성으로 간주하기로 한다. 어미와 조사 연속체 혹은 어미 연속체의 형태소 분석도 조사 연속체의 형태소 분석과

---

19) 조사 연속 구성과 합성 조사의 차이에 대해서는 김진형(2000)을 참고할 것.

맥을 같이 한다. '먹어도 된다', '집에 가지만'의 '−어도'나 '−지만'이나 (15)의 '왔다면'의 '−다면'은 형태소 하나로 분석되는 것이다.

다만 시제와 관련한 형태소 분석은 주의를 요한다. 사실 한국어의 시제 체계를 어떻게 파악하느냐에 따라 연구자마다 다른 시각을 보이고 있기 때문이다. 가령 (15)의 '갖는다'를 '갖았다', '갖겠다'와 비교하여 '갖−는−다'로 분석하고 이때 '−는−'을 '가느냐'의 '−느−'의 이형태로 보는 견해는 임동훈(2010 : 7)에서 보인다.[20] 그러나 고영근 · 구본관(2008 : 380)에서는 우리말의 시제가 서법을 토대로 성립된다고 보아 시제 없는 문장은 성립되어도 서법 없는 문장은 없다고 간주한다. 이러한 견해에서는 서법 형태소가 외현적으로 나타나지 않아도 이를 형태소 분석에 반영하여 '갖는다'는 '갖−는−Ø−다'로 분석한다. '는'이 시제 요소이고 'Ø'는 서법 요소라고 보는 것이다. 형용사의 경우 전자는 가령 '작다'를 '작−Ø−다'와 같이 분석하고 이때 'Ø'는 현재 시제를 나타낸다고 본다. 후자는 '작다'를 '작−Ø1−Ø2−다'로 분석한다. 'Ø1'은 시제, 'Ø2'는 서법으로 분석되는 것이다. 이러한 분석은 연결형과 관형사형에도 똑같이 적용된다. 가령 '가지만', '간'은 전자의 견해에서는 '가겠지만', '갔지만'과의 비교를 통해 '가지만'을 '가−Ø−지만'으로 분석하고 '간'은 '가는'과의 비교를 통해 '가−Ø−ㄴ'으로 분석한다.[21] 후자의 견해에서는 '가지만'을 '가−Ø1−Ø2−지만'으로 분석하고 '간'은 '가−Ø1−Ø2−ㄴ'으로 분석한다. 본고에서는 이 두 가지 견해 가운데 전자의 것에 기반하여 형태소 분석을 진행하고자 한다. 적어도 현대 한국어를 기준으로 할 때 서법을 필수적인 문법 범주로 간주하는 것은 'Ø'를 양산할 수밖에 없다는 측면에서 이론적 타당성을 확보하기 어렵다고 판단한 까닭이다.[22] 따라서 (15)의 '갖는다'는 '갖

----

20) 임동훈(2010)에서는 시제의 형태소 분석과 관련하여 그동안의 국내외의 업적에 대해 비판적으로 검토하고 있다.

21) 임동훈(2010 : 22−23)에서는 이때의 'Ø'를 과거 시제가 아닌 완결상으로 간주한다. 여기에는 유형론적 측면에서 과거 시제가 'Ø'로 나타나는 일이 없다는 사실도 중요하게 작용한 것으로 언급되어 있다. Bybee(2010 : 177)에서는 영 형식은 단수, 현재 시제, 굴절적 완결상, 직설법에 나타나는 것이 일반적이라고 한 바 있다.

22) 그러나 서법을 필수적인 문법 범주로 간주한다면 본고보다 통합성 지수가 더 높게 나올 것이라는 점을 예측할 수 있다. 반대로 전통 문법에서처럼 '간'을 '가−ㄴ', '가지

-는-다'로, '주는'은 '주-느-ㄴ'으로 분석하고 '특정한'은 '특-정-하-Ø-
ㄴ'으로 분석하고자 한다. '보이도록'은 '보이었도록'이나 '보이겠도록'이 불가능
하다는 점에서 '보-이-도록'으로만 분석한다.[23]

이상의 논의에 따라 (15)의 통합성 지수를 산출해 보기로 한다. (15)는 모두
100어절이므로 단어 수는 100이 되고 형태소는 모두 298개이므로 통합성 지수는
2.98이 된다.[24] 만약 조사는 단어로 간주하고 어미는 단어의 일부로 간주하는 학교
문법의 체계를 염두에 둔다면 위의 100어절은 152단어 298개의 형태소로 분석되
어 통합성 지수는 1.96으로서 그 차이가 현격히 벌어지게 된다. 더군다나
Greenberg(1954)에 따르면 2.98은 통합적 언어의 예가 되고 1.96은 한국어를 분
석적 언어로 분류하게 만든다. 이는 앞서 Greenberg(1954)에서 제시되었던 교착
어의 예 야쿠트어, 스와힐리어의 2.17, 2.55와도 거리가 있음을 알 수 있다.

다음은 1968년에 작성되어 오랜 세월 교과서에 실렸던 「국민교육헌장」을 살펴
보기로 한다.

(16)

> 우리는 민족중흥의 역사적 사명을 띠고 이 땅에 태어났다. 조상의 빛난
> 얼을 오늘에 되살려, 안으로 자주독립의 자세를 확립하고, 밖으로 인류 공영
> 에 이바지할 때다. 이에, 우리의 나아갈 바를 밝혀 교육의 지표로 삼는다.

....
만'을 '가-지만'으로만 분석하면 통합성 지수가 더 낮게 나올 것이다.
23) 이상의 논의에서 언급한 사실은 생략과는 구별할 필요가 있다는 점에서 주의를 요한
   다. 즉 가령 "철수가 영희를 좋아한다."와 "철수가 영희 좋아해."를 예로 들면 후자의
   문장에서 '는'의 생략에 따라 Ø를 인정할 수도 있으나 이 Ø는 본서에서 인정하는 Ø와
   는 여러 가지 점에서 차이가 있다. 본서는 최형용(2003a)에서 주장한 것처럼 조사의
   생략을 인정하지 않는 입장에 서 있거니와 만약 조사의 생략을 인정한다고 하더라도
   이는 '작다'를 '작-Ø-다'와 같이 분석하는 것과는 차원이 다르다. 이때의 Ø는 다른
   형식으로 대체될 수 없는 Ø로 나타나지만 생략에서는 이렇게 보기 어렵기 때문이다.
   만약 생략을 형태소 교체로 인정한다면 '영희'는 생략이 가능한 최대 구조를 상정하여
   형태소의 수를 계산해야 한다는 불합리에 빠지게 된다. 즉 '영희'가 '영희를'이 아니라
   '영희만을'에서 도출된 것이라면 '영희-Ø-Ø'와 같이 형태소 4개로 분석해야 할 수
   도 있는 것이다. 즉 본서는 '생략'을 '교체'와 엄밀하게 구별하고 있는 셈이다.
24) Greenberg(1954)에는 소수점 아래 두 자리까지 제시되어 있다. 본서에서도 이를 따르
   되 소수점 아래 세 번째 자리에서 반올림한 결과임을 밝혀 둔다.

성실한 마음과 튼튼한 몸으로, 학문과 기술을 배우고 익히며, 타고난 저마다의 소질을 계발하고, 우리의 처지를 약진의 발판으로 삼아, 창조의 힘과 개척의 정신을 기른다. 공익과 질서를 앞세우며 능률과 실질을 숭상하고, 경애와 신의에 뿌리박은 상부상조의 전통을 이어받아, 명랑하고 따뜻한 협동 정신을 북돋운다. 우리의 창의와 협력을 바탕으로 나라가 발전하며, 나라의 융성이 나의 발전의 근본임을 깨달아, 자유와 권리에 따르는 책임과 의무를 다하며, 스스로 국가 건설에 참여하고 봉사하는 국민정신을 드높인다.

반공 민주 정신에 투철한 애국 애족이 우리의 삶의 길이며, 자유세계의 이상을 실현하는 기반이다. 길이 후손에 물려줄 영광된 통일 조국의 앞날을 내다보며, 신념과 긍지를 지닌 근면한 국민으로서, 민족의 슬기를 모아 줄기찬 노력으로, 새 역사를 창조하자.

위의 예문은 모두 128어절로 구성되어 있다. 전술한 바와 같이 '우리'는 '나'의 복수형이라 할 수 있지만 이를 형태소 2개로 분석하지는 않기로 한다.[25] '이바지'는 현대 한국어 공시적으로는 형태소 하나로 분석하고자 한다. 예문 (16)의 형태소의 수는 394개이다. 통합성 지수는 3.08로 (15)의 예문과 큰 차이가 없다.

이처럼 (15)와 (16)의 결과가 매우 흡사한 것은 (15)나 (16)에 한자어의 비중이 비슷하기 때문이다. 그렇다면 한국어의 문체적 변이는 고유어, 한자어, 외래어의 비중을 고려해야 한다는 결론이 나온다. 이를 좀 더 자세히 살펴보기 위해 다음의 예문을 검토해 보기로 하자.

(17)

먼 옛날, 어느 마을에 일하기를 너무너무 싫어하는 게으름뱅이 돌쇠가 살고 있었어요. 돌쇠는 덩치도 크고 힘도 좋았어요. 하지만 하루 종일 먹고 노는 일 말고는 어떤 일도 하지 않았어요. 늙으신 어머니와 아버지가 논밭에서 땀을 뻘뻘 흘리며 일을 해도 돌쇠는 모른 척했어요. 그런 돌쇠를 마을 사람들은 손가락질하며 흉을 봤지요.

"덩치는 산만해 가지고 날마다 놀고먹기만 하다니!"

---

25) '우리'의 '리'가 기원적으로 별개의 형태소일 가능성도 있지만 이 역시 여기서는 고려되지 않는다. 공시적으로 형태소의 자격을 가지는 것을 파악할 수 있는 계열 관계와 통합 관계를 만족시키지 못하기 때문이다.

> "저런 녀석은 혼이 나야 하는데……."
> 어머니도 방구석에서 뒹굴기만 하는 돌쇠 때문에 속이 까맣게 타고 말았어요.
> "이 녀석아, 정신 좀 차려라! 빈둥빈둥 잠만 자지 말고 밖에 나가서 일을
> 좀 해 봐."
> "에잇, 귀찮아!"
> 돌쇠는 어머니의 잔소리를 피해 집을 뛰쳐나왔어요.
> '도대체 나를 가만히 놔두지 않는단 말이야. 어디 편히 잘 수 있는 데가
> 없을까?'

위 예문은 초등학교 1학년 학생을 대상으로 한 동화 「소가 된 게으름뱅이」의
일부분이다. '옛날'의 사이시옷은 3장에서 살펴본 바와 같이 특별한 의미를 부여하
기 어렵다는 점에서 형태소 자격을 부여하지 않는다. '너무'는 예문 (16)의 '이바
지'에서와 마찬가지로 형태소 하나로 분석하기로 한다. '까맣다'의 '까맣−'도 마찬
가지이다. 한편 '귀찮다'는 의미의 측면에서 현대 한국어 공시적으로 '귀−하−지
−아니−하−다'로 환원되기 어렵다는 점에서 형태소 4개로만 분석한다.26) '돌쇠'
는 '마당쇠'와의 계열 관계를 고려하여 형태소 2개로 분석하였다. '어떤', '그런',
'저런' 등은 통시적인 과정을 통해 관형사의 자격을 가진 것으로 판단하여 시제
형태소 분석을 적용시키지 않을 뿐만 아니라 하나의 형태소로 간주하기로 한다.
다만 '잔소리'의 '잔−'은 공시적인 관점에서 '잘다'의 관형사형으로 분석되는 데
문제가 없다고 판단되므로 형태소 2개로 분석한다. '뻘뻘'의 '뻘'은 자립성이 없기
는 하지만 한국어 의성·의태어의 일반적인 단어 구조를 참고할 때 형태소 2개로
분석하는 것이 옳아 보인다.
예문 (17)은 모두 103단어, 252개의 형태소로 이루어져 있는데 통합성 지수는
2.45이다. 이 예문은 초등학교 1학년 학생을 대상으로 한 만큼 어휘의 수준이

---

26) 'X잖/찮−' 형용사의 다양한 측면에 대해서는 우선 김선영(2005)을 참고하기 바란다.
　　김선영(2005 : 27)에서는 '귀찮다'를 의미론적으로 어휘화한 예로 처리하고 있다. 그러
　　나 축약에 따른 '−찮−'의 지위를 접미사로 간주하는 데는 문제가 적지 않다. 본서에
　　서는 최형용(2003a : 105)에 따라 '귀찮다'를 통사적 결합어로 간주하고 '−찮−'에 접
　　미사의 자격을 부여하지는 않기로 한다.

높지 않은데 이는 그만큼 한자어가 많지 않다는 것으로 해석된다. 실제로 (17)에는 '종일', '흉', '산', '혼', '정신', '편', '귀' 등 모두 7개의 한자어가 있을 뿐이며 더욱이 이들은 대부분 1음절 한자어로서 통합성 지수를 높이는 데 큰 역할을 하지 못한다. 이는 (16)의 예문에 4음절 한자어가 적지 않은 것과 대조된다. 또한 같은 고유어라 하더라도 형태 구조가 단순한 (17)의 예문이 103단어이지만 모두 279음절이고 그에 비해 (15)의 예문은 100단어이지만 303음절이라는 사실도 예문 (17)의 통합성 지수가 상대적으로 낮게 나온 이유가 된다. 따라서 만약 '컴퓨터'와 같은 외래어나 외국어가 많은 텍스트는 (17)처럼 고유어가 많은 텍스트와 비슷한 결과를 도출할 것으로 예측할 수 있다.

(18)

> 레드와 화이트 스트라이프로 이루어진 발리의 시그니처, '삼선'이 자취를 감춘 것이다. 이번 시즌은 발리의 새로운 크리에이티브 디렉터 듀오 마이클 헤르츠와 그레이엄 피들러가 선보이는 첫 번째 컬렉션. 디자인의 지휘봉을 잡은 이 듀오가 가장 먼저 한 일이 바로 오랜 시간 발리의 얼굴이었던 삼선을 전면에서 들어내고 대신 내추럴 뷰티라는 콘셉트를 구체화하는 일이었다고. 발리의 삼선이 남자의 로망임을 감안해 몇몇 남성 제품의 안감이나 트리밍 등에만 위트 있게 사용했고, 구조적인 세련됨을 보여 주는 디테일과 환경 친화적인 컬러들, 저지, 캔버스, 레더 등 다채로운 소재가 삼선이 빠진 자리를 대신했다. 처음에 스친 낯선 느낌은 곧 이국적인 도시를 여행하는 듯한 신비로움으로 바뀌었고, 이들이 디자인한 유니크한 백과 건축물을 연상시키는 구두를 볼 때는 발리의 눈부신 변화에 감탄하지 않을 수 없었다.
>
> <『임프레션』(2011. 3월호), 롯데카드, 97페이지>

(18)은 월간 잡지 가운데 패션과 관계된 부분을 무작위로 가져온 것이다. 이 부분에는, 극단적이지는 않지만 외래어나 외국어가 그대로 노출된 부분이 적지 않으며 '시그니처', '크리에이티브', '디렉터', '컬렉션', '내추럴', '트리밍' 등은 전술한 '컴퓨터'처럼 원어와는 달리 형태소 하나로 분석된다. 외국인의 성과 이름은 통상 띄어 적고 원어에서는 여러 개의 형태소로 분석될 수도 있지만 다른 외래어 혹은 외국어처럼 한국어에서는 어떤 의미를 가지는 형태소의 기능을 한다고 보기 어려우므로 하나의 어절, 하나의 형태소로 분석하기로 한다. 이에 따라 (18)은 모두

105어절 즉 105단어에 형태소의 수는 272개로 통합성 지수는 2.59이다. 예상대로 (17)과 매우 비슷한 결과를 얻을 수 있다.27)

다음으로는 문학 텍스트를 분석 대상으로 삼아 보기로 한다. 먼저 수필 가운데 하나를 임의로 선택하여 통합성 지수를 산출해 보기로 한다.

(19)
> 바람은 달과 달라 아주 변덕 많고 수다스럽고 믿지 못할 친구다. 그야말로 바람장이 친구다. 자기 마음 내키는 때 찾아올 뿐 아니라, 어떤 때에는 쏘삭쏘삭 알랑거리고, 어떤 때에는 난데없이 휘갈기고, 또 어떤 때에는 공연히 뒤틀려 우악스럽게 남의 팔다리에 생채기를 내놓고 달아난다. 새 역시 바람같이 믿지 못할 친구다. 자기 마음 내키는 때 찾아오고, 자기 마음 내키는 때 달아난다. 그러나, 가다 믿고 와 둥지를 틀고, 지쳤을 때 찾아와 쉬며 푸넘하는 것이 귀엽다. 그리고, 가다 흥겨워 노래할 때, 노래 들을 수 있는 것이 또한 기쁨이 되지 아니할 수 없다. 나무는 이 모든 것을 잘 가릴 줄 안다. 그러나, 좋은 친구라 하여 달만을 반기고, 믿지 못할 친구라 하여 새와 바람을 물리치는 일이 없다.
>
> <이양하의 「나무」 중에서>

예문 (19)는 모두 106어절 즉 106단어이다. 그리고 어휘의 수준이 낮다고는 할 수 없으나 '변덕', '친구', '공연', '우악' 정도만 한자어이기 때문에 통합성 지수는 (17)에 가까울 것이라 예측할 수 있다. 실제 (19)의 형태소 수는 249개로 통합성 지수는 2.35로서 오히려 (17)보다도 낮음을 볼 수 있다.

(20)
> 이지러는 졌으나 보름을 갓 지난 달은 부드러운 빛을 흐붓이 흘리고 있다. 대화까지는 팔십 리의 밤길. 고개를 둘이나 넘고 개울을 하나 건너고 벌판과 산길을 걸어야 된다. 길은 지금 긴 산허리에 걸려 있다. 밤중을 지난 무렵인지 죽은 듯이 고요한 속에서 짐승 같은 달의 숨소리가 손에 잡힐 듯이 들리며

---

27) 같은 잡지의 113페이지에서 외래어 혹은 외국어가 거의 없는 112어절의 텍스트를 분석했을 때는 모두 314개의 형태소가 분석되었다. 따라서 통합성 지수는 2.80로 (15), (16)의 결과와 비슷하다. 참고로 외래어 혹은 외국어가 거의 없는 서울대학교 국어교육연구소(2002 : 22)의 한 단락은 모두 94어절 즉 94개 단어이고 형태소 수는 256개로서 통합성 지수는 2.72이다.

> 콩포기와 옥수수 잎새가 한층 달에 푸르게 젖었다. 산허리는 온통 메밀밭이어
> 서 피기 시작한 꽃이 소금을 뿌린 듯이 흐뭇한 달빛에 숨이 막힐 지경이다.
> 붉은 대궁이 향기같이 애잔하고 나귀들의 걸음도 시원하다. 길이 좁은 까닭에
> 세 사람은 나귀를 타고 줄로 늘어섰다. 방울 소리가 시원스럽게 딸랑딸랑 메
> 밀밭께로 흘러간다. 앞장선 허 생원의 이야기 소리는 꽁무니에 선 동이에게는
> 확적히는 안 들렸으나, 그는 그대로 개운한 제멋에 적적하지는 않았다.
>
> <이효석의 「메밀꽃 필 무렵」 중에서>

한편 위의 예문은 소설의 일부인데 모두 106 어절 즉 106 단어이고 형태소 수는
282개로서 통합성 지수는 2.66이다.

마지막으로 신문의 사설을 대상으로 통합성 지수를 산출해 보기로 한다.

(21)
> 교대와 사범대의 높은 진학 경쟁률이 보여 주듯 우리 교원들의 능력과 자질
> 은 세계 최고 수준이다. 문제는 대학을 졸업한 뒤 일선 학교의 틀 안에 들어오
> 면 소명의식이 옅어지고 자기계발 노력을 게을리 하게 된다는 점이다. 지식이
> 빛의 속도로 바뀌고 새로운 정보가 쏟아지는 세상에서 교사들이 대학 시절
> 배운 지식으로 일평생 학생을 가르치려 들면 무리가 따를 수밖에 없다. 교사
> 들이 지식과 견문을 넓히는 것은 교육의 질(質) 향상을 위해서도 바람직하다.
> 지나치게 높은 원어민 강사 의존도를 낮추는 효과도 있을 것이다.
>
> <동아일보 2011. 2. 9 사설 「교사 해외진출, 교육의 質높이는 계기로」 중에서>

위 예문은 모두 71어절 즉 71단어로서 형태소 수는 207개이다. 통합성 지수는
2.92로 (15), (16)의 예문과 결과가 흡사하다. 역시 한자어가 많이 노출되어 있기
때문이라고 할 수 있다.

이상과 같이 통합성 지수가 문체에 따라 2.35[예문(19)]에서 3.08[예문 (16)]까
지 분포하고 있음을 알 수 있다. 이는 Greenberg(1954)에서 제시한 예문 분석에서
보다 편차가 크다는 것을 알 수 있게 한다. 따라서 편의상 예문 (15)에서 (20)과
각주에서 밝힌 추가 예문 2개의 통합성 지수를 평균한 값 2.73을 한국어의 통합성
지수로 간주하고자 한다. 이 수치는 Bauer(1988 : 169)에서 제시한 터키어의 2.88

에는 미치지 못하지만 Greenberg(1954)에서 교착어의 예로 제시된 야쿠트어의 2.17과 스와힐리어의 2.55보다는 높은 수치이다.

이제 이상의 통합성 지수를 바탕으로 한국어의 합성 지수, 파생 지수, 교착 지수에 대해 살펴보기로 한다.[28] 앞에서 살펴본 바와 같이 통합성 지수는 어종 특히 한자에 매우 민감하다는 사실을 확인하였다. 합성 지수, 파생 지수, 교착 지수 가운데는 합성 지수가 한자에 매우 민감할 것으로 예상할 수 있다. 가령 예문 (15)의 경우 '전통적인'이라는 단어에서 '전통'은 각각 어근 자격을 가지는 합성어로 계산되기 때문이다. 그러나 한국어의 경우 어근의 범위를 정하는 데는 연구자마다 차이가 있다. 가령 김창섭(1999)에서는 기존에 접두사나 접미사로 처리되어 오던 것들 가운데 한자와만 주로 결합하는 것은 모두 어근으로 간주하였다. 이에 따르면 흔히 부정의 접두사로 처리되는 '非', '未', '不', '無' 등은 모두 어근의 자격을 갖게 된다. 노명희(2005)에서도 '의존성', '어기 범주 변화', '의미 변화', '첫 음절 출현 불가', '구에 결합 가능', '조사 결합 제약' 등을 기준으로 하여 결과적으로 어근의 범위를 확대하고 있다. 이에 따르면 '한국인'의 '인'은 접미사성이 강하기는 하지만 결국 어근으로 처리되고 있다.[29] 그러나 본고에서는 Greenberg(1954)와의 비교를 위해 이들을 모두 접사로 간주하고자 한다. 앞서 언급한 바와 같이 어근으로 의심되는 요소의 확장 가능성이나 의미의 구체성에서 이들이 결합한 어근과 대등한 자격을 가진다고 보기 어렵기 때문이다. 이에 따라 (15)의 '말하다'의 '하-', '짜임새'의 '-새', '재조합'의 '재-', '배열됨'의 '되-'는 모두 접사로 파악하였다. (16)의 '되살려'의 '되-'에도 접사의 자격을 주기로 한다. (17)의 '돌쇠'의 '-쇠'도 접사의 자격을 주는 데 문제가 없다고 판단된다.

다만 (15)의 '흐름'의 '-ㅁ'은 단어성을 중시하면 접사로 간주할 가능성이 높지만 이렇게 되면 관형사로 굳어진 것들에서 보이는 관형사형 어미도 접사로 간주해

---

28) 이 가운데 '합성 지수'와 '파생 지수'는 한국어 단어 형성의 유형론적 검토를 위해 의미를 갖는다. 이에 대해서는 §4.3.1.2.에서 다시 후술하기로 한다.
29) 이들에 대한 비판적 검토는 최형용(2006 : 343~349)를 참고할 것. 만약 김창섭(1999), 노명희(2005)에 따라 합성 지수와 파생 지수를 따진다면 본고에서 제시된 것보다 합성 지수는 더 높아질 것이고 파생 지수는 더 낮아질 것임을 예측할 수 있다.

야 한다는 점에서 모두 일괄하여 어미로 간주하기로 한다. (18)의 '요소들'의 '들'
도 '어서들'의 '들'과 같은 것으로 판단하여 접사로 간주하지 않았다. '첫 번째'의
'째'는 대부분의 사전에서는 접사로 처리되어 있지만 '첫 번'이라는 구(句)에 결합
하고 있으므로 접사로 간주하지 않았다. 적어도 파생 지수 산출에 있어서는 새로운
단어 형성이 접미사 여부를 판가름하는 데 있어 가장 중요하다고 판단한 때문이다.

교착 지수는 Greenberg(1954)에서 형태소 교체의 '자동성' 즉 '예측가능성'으
로 파악된다는 점을 다시 환기할 필요가 있다. 따라서 합성 지수와 파생 지수는
자연히 이에서 제외되고 한국어의 경우에는 조사와 어미를 대상으로 교착 지수를
산정하게 된다. 현대 한국어에서 조사와 어미가 이형태를 가질 경우 '예측가능성'
에서 문제가 되는 것은 어휘적으로 조건 지어진 교체를 포함한 불규칙 교체라 할
수 있다.30) 즉 어미 불규칙이 이에 해당하는데 '하-' 뒤에서 '-어'가 '-여'로
바뀌는 연결 어미, 명령형 어미, 과거 시제 선어말 어미 구성이 이에 해당한다.31)
따라서 교착 구성의 수는 이들을 제외한 조사와 어미 구성이고 형태소 연접의 수는
앞서 언급한 바와 같이 단어 및 형태소의 수와 밀접한 연관을 맺고 있다. 가령
예문 (15)의 첫 문장 가운데 "다시 말해 전통적인 서사가 시작과 끝이 분명하며"를
보면 단어 수는 7개이고 형태소 수는 23개이다. 형태소 연접의 수는 단어당 형태소
수보다 하나 적으므로 '0+2+5+2+2+1+4'를 하면 16이 된다. 16은 곧 전체 형태소
수에서 단어 수를 뺀 수가 된다. 그리고 여기에서 교착 구성의 수는 우선 '전통적
인'에 3개가 발견된다. '이-'는 편의상 서술격 조사로32) 간주하고 시제 해석을

---

30) 전술한 것처럼 최형용(2011a)에서는 본서의 '어휘적으로 조건 지어진 교체'를 '형태
   론적으로 조건 지어진 교체'라고 한 바 있다. 이는 '형태론적으로'를 '형태소 특정적'
   의 의미로 사용한 결과인데 본서에서는 §3.2.1.에서 Haspelmath(2002 : 30)에 따라 '형
   태론적 조건 짓기'를 '이형태의 선택이 형태론적 맥락에 의존하는 경우'로 한정한 바
   있다. 즉 이때의 '형태론적'은 '형태소 특정적'이 아니라 '형태론적 범주'의 의미를 갖
   는다. 따라서 그 용어를 '형태론적으로 조건 지어진'에서 '어휘적으로 조건 지어진'으
   로 바꾸었다. 아래도 마찬가지이다.
31) 앞서 영어에서의 복수가 예측가능하지 않은 형태를 가져 교착 구성에서 제외된 것을
   다시 상기할 필요가 있다. 이른바 '러' 불규칙도 어미 불규칙인데 '-어'가 '-여'로
   되는 것에 포함되어 있으므로 따로 언급할 필요가 없을 듯하다. '달라', '다오'의 '오'
   불규칙도 마찬가지이다.

받는 Ø와[33] 관형사형 어미 '-ㄴ'을 포함한 결과이다. '분명하며'도 시제 해석을
받는 Ø를 포함하면 교착 구성이 2개가 된다. 그리고 '서사가', '시작과', '끝이'
각 1개, 총 8개로 교착 지수는 8÷15=0.53이 된다. 나머지 예문도 모두 이와 같은
방법으로 교착 지수를 산정하기로 한다.

이제 이상의 논의에 따라 (10), (11), (12)에서 제시된 합성 지수, 파생 지수,
교착 지수를 계산하여 예문별로 정리하면 다음과 같다. 평균은 통합성 지수와 마찬
가지로 (13)의 다른 언어들과 비교하기 위한 것이다.

(22)

예문	합성 지수 (어근의 수 ÷ 단어의 수)	파생 지수 (파생 형태소의 수 ÷ 단어의 수)	교착 지수 (교착 구성의 수 ÷ 형태소 연접의 수)
(15)	148 ÷ 100 = 1.48	32 ÷ 100 = 0.32	93 ÷ 198 = 0.47
(16)	219 ÷ 128 = 1.71	27 ÷ 128 = 0.21	124 ÷ 266 = 0.47
(17)	116 ÷ 103 = 1.13	10 ÷ 103 = 0.10	81 ÷ 149 = 0.54
(18)	122 ÷ 105 = 1.16	21 ÷ 105 = 0.20	97 ÷ 167 = 0.58
(19)	128 ÷ 106 = 1.21	15 ÷ 106 = 0.14	81 ÷ 143 = 0.57
(20)	129 ÷ 106 = 1.22	18 ÷ 106 = 0.17	99 ÷ 176 = 0.56
(21)	117 ÷ 71 = 1.65	10 ÷ 71 = 0.14	68 ÷ 136 = 0.50
평균	1.37	0.18	0.53

먼저 합성 지수는, 예측대로 한자가 많은 예문 (15), (16), (21)은 높고 외래어
및 외국어가 많은 예문 (17)은 고유어가 많은 다른 예문과 별 차이가 나지 않음을

----

32) 후술하는 바와 같이 현행 학교 문법에서 '활용하는 조사'를 인정하게 된 것은 '서술격
조사'가 체언에 결합할 수 있다는 점을 중시한 결과이다. 그러나 '서술격 조사'를 인정
한다는 것은 곧 품사 분류 기준으로서의 '형식'을 일관적으로 적용하고 있지 못하다는
사실을 단적으로 드러내는 것이다. 다만 여기에서는 품사 문제를 상론하는 자리가 아
니므로 더 이상 논하지는 않기로 한다. 품사 분류 기준으로서의 '형식'이 한국어 품사
분류에서 가지는 위상에 대한 비판적 검토는 §4.2.에서 종합적으로 베풀기로 한다.
33) 이와는 달리 앞에서 언급한 바와 같이 '-었-'과 교체 관계에 있는 'Ø'는 교착 구성
에서 제외된다. '하-'와의 관련 속에서 불규칙 교체로 간주되기 때문이다.

알 수 있다. 한편 파생 지수는 그러한 경향성을 보이지 않는다는 것을 알 수 있다. 이는 한자가 주로 어근으로 산정된 데 비해 접사인 경우는 많지 않다는 사실을 반영한다. 절대 수치로는 합성 지수보다 편차가 크다고 할 수 없지만 상대 수치로 는 가장 작은 0.10과 가장 큰 0.32 사이가 3배 이상 차이난다는 점에서 편차가 매우 크다고 할 수 있다. 이에 대해 교착 지수는 세 지수 가운데서 절대 수치는 물론 상대 수치로도 편차가 가장 작다는 특징을 보인다.

평균을 기준으로 하여도 (13)에 제시된 다른 언어들과 비교해 보면 합성 지수가 다른 언어들에 비해 상당히 높다는 것을 알 수 있다. 또한 다른 지수들은 매우 편차가 심하지만 합성 지수는 거의 차이가 없는 데 비해 한국어는 한자가 어근으로 간주되면서 합성 지수가 매우 높게 나왔다는 사실을 알 수 있는 것이다. 파생 지수 는 교착어로 제시된 야쿠트어보다는 낮지만 스와힐리어에 비해서는 높다는 것을 알 수 있다. (13)에서 알 수 있는 바와 같이 파생 지수는 통합성 지수와는 달리 일정한 상관성을 보이지 않는다는 점에서 다른 언어와 비교하는 것에 큰 의미를 두기는 어렵다고 판단된다. 교착 지수는 야쿠트어보다는 높고 스와힐리어보다는 낮지만 역시 큰 차이는 없음을 알 수 있다.

4.1.2.3. 중세 한국어의 형태론적 현저성

한편 (13)에는 현대 언어뿐만이 아니라 고대 언어인 앵글로-색슨어와 산스크리 트어에 대한 통합성 지수도 제시되어 있다. 이는 전술한 바와 같이 각각 현대의 영어 및 페르시아어와 비교하기 위한 것이다. 수치를 보면 고대 언어와는 달리 비교 대상이 된 현대 언어는 통합성 지수가 현격하게 줄어든 것을 알 수 있다. 이는 곧 과거에는 단어당 형태소의 수가 많았지만 현대에는 그렇지 않다는 것을 의미한다.[34] 이러한 변화를 일반화하려는 여러 시도가 있었지만[35] 언어마다 모두

---

34) 전상범(1995 : 21)에서는 이를 '통합에서 분석으로의 변화'라고 표현하였다. 영어의 경우 고대 영어에서 현대 영어까지의 통합성 지수 변화 및 라틴어와의 비교는 전상범(1995 : 21~22)에 인용된 자료를 참고할 것.
35) 교착형은 융합형으로 변화하고 융합형은 고립형으로 변화한다는 Skalička, Vennemann의 윤회설(spiral model)이 언어 변화의 규칙성을 발견하려는 대표적인 견해

동일한 변화를 보인다고 하기에는 문제가 없지 않다. 그렇다면 한국어의 경우는 어떠한지 살펴볼 필요가 있다. 그러나 결론부터 말하자면 한국어의 경우에는 Greenberg(1954)와 같은 비교를 기대하기는 어렵다. 남아 있는 문헌의 성격상 현대 한국어의 경우에서 제시한 문헌과 대등한 예문을 찾는다는 것이 거의 불가능하기 때문이다. 따라서 본서의 중세 한국어 분석은 어디까지나 참고를 위한 것이고 후술하는 바와 같이 교착 지수에서 모종의 시사점을 도출하기 위한 것임에 유의할 필요가 있을 듯하다.

이상의 사실을 전제하고 먼저 다음에 『월인석보』의 한 부분을 가져와 통합성 지수를 검토해 보기로 한다.

(23)

> 부톄 三界옛 尊이 ᄃᆞ외야 겨샤 弘渡群生ᄒᆞ시ᄂᆞ니 衆生ᄋᆞᆯ 너비 濟渡ᄒᆞ시ᄂᆞ니
> 無量功德이 그지 업서 몯내 혜ᅀᆞ볼 功과 德괘 人天所不能盡讚이시니라 사름
> 들콰 하ᄂᆞᆯᄃᆞᆯ히 내내 기리ᅀᆞᆸ디 몯ᄒᆞᅀᆞᆸ논 배시니라 世間애 부텻 道理 빛호ᅀᆞ
> ᄫᆞ리 부텨 나아 ᄃᆞ니시며 ᄀᆞ마니 겨시던 처ᅀᅥᇝᄆᆞ촘ᄋᆞᆯ 알리 노니 비록 알오져
> ᄒᆞ리라도 ᄯᅩ 八相ᄋᆞᆯ 넘디 아니ᄒᆞ야셔 마ᄂᆞ니라 近間애 追薦ᄒᆞᅀᆞ보ᄆᆞᆯ 因ᄒᆞ
> ᅀᆞᄫᅡ 이 저긔 여러 經에 ᄀᆞᆯᄒᆡ여 내야 各別히 ᄒᆞᆫ 그를 밍ᄀᆞ라 일홈 지허
> ᄀᆞ로ᄃᆡ 釋譜詳節이라 ᄒᆞ고 ᄒᆞ마 次第 혜여 밍ᄀᆞ론 바ᄅᆞᆯ 브터 世尊ㅅ 道
> 일우샨 이리 양ᄌᆞᄅᆞᆯ 그려 일우ᅀᆞᆸ고 ᄯᅩ 正音ᄋᆞ로써 곧 因ᄒᆞ야 더 翻譯ᄒᆞ야
> 사기노니 사름마다 수빙 아라 三寶애 나ᅀᅡ가 븓긧고 ᄇᆞ라노라

위 예문은 「석보상절 서」인데36) 원문의 한자를 고유어로 바꾸지 않은 부분이 적지 않다는 것을 알 수 있다. 대표적으로 '人天所不能盡讚'은 그야말로 '한문'이지만 하나의 어절 속에 포함되는 것으로 처리하였고 '처ᅀᅥᇝᄆᆞ촘'은 '始終'의 번역어라는 점을 중시하여 하나의 단어로 간주하였다. 반면 '그지 업서'의 '그지'는 현대 한국어와는 달리 중세 한국어에서는 자립어로 쓰인 경우가 적지 않으므로(分은 제여곰 가니니 목수믜 그지라 段은 그티니 모미 얼구리라≪월석 7 : 70≫, 샷 그

라 할 수 있다. 그러나 이러한 주장은 1장을 통해 가설에 머무르는 것임을 살펴본 바 있다.

36) 주지하는 바와 같이 『월인석보』는 번안 산문 자료이지만 「석보상절 서」는 구결문과 언해문이 짝을 이루고 있는 언해 자료라 할 수 있다. 이러한 측면에서 후술하는 『훈민정음 언해』와 성격이 같다.

지의 미추미며 方위의 군호미니≪법화 3 : 156≫) '그지 업서'를 두 단어로 처리하였고 표기상으로는 '빅호ᅀ 봉리', '알리', '히리라도'로 되어 있지만 이는 모두 의존 명사 '이'를 포함하고 있으므로 각각 두 어절로 계산하였다.37) 또한 구결문을 참고하면 이 다음에 'Ø' 주격 조사가 결합하고 있음을 알 수 있다. '브터'는 선행어가 '바롤'처럼 목적격 조사가 결합하고 있으므로 활용형으로 파악하였다. '옛'의 'ㅅ'은 관형격 조사로 분석하였고 '돈니시며'는 '돈+니+시+며'로 파악하였다. 'ᄀ로되'는 '골+오되'로 분석하였고 '븓긧고'는 '븓+긧고'로 처리하였다.38) '일우샨'의 '샨'는 형태소 두 개로 분석하였다.39) 이에 따라 예문 (23)을 분석해 보면 90어절 즉 90단어이고 형태소의 수는 256개로 통합성 지수는 2.84이다. 이 수치는 현대 한국어의 평균 2.73보다는 높지만 예문 (15), (16)보다는 낮다.

다음으로 『훈민정음 언해』의 한 부분을 살펴보기로 한다.

(24)

> 나랏 말ᄊᆞ미 中듕國귁에 달아 文문字쭝와로 서르 ᄉᆞᄆᆞ디 아니ᄒᆞᆯᄊᆡ 이런 젼ᄎᆞ로 어린 百빅姓셩이 니르고져 홇 배 이셔도 ᄆᆞᄎᆞᆷ내 제 ᄠᅳ들 시러 펴디 몯홇 노미 하니라 내 이를 爲윙ᄒᆞ야 어엿비 너겨 새로 스믈 여듧 字쭝를 밍ᄀᆞ노니 사ᄅᆞᆷ마다 ᄒᆡᅇᅧ 수비 니겨 날로 ᄡᅮ메 便뼌安한킈 ᄒᆞ고져 홇 ᄯᆞᄅᆞ미니라

• • • • • • • • • • • • • • • • • •

37) 가령 '히리라도'의 경우 의존 명사 '이'의 의존성을 중시하여 이를 하나의 어절 즉 하나의 음운론적 단어로 처리하는 것이 합리적일 수 있다. 그럼에도 불구하고 본서에서 이를 두 어절로 처리한 것은, 앞에서도 잠시 언급한 바와 같이 'the apple'을 두 단어로 처리한 것과 같은 맥락을 유지하기 위해서이다. 즉 'the big apple'처럼 다른 단어가 'the apple' 사이에 올 수 있기 때문에 'the apple'이 두 단어인 것처럼 가령 '내가 지금 만날 이'가 '내가 지금 만날 아까 왔었던 이'와 같이 다른 요소가 개입할 수 있다고 판단했기 때문이다.

38) 월인석보와 다음에 살펴볼 『훈민정음 언해』, 순천 김씨 간찰의 형태소 분석은 고영근·남기심 공편(1997), 고영근(2010)을 많이 참고하였다.

39) 종전에는 '샨'를 '시'와 '아, 오'의 결합으로 해석하였으나 고영근(2010 : 139)에서는 '시'의 음운론적 이형태로 분석한다. 그러나 가령 '定ᄒᆞ샨'을 '定ᄒᆞ샤온'에서 선어말어미 '-오-'가 탈락한 것으로 본다는 점에서 결국 '샨'을 형태소 3개로 분석하는 것과 마찬가지라고 생각한다.

(24)에서 '나랏'의 'ㅅ'은 역시 관형격 조사로 분석하였고 '홇'은 'ㅎ+오+ㄹㆆ'으로, '히여'는 'ㅎ+이+어'로 분석하였다. 이에 따라 위 예문은 모두 44 단어, 104개의 형태소로 분석되므로 통합성 지수는 2.36이다. 이 수치는 외래어나 고유어가 많은 (17), (18), (19)의 현대 한국어와 비슷하다. 이는 (24)가 '언해'라는 특수성에 말미암는 것이라 할 수 있다.

이러한 측면에서 16세기의 언어생활을 반영하고 있다고 판단되는 순천 김씨 간찰의 한 부분을 살펴보기로 한다.

(25)

> 근사니 온 후에 안부도 몰라 분별ㅎ뇌 지븨 블란 긔벼른 듣고 ㄱ장 놀라이 녀기뇌 그려도 엇디구러 미처 듣고 ㅎ뇌 신쥬는 아조 샹티 아니ㅎ신가 엇디 그 긔벼를 자셰 아니ㅎ신고 나는 쏘 디니올 이른 어히 업시 글도 ㅎ뮴만 몯ㅎ 거니와 팔지 그런가 시브니 이번 별시만 보고 뇌여 말려 ㅎ뇌 수미ㄷ려 니른 소 네나 브라노라 글 힘뼈 닐그라 ㅎ소 몬져 지어 보낸 그를 하 지어시니 올라 가면 샹호마 ㅎ소 쏘 셩보기는 엇던고 그 죵이 우연ㅎ 죵인가 그옷 주그면 우리 이리 배는 쟈기니 요스이는 글로 더 분별ㅎ뇌 머글 거시나 ㅈ조 ㅎ여 보내고 더뎌 두디 마소 니러나 다 우여니 은혜로이 녀길가 나는 즉시 갈 거시로ㄷ│

(25)는 남편이 아내에게 보낸 편지의 일부인데 한자어도 모두 훈민정음으로 되어 있다. '신쥬'는 '神主', '샹호마'의 '샹'은 '賞'으로 보아 큰 문제가 없을 것으로 보인다. '근사니'는 '글'과 '사니'의 합성어로 보이고 이 다음에는 'Ø' 주격 조사가 있다고 파악된다. 나머지는 형태소 분석에 큰 문제가 없어 보인다. 모두 96 어절, 즉 96 단어에 226개 형태소로 통합성 지수는 2.35가 나온다. 이 수치는 (24)의 경우와 매우 흡사하다.

이상의 논의를 종합해 보면 비록 분석 대상 텍스트의 특성을 감안한다고 하더라도 중세 한국어가 현대 한국어보다 통합성 지수의 측면에서 주목할 만큼 더 높거나 더 낮다고 말하기는 힘든 것이 아닌가 한다. 비록 비교 대상으로는 본질적인 차이가 있기는 하지만 (13)에서 보는 바와 같이 인구어의 경우 통합성 지수가 현저하게 낮아진 것과 비교할 만하다.

이번에는 예문 (23), (24), (25)의 합성 지수, 파생 지수, 교착 지수를 현대 한국어의 경우와 평행하게 조사해 보기로 하자. 먼저 (23)의 '사름둘콰', '하늘둘히'의 '둘ㅎ'은 현대 한국어와 마찬가지로 조사로 쓰인 것으로 간주하였다. 'ᄆᆞᄎᆞᆷ'의 '－음'은 접미사로 처리하였고 '追薦ᄒᆞᆸ보ᄆᆞᆯ'의 '－옴'은 명사형 어미로 간주하였다. '몯내'의 '－내'는 'ᄆᆞᄎᆞᆷ내'의 '－내'와 계열 관계를 가지는 접미사로 처리하였고 '돈니시며'의 '니－'는 어근으로 파악하였다. (24)에서 '아니ᄒᆞᆯ씨'의 '－ㄹ씨'는 어미화한 것으로 처리하였다. (25)의 '셩보기ᄂᆞᆫ'의 '－이'는 접미사로 파악하였고 'ᄌᆞ조'의 '－오'는 어미로 간주하였다.

한편 교착 지수 산출을 위해서는 (23), (24), (25)에서 현대 한국어와 마찬가지로 어미 '－어' 관련 구성을 제외하는40) 한편 서술격 조사 다음에 '－다, －더－, －도－, －다가'가 '－라, －러－, －로－, －라가'로 바뀌는 것과 '오/우'로 시작하는 어말 어미 혹은 선어말 어미 '－오－/－우－'가 '－로－'로 바뀌는 것도 제외해야 한다. 이들은 모두 어휘적으로 조건 지어진 교체이기 때문이다(고영근, 2010 : 133－134).41)

이상의 내용을 바탕으로 (23), (24), (25)의 합성 지수, 파생 지수, 교착 지수를 표로 정리하면 다음과 같다.

(26)

예문	합성 지수 (어근의 수 ÷ 단어의 수)	파생 지수 (파생 형태소의 수 ÷ 단어의 수)	교착 지수 (교착 구성의 수 ÷ 형태소 연접의 수)
(23)	120 ÷ 90 = 1.33	17 ÷ 90 = 0.19	90 ÷ 166 = 0.54
(24)	49 ÷ 44 = 1.11	7 ÷ 44 = 0.16	36 ÷ 60 = 0.60
(25)	117 ÷ 96 = 1.22	14 ÷ 96 = 0.15	72 ÷ 130 = 0.55
평균	1.22	0.17	0.56

위의 표를 현대 한국어와 비교하면 파생 지수는 거의 차이가 없고 합성 지수에서

----

40) 주지하는 바와 같이 중세 한국어에서는 현대 한국어와 달리 'ᄒᆞ－' 다음에 '－야'로 바뀐다는 특성이 있으나 불규칙인 것은 마찬가지이다.

41) 조사의 경우는 체언의 끝소리와 모음의 종류에 따라 중세 한국어의 경우가 현대 한국어에 비해 훨씬 교체 양상이 복잡하지만 현대 한국어와 마찬가지로 불규칙 교체를 상정할 만한 것은 보이지 않는다.

나타나는 차이는 (23), (24), (25)가 상대적으로 한자어가 많지 않은 데서 오는 것임을 짐작할 수 있다. 교착 지수도 거의 차이가 없음을 알 수 있다.

이상의 논의를 통해 중세 한국어와 현대 한국어의 합성 지수, 파생 지수, 교착 지수도 뚜렷한 차이를 보인다고 할 수 없음을 알 수 있다. 역시 비교 대상 사이에 본질적인 차이가 있기는 하지만 (13)에서 인구어의 경우 통합성 지수는 현저하게 줄어든 대신 교착 지수가 큰 폭으로 상승한 것과 비교할 만하다.

4.1.2.4. 동사의 굴절 통합성

지금까지 Greenberg(1954)의 방법론에 기반하여 한국어의 형태론적 현저성을 현대 한국어와 중세 한국어로 나누어 비교해 보았다. 여기서는 동사에 표현될 수 있는 굴벌 범주의 최대치를 언어에 따라 조사한 Bickel & Nichols(2005)에 대해 살펴봄으로써 형태론의 현저성 측면에서 한국어와 다른 언어들의 유형론적 상관관계에 대해 살펴보기로 한다.

Bickel & Nichols(2005 : 95)에서는 먼저 굴절 통합성을 수치화하기 위해 몇 가지 방법론에 대해 설명하고 있다.42) 이를 정리하면 다음과 같다.

(27) 가. 같거나 비슷한 범주가 다른 위치에서 실현될 경우 이를 별개로 계산한다.
　　　나. 의미론적으로 관련된 둘 이상의 범주가 하나의 형태소로 나타날 경우에는 이를 하나의 범주로 계산한다.
　　　다. 의미론적으로 관련된 범주가 아닐 때에는 비록 하나의 형태소로 나타날 경우에도 이를 별개의 범주로 구분하여 계산한다.
　　　라. 일치는 각각에 대해 하나의 범주로 계산한다.

(27가)는 가령 수에 대한 표지가 있는데도 복수에 대한 표지가 또 실현되는 경우를 위한 것이다. (27나)는 가령 시제, 상, 서법이 개별적으로 분리되어 나타나지 않고 하나로 실현되는 경우 이를 하나의 범주로 계산한다는 것이다. (27다)는 (27나)와 정반대의 경우이다. 가령 한 형태소에 일치와 시제가 동시에 나타나는 경우 이를 두 범주로 계산한다는 것이다. 이를 다음 예를 통해 살펴보기로 하자.

------

42) 이때의 '굴절'은 후술하는 바와 같이 물론 '굴절어'만을 대상으로 한 것은 아니다.

(28) 가. ira—b—e
　　　cook—inceptive—1.SG.PERF.EGOCENTRIC
　　　"나는 그것을 요리하기 시작했다."

　　나. ira—paa—ru
　　　cook—COMPLITIVE—1.SG.PST.ALTROCENTRIC
　　　"나는 그것을 (누군가를 위해) 요리하는 것을 끝냈다."

　　다. ira—wa—de
　　　cook—1.SG.PST.EGOCENTRIC.PUNCTILIAR
　　　"나는 그것을 요리했다."

(Bickel & Nichols, 2005 : 95에서 재인용)

(28)은 Kewa의 예인데 외형적으로만 보면 'cook'에 5개의 범주가 결합하고 있지만 여기에서 'PERF'와 'PST'는 서로 연관이 있는 범주이므로 (27나)에 따라 이를 구별하지 않고 'INCEPTIVE, COMPLITIVE, PUNCTILIAR'는 상 범주이 며, 'ALTROCENTRIC, EGOCENTRIC'은 문법 범주 '기질(diathesis)'에 해당 하므로 별개로 간주한다. 따라서 (28)의 Kewa에 나타난 문법 범주는 네 개(상, 시제—상, 일치, 기질)이다.

이상의 방법론에 따라 145개의 언어를 대상으로 굴절 통합성을 다음과 같이 제시하고 있다.43)

(29)　가. 단어당 범주 수 0~1개인 언어 ……………………………… 5개
　　　나. 단어당 범주 수 2~3개인 언어 ……………………………… 24개
　　　다. 단어당 범주 수 4~5개인 언어 ……………………………… 52개
　　　라. 단어당 범주 수 6~7개인 언어 ……………………………… 31개
　　　마. 단어당 범주 수 8~9개인 언어 ……………………………… 24개
　　　바. 단어당 범주 수 10~11개인 언어 ……………………………… 7개
　　　사. 단어당 범주 수 12~13개인 언어 ……………………………… 2개
　　　　　　　　총 ……………………………………… 145개

구체적으로 어떤 예문을 가지고 분석했는지는 일일이 밝히지 않았으나 한국어는 이 가운데 (29라)에 속하는 것으로 표시되어 있다.44) 앞서 통합성 지수 산출을

43) 물론 (29)에서의 '단어'는 '동사'를 의미한다.

위해 인용되었던 언어들의 경우 가운데 Bickel & Nichols(2005)에서 조사된 언어를 대상으로 그 수치와 함께 제시해 보면 다음과 같다.[45]

(30)

	통합성 지수	단어(동사)당 범주 수
베트남어	1.06	0~1(29가)
요루바어	1.09	6~7(29라)
페르시아어	1.52	4~5(29다)
영어	1.68/1.69	2~3(29나)
스와힐리어	2.55	4~5(29다)
한국어	2.73	6~7(29라)
터키어	2.86	6~7(29라)
러시아어	3.33	4~5(29다)
에스키모어	3.72	4~5(29다)

(30)을 보면 베트남어를 제외하면 통합성 지수와 단어당 범주 수가 서로 큰 연관성을 보이지 않는 것으로 보인다. 이는 무엇보다도 Greenberg(1954)와 Bickel & Nichols(2005)의 방법론이 다른 데 따른 것이라고 할 수 있다. 굴절어인 경우는 하나의 형태소에 여러 가지 문법 범주가 융합되어 있는 경우가 많은데 이에 대한 계산 결과가 서로 일치하지 않기 때문이다. 또한 통합성 지수가 명사의 굴절이나

----

44) Sohn(1999 : 15)에서는 한국어의 교착성을 설명하면서 'ka-si-ess-keyss-sup-ni-ta(가시었겠습니다)'와 같은 예를 들었는데 이를 단어당 범주 수로 환산하면 모두 6개이다. 한편 손호민(2008 : 78)에서는 '들-리-시-었-겠-습-디-다'라는 예문이 제시되어 있는데 이를 단어당 범주 수로 환산하면 피동을 범주로 포함시킨다고 해도 모두 7개이므로 한국어가 (29라)에 소속되어 있는 것은 크게 문제가 없다고 할 수 있다. 한편 손호민(2008)에는 한국어의 유형론적 특성이 형태·통사적 측면뿐만이 아니라 한국어 교육과도 관련하여 제시되어 있다.

45) 통합성 지수에 제시된 언어는 Greenberg(1954)에서 제시된 것과 Bauer(1988)에서 제시된 것을 통합하여, 작은 수치에서부터 차례로 제시한 것이다. 영어의 경우는 둘 모두에서 제시되어 두 개의 수치가 제시되어 있다. 앞의 것이 Greenberg(1954)의 것이다. 한국어의 수치는 본서에서 9개의 지문을 통해 계산한 것을 평균한 것이다.

단어 형성에서 나타나는 접두사 및 접미사를 종합적으로 고려한 것이라는 점도 일정 부분 영향을 미칠 것이다. 그러나 교착어인 경우에는 문법 범주와 형태소의 대응이 1 대 1에 가깝기 때문에 이에 대해서는 Greenberg(1954)와 Bickel & Nichols(2005)의 결과가 크게 다르지 않다고 할 수 있다. (30)에서 교착어인 스와힐리어, 한국어, 터키어의 통합성 지수가 단어당 범주 수와 일관된 결과를 보이는 것은 이러한 점에서 보면 우연이 아님을 알 수 있다.

4.2. 한국어의 품사

4.2.1. 품사 분류의 기준

1, 2장에서 이미 살펴본 바와 같이 한국어의 품사 분류와 관련하여 논의의 중심에 있는 것은 조사와 어미이다. 그 명칭에서 알 수 있는 바는 전자는 대체로 단어의 자격을 부여 받은 것이고 후자는 단어의 자격을 부여 받지 못하고 단어의 일부로 인식되고 있다는 것이다. 이러한 처리는 2장에서 살펴본 바와 같이 최현배(1930)에서 본격화한 것이다.

그러나 박진호(1994), 임홍빈(1997)에서 언급된 바와 같이 조사와 어미는 모두 통사 단위로서 동일한 지위를 가지고 있음을 알 수 있다. 본서에서 이 두 가지를 최형용(2003a)에 근거해 문법적 단어2로 간주한 것은 이러한 사정을 반영한 것이다. 따라서 여기에서는 이 두 가지가 유형론적인 측면에서도 하나의 품사 자격을 가질 수 있음을 보이기로 한다. 그리고 그에 따르면 어미와 결합하는 용언의 어간도 별도의 품사 자격을 가지게 되는데 이는 결국 최형용(2012b)에서 강조한 것처럼 '형식'이 한국어에서는 품사 분류 기준으로서의 자격을 가지기가 어렵다는 것을 의미하는 것이다.46)

그동안 품사를 분류하는 기준으로 가장 많이 언급되어 온 것은 '의미(meaning)', '기능(function)', '형식(form)'이다. 그러나 이들 각각에 대해 부여해 왔던 가중치는 상이하다. 적어도 국내의 논의에서 '의미'는 대체로 품사 분류 기준으로서의

---

46) 따라서 §4.2.1.과 §4.2.2.는 최형용(2012b)에 크게 기대고 있음을 미리 밝혀 두고자 한다.

정체성에 의문이 제기되어 왔으나 오히려 유형론적 보편성을 위한 품사 분류 기준으로서의 지위를 부여할 수 있다는 점에서 그 비중이 커져야 한다는 것을 강조하고자 한다. 다음으로 '기능'은 품사 분류 기준 가운데 가장 중요하다는 사실에는 변함이 없지만 유형론적 측면에서 여기에 암묵적으로 포함되었던 '분포'를 독자적인 것으로 분리해 내어야 한다는 사실을 언급하고자 한다. 흔히 '굴절성(inflectedness)'을 반영하는 품사 분류 기준으로 간주되어 왔던 '형식'은 유형론적 특수성을 반영할 수 있는 것이라는 점에서 본서에서 가장 큰 비중을 두어 다루기로 한다.

4.2.1.1. '의미'와 유형론적 보편성

전술한 바와 같이 그동안 국내의 논의에서 품사 분류 기준으로서의 '의미'를 적용하는 것은 대부분 가령 '명사'는 '사물의 명칭을 나타내는 품사이다'라고 할 때 '사물의 명칭'과 같이 '추상적 의미'로 사용하는 경우이다. 이는 '애인'과 '사랑하는 사람'의 '의미'가 동일하다고 할 때의 '구체적 의미'와 대립된다.

그런데 이러한 '의미'는 품사 분류 기준으로서의 결정적인 역할을 부여 받지는 못했던 것 같다. 임홍빈·장소원(1995 : 111)에서는 품사 분류의 기준 적용에 대해 "대체로 품사를 나눌 때는 먼저 형태 변화(즉 어미 변화)가 있는 단어인가 아닌가를 갈라놓고 형태 변화를 하는 단어 즉 굴절하는 단어(inflected word)들은 형태상의 성질과 기능에 의해 다시 나누고, 형태 변화를 하지 않는 단어, 즉 비굴절어(uninflected word)들은 기능만으로 하위 분류를 하게 된다. 이때 각 부류의 단어들의 의미가 고려됨은 물론이다.(밑줄 저자)"라고 언급하고 있는데 여기에서 품사 분류 기준으로서의 '의미'의 역할을 단적으로 파악할 수 있다.47) 또한 이익섭·채

---

47) 구본관(2010 : 186)에서는 임홍빈·장소원(1995)이 '의미'를 '기능'이나 '형식'에 우선하는 가장 중요한 기준으로 간주한 것으로 보고 있다. 임홍빈·장소원(1995 : 109)에서 품사 분류 기준으로서의 '기준'에 대해 '제1기준'이라고 언급한 것은 맞지만 위에서 제시한 것처럼 임홍빈·장소원(1995 : 110)에서의 품사 분류 과정을 보면 '제1기준'은 '가장 중요한 기준'이라기보다는 (여러 가지 언급할 기준 가운데) '첫 번째 기준'이라는 뜻으로 보는 것이 보다 타당하다고 판단된다.

왼(1999 : 119)에서는 품사 분류 기준으로서의 '의미'를 두고 먼저 "보조적인 기준이 될 수는 있어도 결정적 기준은 될 수 없다"고 하고 이에서 더 나아가 "오히려 멀리하고 경계해야 할 대상"이라고까지 본 것도 같은 맥락에서 이해할 수 있다.

사실 어떤 개별 언어의 단어들을 분류하는 경우 대부분 '의미'는 이와 같은 2차적 역할을 담당하는 일이 많을 것으로 보인다. 즉 어떤 일정한 '기능'이나 '형식'적 공통성에 따라 한 무리로 묶인 것들을 굳이 '명사'라고 이름 짓지 않고 사실은 아무 상관없는 기호를 사용하여 'A'라고 할 수도 있는 일이지만 그 무리에 속한 단어들의 의미적 공통성을 추상화하여 명칭을 부여하는 경우 '의미'라는 기준이 작용하는 것이다.

그런데 유형론적 보편성을 추구하는 경우에서는 오히려 '기능'이나 '형식'을 품사 분류의 1차적 기준으로 사용하기가 쉽지 않다.48) 가령 '명사'가 하는 '기능'이나 '형식'상의 특수성이 언어 보편적인 측면에서 일률적으로 파악되기는 매우 어렵기 때문이다. 당장 영어만 하더라도 '명사'는 '형식'의 측면에서 가변어(inflected word)적 속성을 가지고 있지만 교착어인 한국어는 그렇게 보기 어렵다. '기능'도 마찬가지이다. 한국어의 형용사는 기능 측면에서 서술어로 작용한다는 점에서 동사와 공통점이 많지만 영어의 형용사는 그렇지 않기 때문이다.49) 따라서 이러한 경우들을 조율하기 위해서는 '의미'가 품사 분류의 1차적 기준으로 간주되는 일이 적지 않다.

그리고 이 경우의 '의미'는 단순히 분류된 것들에 대한 '명칭'의 역할을 담당하는 것이 아니라 언어마다 달리 실현되는 단어들의 보편적 특성을 도출하기 위한 '의미 유형(semantic type)'의 역할을 담당한다는 점에 주목할 필요가 있다. 명사

----

48) 특히 '기능'과 밀접한 연관을 맺는 '분포'를 기준으로 하는 경우 이러한 경향이 더 뚜렷이 드러난다. '분포'는 해당 언어의 속성을 보다 여실히 반영하기 때문이다. 이에 대해서는 후술하기로 한다.

49) 물론 한국어에서 형용사를 인정하지 않는 견해도 있다. 목정수(2009)에서도 이러한 견해를 찾아볼 수 있다. 목정수(2009)에서는, 형용사는 '수식' 기능이 일차적이라고 보고 한국어의 관형사를 명사성 형용사로 보아야 한다고 주장하였다. 이에 따라 학교 문법의 형용사는 동사의 한 부류로 간주된다. 이러한 주장은 그 나름대로의 유형론적 보편성을 추구한 결과로 보인다.

와 동사의 의미론적 원형을 찾고자 하는 논의가 이에 대한 예가 될 수 있는데 가령 Wierzbicka(2000)에서 명사는 [사람(PEOPLE)], [사물(THINGS)]을 나타내는 단어들이고 동사는 [하다(DO)], [발생하다(HAPPEN)]가 원형적인 것이고 [보다(SEE)], [듣다(HEAR)], [말하다(SAY)], [움직이다(MOVE)]가 그 다음 발견되는 보편소들이며 형용사는 [큰(BIG)]과 [작은(SMALL)]이 우선이고 [좋은(GOOD)], [나쁜(BAD)] 등이 그 다음이다.[50] Anward(2000, 2001)의 논의도 이러한 측면에서 '의미'를 바라본 경우이다. 특히 Anward(2001 : 726)에서는 이에서 더 나아가 품사를 '어휘 항목에 대한 분류(a classification of the lexical items)'로[51] 보고 유형론적 접근을 위해서는 의미 부류로부터 시작해야 한다고 하였다. 이들의 논의를 참조한다면 한국어의 조사와 같은 것은 보편적인 관점에서 품사의 하나로 간주되기에는 기능 및 형식상의 공통점뿐만 아니라 '의미'의 공통점도 확보하기 어렵다는 것을 알 수 있다.

한편 의미론적 기준이 화용론적 기준과도 함께 언급되는 경우가 적지 않다. 즉 단어의 담화 기능을 품사 분류의 방편으로 사용한다는 것인데 이의 대표적인 예는 Croft(2000)에서 살펴볼 수 있다.[52] Croft(2000)는 이전의 자신의 주장들에 근거하여 먼저 그동안의 품사 분류가 '묶음(lumping)'과 '쪼갬(splitting)'의 두 가지 측면에서 문제가 있다고 비판하고 있다. '묶음'은 단어들을 주요 부류에 과도하게

----

50) 이러한 견해를 참고한다면 유형론적 관점에서 한국어의 관형사를 진정한 형용사로 간주하고 활용하는 형용사는 동사의 하나로 간주하자는 목정수(2009)의 견해는 달리 해석될 가능성이 있다. [BIG], [SMALL], [GOOD], [BAD] 등의 의미적 보편소들에 대당하는 말이 한국어에서는 모두 이른바 활용하는 형용사로 나타나기 때문이다. 한편 목정수(2011 : 137)에서는 Dixon(2010b)의 견해에 기반해 기존의 형용사를 동사의 하위 부류가 아니라 형용사의 틀 안에서 '동사성 형용사'로 어느 정도 인정하고 있다는 점에서 목정수(2009)보다는 더 유연한 태도를 취하고 있다. Dixon(2010b)에 대해서는 1장에서 동사와 형용사의 구별이 편견의 극복을 통해 보다 객관적으로 제시되고 있음을 살펴본 바 있다. 이에 대한 보다 자세한 구별에 대해서는 다시 후술하기로 한다.
51) 본서의 논의에 따른다면 '어휘 항목'은 '어휘적 단어'와 일맥상통한다.
52) Sasse(1993)에서도 품사 분류의 기준으로 화용적 조건이 제시되어 있으며 후술하는 Bisang(2011)에서도 화용적 조건을 중요하게 다루고 있다. 그러나 후술하는 바와 같이 화용적 조건은 '서술', '지시', '수식' 등이고 이는 화용적 '기능'으로 언급되므로 우리가 흔히 '기능'에 부여한 통사적 측면과 상통하는 부분이 크다고 판단된다.

포함시킴으로써 생겨나는 문제들을 지적하기 위해 언급된 말이고 반대로 '쪼갬'은 분포적 분석에 기반해 주요 품사 부류로 일반화할 수 없을 만큼 과도한 수의 품사를 산정하는 경우를 두고 한 말이다. 이러한 문제를 극복하기 위해 Croft(2000)에서는 구성에 기반한(construction-based) 보편적 유형 이론을 제시하고 있다. 이 이론은 서술(predication), 지시(reference), 수식(modification)의 화용적 기능을 담당하는 표현을 위한 세 가지 구성에 기반한다. 그리고 이 세 가지 화용적 기능은 다시 세 가지 의미 부류인 대상(object), 속성(property), 동작(action)과 결합하여 화용적 기능과 의미 부류의 무표적 조합이 다음과 같은 보편적인 품사 부류로 나타난다고 본다(Croft, 2000 : 88).[53]

(31) 가. 명사(noun)   = 대상에 대한 지시(reference to an object)
      나. 형용사(adjective) = 속성에 의한 수식(modification by a property)
      다. 동사(verb)   = 동작에 대한 서술(predication of an action)

이들의 조합에 따라 만약 명사가 수식 기능을 한다면 이는 유표적인 것이 된다. 이러한 유표적인 조합들을 무표적 조합과 함께 표로 제시하면 다음과 같다(Croft, 2000 : 89).

(32)

	지시	수식	서술
대상	무표적 명사	속격 형용사화 명사 수식 전치사구	서술성 명사 계사
속성	형용사에서 파생된 명사	무표적 형용사	서술성 형용사 계사
동작	동작 명사 보어 부정사, 동명사	과거분사 관계사절	무표적 동사

. . . .
53) Croft(2000 : 88)에서는 이처럼 화용적 기능과 의미 부류의 무표적 조합으로 품사 부류를 나타낸 것은 Sapir(1921 : 119)에서 이미 제시되어 있다고 밝히고 있다. Sapir(1921 : 119)에서는 담화의 주제(subject)가 명사인데 이 명사는 가장 일반적으로 사람이나 사물이며 이들에 의해 나타나는 동작성의 서술은 동사가 담당한다고 하였다.

위의 표에서 알 수 있는 바와 같이 굵은 글씨로 되어 있는 것이 (31)에서 제시된 무표적인 품사 부류이고 그 외의 유표적인 경우는 '명사 수식 전치사구'나 '관계사 절'처럼 단어의 범위를 넘을 수도 있다. 즉 무표적인 경우가 아니라도 명사나 동사 혹은 형용사가 존재할 수 있다. 가령 한국어에서 명사가 후행하는 명사를 수식한다 든가 아니면 그 자체로 서술성을 띤 것들이 있다는 것은 주지의 사실이다. (32)의 표에 의하면 수식성을 가지는 명사나 서술성을 가지는 명사는 유표적인 명사의 예일 뿐이지 그 품사성이 부정되는 것은 아니다. 한국어의 형용사도 (32)의 표에 따라 형용사의 가장 무표적인 '수식'에 해당하지는 않지만 서술성을 가진 채 속성 을 나타내고 있고 관형사형 어미를 통해 '수식'의 기능을 수행할 수 있으므로 유표 적인 형용사로서의 지위를 가진다고 말할 수 있다.[54]

이상의 논의는 유형론적 측면에서 품사 분류 기준으로서의 '의미'가 가지는 중 요성을 강조한 것이라고 할 수 있다. 물론 '의미'가 유형론적으로도 완전무결한 품사 분류 기준이 되는 것은 아니다. 앞의 논의들과 Bisang(2011 : 291~293)의 지적처럼 '의미'를 품사 분류 기준으로 삼는 데 관여하는 것은 대체로 주요 부류에 만 한정되고 더욱이 1장에서 언급한 것처럼 주요 부류의 대표격인 명사와 동사가 구분되지 않는 언어도 보고되어 있기 때문이다. 그러나 이것이 품사 분류 기준으로

---

54) 송경안·송진희(2007), 송경안·이기갑(2008a)에서 살펴볼 수 있듯이 한국어의 형용사 를 동사와 ~~구분하는~~ 것에 부정적인 시각을 가지는 일도 있다. 이는 특히 '형식'의 측면 에서 형용사가 동사와 구별되는 부분이 분명하지 않다는 인식에 따른 것이다. 그러나 후술하는 바와 같이 '형식'은 한국어의 품사 분류 기준으로서의 자격을 가지기가 힘들 어 보인다. 한편 임동훈(2010 : 14)에서는 '시간'의 측면에서 상태 동사와 형용사를 한 데 묶는 데 찬성하고 있지 않다. 상태 동사는 순간까지의 균질성을 보이지만 일정한 시간틀 속에 존재하여 균질적인 국면들(phases)의 연속으로 인식되거나 그 전체가 하 나의 국면으로 인식될 수 있으나 형용사는 시간틀 밖에 존재하여 어떤 국면을 상정하 는 게 불가능하다고 보고 있기 때문이다. 즉 상태 동사와 형용사가 모두 상태를 가리 킨다고 하더라도 형용사는 시간의 경과와 무관한 초시간적 속성을 띤다고 파악하고 있다. 정렬모(1946 : 75)에서는 주지하는 바와 같이 품사로는 동사와 형용사를 구별하 고 있지 않지만(따라서 동사를 동작동사와 형용동사로 나누고 있지만) 동작과 상태의 구별을, 시간의 형식을 따르고 따르지 않음에 두었다는 점에서 임동훈(2010)과 입장이 서로 통한다.

서의 '의미'의 무용성을 의미하는 것은 아니라는 사실이 중요하다. 한국어 품사 분류의 보편성을 확인하기 위해서라도 '의미'를 품사 분류 기준의 하나로 삼는 것은 매우 중요하다고 할 수 있다.55)

4.2.1.2. '기능'과 '분포'

'기능'은 특히 품사가 'parts of speech'의 번역이고 또 'speech'가 '문장'과 직접적인 연관을 가진다는 사실을 감안할 때56) 품사 분류에서 매우 중요한 역할을 담당하고 있음을 부인하기 어렵다. 임홍빈·장소원(1995 : 111)에서 '기능'을 주로 통사적인 성질로 바꾸어 말할 수 있다고 본 것은 이러한 사실을 단적으로 나타내 준다. 일찍이 주시경이『말의소리』(1914)를 제외한 업적들의 품사 체계에서 관형사형 어미 결합체와 순수 관형사, 부사형 어미 결합체와 순수 부사를 같은 품사에서 다루고 있는 것도 바로 이 '기능'을 품사 분류의 제일 기준으로 삼은 때문이다.57) 우리의 문법 연구에서 한국어의 품사 분류에서 기준으로서의 '기능'의 중요

---

55) Croft(2001)에서는 기존의 일반적인 품사 범주의 보편성을 부정하는 매우 급진적인 (radical) 방향으로 선회하였다. 전술한 Dixon(2010b : 68)에서도 기존의 형용사에 대한 보편성의 추구가 인구어 중심의 산물이라는 점을 지적하고 동사와 특성을 공유하는 형용사를 적극적으로 인정한 바 있다. 전술한 바와 같이 목정수(2011)에서 형용사에 대한 인정이 유연해진 것은 이러한 사실 때문이다. 이상의 시각들은 본고의 형용사에 대한 견해를 오히려 지지하는 것으로 해석할 수 있다.

56) 'parts of speech'가 이광정(2008 : 37)에서 재인용된 바와 같이 그리스어 'morē tou lou' 즉 'part of sentence' 혹은 'part of phrase' 정도의 오역이 맞다면 품사는 '문장'과 직접적인 연관을 가지고 있음을 알 수 있다. 최형용(2010 : 64)에서는 이점에 착안하여 'parts of speech'가 품사의 상한선에 대한 정보를 담고 있다고 언급한 바 있다.

57) 최형용(2012a)에서는 주시경의 품사 체계의 변천 과정을 분류 기준의 측면에서 새롭게 조명한 바 있는데 이를 보면 품사 분류가 명시된 것 가운데, 마지막 업적인『말의소리』(1914)를 제외한『국문문법』(1905), 산제본(刪除本)『말』(1908),『고등국어문전』(1909),『국어문법』(1910)에서는 모두 '기능'이 품사 분류의 가장 중요한 기준이었다. 그런데『말의소리』(1914)에서는 관형사형과 부사형이, 어간과 어미가 별도의 품사 자격을 가지게 됨으로써 품사 분류에서 제외되고 순수 관형사, 순수 부사도 모두 '임' 즉 명사로 편입되었다는 점에서 주시경 품사 분류 체계에서 가장 큰 변동을 보이고 있다. 최형용(2012a)에서는 이렇게 순수 관형사와 순수 부사가 '임' 즉 명사로 편입되게 된 것을, 주시경이 품사 분류 기준 가운데 '형식'을 가장 중요한 기준으로 삼은 결

성을 처음으로 언급한 것은 최현배(1930 : 60~61)에서 보인다.58)

(33)   씨(品詞)의 가름(分類)은 그 말법에서의 구실(役目, 職能) 곧 씨 서로의 關係
        와 월(文)을 만드는 作用의 關係를 주장(主)으로 삼고, 그에 따르는 形式과 意義
        를 붙힘(從)으로 삼아, 이 네 가지가 서로 關係하는 狀態를 標準으로 삼아 決定
        하여야 한다.

         말은 어떠한 것이든지 다 무슨 뜻과 꼴(形式)을 가젓다. 딸아 뜻으로만 가를
        수도 잇으며, 꼴로만 가를 수도 잇다. 이 두 가지의 가름이 文法學에서 아조
        必要없는 것은 아니지마는, 그것만으로는 말법을 硏究할 수가 없다. 말법의 硏究
        에 가장 必要한 것은 그 말이 말법에서 가지는 구실(役目, 職能)이다. 이 말법에
        서의 구실이란 것은 씨와 씨의 關係와 월을 만드는 作用의 關係의 두 가지로
        난혼다. 씨와 씨의 關係란 것은 한 씨가 다른 씨와 슴하는 일이 잇나 없나, 또
        슴하는 境遇에는 어떠한 자리에서 하는가 하는 것이 그 씨의 뜻과 꼴(形式)에
        들어나는 모양을 이름이요, 월을 만드는 일함(作用)의 關係란 것은 혹은 풀이하
        는가 혹은 풀이의 주장이 되는가 하는 것인데, 그 文法上의 作用이 씨의 뜻과
        꼴에 들어나는 여러 가지의 모양을 이름이다.

         이와 같이 첫재는 말법에서의 구실을 보고, 담에는 그 구실에 對應하는 뜻과
        꼴을 보아 이것을 標準을 삼아서 씨가름(品詞分類)을 하는 것이 옳으니라.

(33)에서 드러난 것처럼 '구실' 즉 '기능'을 우선으로 삼고 '형식'과 '의미'는
부수적으로 삼되 '구실' 즉 '기능'을 다시 '품사 서로의 관계'와 '문장을 만드는
작용의 관계'로 나누었으므로 결과적으로 최현배(1930)에서는 품사 분류의 기준으
로 네 가지를 설정하였음을 알 수 있다.

이제 (33)의 서술을 염두에 두고 '기능'과 매우 밀접한 관계를 가진다고 생각되
는 '분포(distribution)'에 대해 언급할 필요가 있을 듯하다. (33)에서 '기능'을 '품
사 서로의 관계'와 '문장을 만드는 작용의 관계'로 나눈 것을 본 바 있는데 이때
'품사 서로의 관계'는 "씨와 씨의 關係란 것은 한 씨가 다른 씨와 슴하는 일이
잇나 없나, 또 슴하는 境遇에는 어떠한 자리에서 하는가 하는 것이 그 씨의 뜻과

. . . .

    과라고 해석한 바 있다.
58) 최현배(1930)의 품사 분류의 기준 및 체계는 야마다(山田孝雄)의 견해를 발판으로
    한 것으로 평가되어 왔다. 이에 대해서는 고영근(1995b : 176~197)을 참고할 것.

꼴(形式)에 들어나는 모양을 이름이요”에서 볼 수 있는 바와 같이 ‘분포’를 의미하는 것으로 보아 무방할 것으로 판단된다. 이러한 면에서 보면 ‘기능’에는 ‘분포’의 개념이 포함되어 있음을 알 수 있는데 구본관(2010 : 182)에서도 ‘기능’을 다시 문장에서의 역할을 지칭하는 좁은 의미에서의 ‘기능’과 문장에서의 위치를 지칭하는 ‘분포’로 나눌 수 있다고 본 바 있다. 후자의 개념이 최현배(1930)의 ‘품사 서로의 관계’에 해당하는 것이라 판단된다.

유형론적 측면에서 본다면 ‘분포’는 ‘기능’과 구별하는 것이 바람직하다고 판단된다. Tallerman(2005 : 32)에서 이러한 처리를 찾아볼 수 있는데 여기에서는 ‘분포’는 구나 문장 등 통사적 구성에서의 단어의 위치로, ‘기능’은 그 역할로 정의되어 있다.59) 명사를 수식하는 요소가 보편적으로 확인된다고 했을 때 그 요소는 명사 앞에 위치할 수도 있고 명사 뒤에 위치할 수도 있다. 이 경우 분포는 ‘명사 앞’과 ‘명사 뒤’로 확연히 구분되지만 그 기능은 명사를 수식하는 것이므로 ‘분포’와 ‘기능’이 서로 구별된다는 사실을 쉽게 알 수 있다. ‘전치사’에 대한 ‘후치사’도 이러한 측면의 예이다. 즉 ‘분포’와 ‘기능’이 일치하지 않는 경우가 적지 않은 것이다.

한편 ‘기능’을 ‘의미’가 포함된 개념으로 사용하는 경우도 있는 듯하다. 박진호(2010 : 284~285)에서는 전통적으로 단어를 분류할 때 가장 중요하게 사용되어 온 기준은 ‘분포’라고 하였다.60) 그런데 실제 언어학자들의 행태를 보면 단어를

· ·
59) Tallerman(2005)에서는 품사 분류 기준으로서의 ‘의미’에 대한 언급은 없으며 ‘분포’, ‘기능’ 외에 ‘형태론(morphology)’을 더 들었다. 이때의 ‘형태론’은 단어가 가질 수 있는 형식의 차이를 의미하고 실제 예들에서도 영어의 명사나 동사가 취할 수 있는 어미의 차이를 예로 들고 있으므로 단어 형성 과정에서의 공통점 등은 배제된 ‘형식’과 큰 차이가 없이 쓰인 것으로 판단된다.
60) 이에 따라 한국어의 품사를 분류하면 대체로 다음과 같을 것으로 보았다.
　　체언(명사) : 관형어가 그 앞에 올 수 있고, 조사가 그 뒤에 올 수 있음.
　　용언(동사) : 부사어가 그 앞에 올 수 있고, 선어말어미가 그 뒤에 올 수 있고, 어말어미가 그 뒤에 와야 함.
　　관형사 : 체언이 그 뒤에 와야 함.
　　부사 : 용언, 부사, 절(, 드물게 체언)이 그 뒤에 와야 함.
　　조사 : 체언 뒤에 와야 함.

분류할 때 '분포' 말고 '기능'에 입각하여 분류하는 일이 있다고 하면서 그 예로 의문사, 지시사, 배분사, 상호사를 예로 들었다. 이 가운데 가령 의문사는 '화자가 청자에게 어떤 정보를 요구할 때 즉 설명 의문을 던질 때 요구하는 정보 항목 부분'을 나타내는 단어인데 이 의문사의 품사는 '누구, 무엇, 어디'는 의문 대명사이고 '언제, 왜'는 의문 부사, '어느, 무슨'은 의문 관형사, '어떻-'은 의문 형용사, '어쩌-'는 의문 동사로 다양하다는 것이다. 즉 '기능'에 입각하여 분류한 것이 의문사, 지시사, 배분사, 상호사 등이고 이를 '분포'에 따라 분류하면 의문사는 의문 대명사, 의문 부사, 의문 관형사, 의문 형용사, 의문 동사로 서로 일치하지 않는다고 본 것이다. 결과적으로 박진호(2010)에서는 '화자가 청자에게 어떤 정보를 요구할 때 즉 설명 의문을 던질 때 요구하는 정보 항목 부분'을 '기능'으로 파악하고 있는 것이다. 지금까지의 본고의 논의를 염두에 둔다면 이때의 '기능'은 '기능'보다는 '의미'에 가깝다고 판단된다.61) 박진호(2010 : 287)에서 "분포는 언어 개별적인 특성이 강해서 언어 간 비교 연구가 쉽지 않으나 기능은 언어 보편적인 성격이 강해서 언어 간 비교 연구의 기반이 되기가 쉽다."고 본 것도 이러한 맥락에서 이해할 수 있다.

그런데 이번에는 '분포'와 '형식'이 혼동되는 경우도 있다고 판단된다. 우선 임홍빈·장소원(1995 : 111)에서는 본서의 '형식'에 대해 "형태적인 성질이란 <u>조사류와 결합하느냐의 여부</u>(밑줄 저자), 어미 변화를 하느냐 하지 않느냐, 또 한다면 어떤 방식으로 하느냐 등을 가리킨다. '색상, 옷' 등은 조사와 결합하고 '좋다, 예쁘

어미 : 용언 뒤에 와야 함.

간투사 : 특별한 결합 제약 없이 즉 문장 내의 다른 단어와 문법적 관계를 맺지 않고 따로 존재함.

다만 이는 품사 분류 가운데 주요 부류에만 해당되고 다른 기준에 따라 더 세분하여 하위 부류를 나눌 가능성도 충분히 있어 보인다. 특히 '체언', '용언'이라는 말이 이러한 해석을 가능하게 한다. 따라서 본고에서는 박진호(2010)의 품사 분류가 우선 '분포'의 중요성을 강조한 것으로만 해석하기로 한다.

61) 사실 단어를 내용어(content words)와 기능어(function words)로 나눌 때 기능어에 대한 정의는 '의미'와 '기능'이 분리되지 않는 경우가 보통이다. 가령 조사를 "자립성이 있는 말에 붙어 그 말과 다른 말과의 관계를 표시하는 단어"(남기심·고영근, 2011 : 55)로 정의할 때 이 정의에서는 '기능'이 '의미'와 분리되지 않는다.

다' 등은 어미 변화를 한다. 반면 '어느'는 그러한 성질을 전혀 가지고 있지 않다. 이 점에서 '색상', '좋다', '어느'는 형태상으로 서로 다른 성질을 가지고 있다고 말하게 된다."고 언급하였고 구본관(2010 : 182~183)에서는 품사 분류 기준으로 서의 '형식'을 "단어의 형태적인 성질을 말하는데, <u>조사와 결합하느냐의 여부</u>(밑줄 저자), 어미와 결합하느냐의 여부 등을 말한다."고 하였다. 특히 후자에서 '형태'를 이렇게 간주한 데 대해 가령 관형사는 불변어이기 때문에 조사와 결합하지 않는다고 서술하기 위한 것이라고 하였지만 이렇게 '형식'의 범위를 규정하는 것은 문제가 있다고 판단된다. 명사도 관형사처럼 불변어이지만 조사와 결합하기 때문이다. 전술한 것처럼 품사 분류 기준으로서의 '형식'은 단어 내부를 관장 영역으로 삼는 것으로 보아야 한다. 만약 단어의 범위를 넘어서는 것과 관계된다면 이는 '형식'으로 얘기할 수 없는 것이 된다. 따라서 조사를 단어의 하나로 간주한다면 어떤 단어가 조사와 결합 가능하다는 것은 '분포' 차원에서의 문제가 되는 것이다.

4.2.1.3. '형식'과 유형론적 특수성

전술한 것처럼 품사 분류 기준으로서의 '형식'은 '굴절성(inflectedness)'을 대상으로 한다. 그리고 이러한 형식은 인구어에서 막대한 영향력을 미쳐 왔다. 이를 Jespersen이 오로지 '형식'을 기준으로 하여 영어의 품사 분류를 제시한 다음에서 단적으로 살펴볼 수 있다.

(34)

품사	형식상의 특성[62]
실사	다음과 같이 어미가 굴절한다.
	속격 : wife's 복수 : wives 복수 속격 : wives'
형용사	다음과 같이 어미가 굴절한다.
	비교급 : longer 최상급 : longest

	격에 따라 다음과 같이 어형이 변한다.				
대명사	단수 주격 :	I	he	she	who
	목적격 :	me	him	her	whom
	복수 주격 :	we	they		(who)
	복수 목적격 :	us	them		(whom)
	다음과 같은 어형을 갖는다.				
동사	부정형 :	(I may) drink, (I want) to drink			
	명령형 :	Drink this!			
	직설법 현재 :	I drink			
	가정법 현재 :	(If he) drink			
	3인칭 단수 현재 :	drinks			
	과거 :	drank			
	과거분사 :	drunk			
	현재분사 :	drinking			
	동명사 :	drinking			
불변화사	(위에서 언급한 것을 제외한) 어미가 굴절하지 않는 모든 낱말이 여기에 속한다.				

(구본관, 2010 : 189~190에서 재인용)

(34)에서 보는 바와 같이 영어의 경우 형식의 변화가 폭넓게 나타나기 때문에 오히려 이러한 변화가 보이지 않는 불변화사가 주변인 것처럼 느껴진다.

그러나 다시 한 번 강조하거니와 품사 분류에서 필요한 단어 개념은 본서의 논의에 기반한다면 '문법적 단어1'이다. 영어의 경우도 마찬가지로 형식의 변화가 나타나는 것은 '문법적 단어1' 개념 내부에서이다. 그렇다면 한국어의 경우는 어떠할까? 전술해 온 것처럼 한국어에서는 조사와 어미도 '문법적 단어1'에 해당한다. 즉 이들은 통사 단위로서 문법적 단어1의 내부에 나타나는 요소가 아니다. 품사가 문장의 일부분을 위한 분류 개념으로 출발한 것임을 다시 상기할 때 통사 단위인 조사와 어미는 그 자체로 품사 분류의 대상이 된다고 할 수 있는 것이다.

---

62) 구본관(2010)에서는 본서의 '형식'이라는 용어 대신 '형태'를 사용하고 있으나 본서에서는 '형태'를 'morph'를 지시하는 경우로 이미 사용해 왔으므로 혼동을 피하기 위해 품사 분류 기준으로서의 'form'에 대해서는 '형식'이라는 용어를 사용하기로 한다.

　이상의 논의를 염두에 둔다면 2장에서 살펴본 것처럼 그동안의 품사 분류에서 조사와 어미가 논란의 중심에 있었던 것은 품사 분류에 있어 어떤 단어 개념을 염두에 두고 있느냐에 따라 그 결과가 달라졌기 때문이라고 할 수 있다. 그리고 이 단어 개념에 따라 품사 분류의 기준 가운데 '형식'이 가장 큰 영향을 받는다는 사실에 대해서는 그동안 크게 주목한 적이 없는 것 같다. 전술해 온 바처럼 품사 분류의 대상이 '문법적 단어1'이라면 품사 분류 기준으로서의 '형식'은 적어도 한국어의 품사 분류에서는 아무런 효용성도 지니지 못하는 것이 된다.

4.2.2. '형식'과 품사 분류

4.2.2.1. '교착소'와 품사 분류

　임홍빈(1997)에서는 한국어가 굴절어가 아니라는 지적을 통해 교착을 전면적으로 도입하고 조사와 어미를 각각 '체언구 교착소', '용언구 교착소'로 명명한 바 있다. 그러나 품사 분류나 그 기준에 대해서는 언급하고 있지 않다. 이러한 점에서 품사 분류 문제를 전면적으로 다룬 임홍빈(2001)을 살펴볼 필요가 있을 듯하다. 임홍빈(2001 : 714~717)에서는 다음과 같이 국내에서 가장 많은, 다섯 가지의 품사 분류 기준을 들고 있다.

(35) 가. 의미 범주 : 단어들의 일정한 집합에 공통되는 어휘적 의미의 특징
　　　나. 형태 변화 : 활용이나 곡용과 같은 형태상의 변화에 나타나는 특징
　　　다. 문법 기능 : 문장 또는 일정한 통사적 구성에서 행하는 통사적 기능의 특징
　　　라. 단어 형성 : 단어 형성의 접사나 다른 단어와의 결합에 나타나는 특징
　　　마. 체계의 동질성 : 품사 전체에 걸쳐서나 어떤 개별 품사 체계에 있어서 이질
　　　　　성을 초래하지 않는 특징

　(35가~다)는 본고의 '의미, 형식, 기능'과 차이가 없고 (35라)는 북한의 '단어 조성 유형의 동일성'을 참조한 것이다. (35마)는 가령 '불후의, 불요불급의'를 관형사로 설정하게 되면 속격 조사 '의'를 가진 관형사가 생기게 되고 이는 체계상의 불균형을 초래하므로 옳지 않다는 것이다. 그리고 의미 기준이나 형식 기준 혹은

기능 기준 등이 갈등을 일으킬 때에는 우선 체계의 동질성 기준이 적용되므로 체계적인 고려가 가장 적용력이 큰 것이라고 하였다.

본서에서 특히 주목하고자 하는 것은 임홍빈(2001)에서는 임홍빈(1997)의 논의를 바탕으로 교착소 범주라는 측면에서 조사와 어미의 통사적 지위에는 차이가 없지만 조사와 달리 어미 요소에 대해서는 가령 '찾았다' 전체를 재구조화된 것으로 보아 그 전체를 단어 단위로 인정하고 따라서 품사 단위로 인정하고 있다는 점이다. 그리고 이를 위해 다음을 제시하고 있다(임홍빈, 2001 : 727).

(36) 어미 요소와 재구조화

어미 요소도 당당한 통사적 단위이기는 하나, 어간 혹은 선어말 어미와 합하여 동사로 재구조화됨으로써 그것이 동사나 형용사 단위를 이루게 된다. 이렇게 이루어진 동사나 형용사는 '재구조화된 동사' 혹은 '재구조화된 형용사'라 부르기로 한다.

한편 조사 구성에 대해서는 재구조화 절차가 적용되지 않는데 이는 엄격히 구조 자체의 문제가 아니라 '국어 사용자의 인식의 문제'라고 보았다. 즉 한국어 사용자가 '어간'이나 '어미'의 비자립성을 특별히 강하게 인식하지만 체언은 용언의 어간과 달리 자립적이기 때문이라는 것이다. 다만 '깨끗-'과 같이 이른바 어근 분리 현상을 보이는 것들은 '준단어' 혹은 '준품사'의 자격을 가지는 것으로 보아 통사 단위와 품사 단위의 관계를 다음과 같이 정리하고 있다.[63)

(37) 최소의 통사 단위와 품사 단위

가. 용언이 아닌 범주는 최소의 통사 단위가 품사 단위가 된다.

나. 용언의 어간과 어미는 재구조화된 단위가 품사 단위가 된다.

다. 용언의 어근이 독립적인 쓰임을 가질 때, 그것은 준단어 혹은 준품사의 자격을 가진다.

---

63) 이 외에도 "철수가 청중에게 연설을 하였다."에서 '청중에게'라는 논항을 필요로 하는 '연설을 하-'와 같은 것들도 품사 단위가 될 수 있다고 보았다. 이 과정에는 재분석이 적용된다고 보았는데 '하-'나 '이-'와 같은 이른바 형식 용언뿐만이 아니라 "그는 이 방면에 발이 넓다."에서의 '발이 넓다'와 같은 관용구도 포함된다고 하였다. 이를 확대하면 "나는 동생에게 비행기를 만들어 주었다."의 '만들어 주-'와 같은 보조 용언 구성도 이러한 속성을 보이는 것으로 간주될 수 있다.

그러나 이러한 서술은 임홍빈(1997)과 모순되는 것으로 판단된다. 즉 임홍빈(1997)은 국어의 조사와 어미가 굴절어의 곡용과 활용을 위한 것이 아니라고 힘주어 강조하였을 뿐만 아니라 더욱이 임홍빈(1997 : 148~149)에서는 다음과 같이 교착소 구성의 재구조화에 대해 정리하고 있다(앞의 (6)을 다시 가져옴).

(38) 교착소 구성의 재구조화

국어의 통사 구조에 대한 일반적인 인식에 있어서는 흔히 국어의 용언구 교착소와 체언구 교착소는 선행 요소와 함께 재구조화되어 하나의 성분처럼 인식된다.

(38)은 조사나 어미 결합 구성 전체가 인식상 형태론적 구성으로 전환될 수 있다고 본 것이다. 임홍빈(1997 : 156~157)에서는 이를 두고 재구조화된 동사나 형용사가 탄생되고 재구조화된 체언도 탄생될 수 있다고 한 바 있다.

앞서 잠시 언급한 바와 같이 본고의 관점에서 보면 임홍빈(2001)의 논의는 '문법적 단어1' 가운데 하나인 어미를 음운론적 단어 개념에 입각하여 전체 구성에 품사 자격을 부여한 것이라 해석할 수 있다. 결과만 놓고 본다면 최현배(1930)과 마찬가지로 어미에 있어서 활용 즉 굴절의 체계를 인정한 것과 다름이 없는 것이다.

4.2.2.2. '형식'과 관련된 품사 분류의 실제

이제 이상의 논의를 바탕으로 '형식'과 관련하여 실제 품사 분류 문제에 대해 언급할 차례가 되었다. 품사 분류 기준으로서의 '형식'과 관련하여 가장 큰 문제는 현행 학교 문법의 품사 분류 체계이다. 그리고 이미 언급한 바와 같이 현행 학교 문법에서의 이른바 '서술격 조사'도 품사 분류 기준으로서의 '형식'과 관련하여 문제를 제기한다. 마지막으로는 '형식'을 배제함으로써 동사와 형용사의 품사를 어떻게 구별할 수 있는지에 대해서도 살펴볼 필요가 있다.

2장에서 자세히 살펴본 바와 같이 현행 학교 문법에서는 조사는 단어로 인정하고 어미는 단어로 인정하지 않는 절충적 체계를 취하고 있다. 이에 따르면 3장에서 제시한 바 있는 '철수가 밥을 빨리 먹었다'라는 문장은 다음과 같이 분석된다.

(39) 현행 학교 문법에서의 단어 : '철수', '가', '밥', '을', '빨리', '먹었다'

이와 같은 분석 체계 아래에서는 '먹었다'만 한 단어 안에서 그 모습을 바꿀 수 있으므로 '먹었다'와 같은 용언의 경우에만 품사 분류 기준으로서의 '형식'이 일정 부분 제 역할을 발휘하게 된다. 그런데 이러한 현행 학교 문법에서의 단어 개념은 본서에서 제시한 단어 개념의 어디에도 속하지 않는다. 현행 학교 문법에서의 단어 개념은, 다시 한 번 언급하거니와 최현배(1930)을 기반으로 한다. 최현배는 '기능'을 품사 분류의 최우선 기준으로 삼았으나 조사와 어미의 단어 구분에서는 이를 실현시키지 못하였다고 판단된다. 기능의 측면에서만 보면 조사와 어미가 각각 독자성을 인정받는 데 문제가 없지만 어미에 이르러서는, 특히 용언 어간이 가지는 음운론적 의존성으로 말미암아 독자적인 품사의 지위를 부여하지 못하였기 때문이다. 최현배(1930 : 69~70)에서는 어미를 독자적인 품사로 인정하는 분석적 견해에 대해 다음과 같이 비판적인 태도를 취하고 있다.

(40) 앞 사람들은 이를터면 '붉다, 붉게, 붉은'의 '붉'과 '다, 게, 은'을 따로 갈라서 '붉'은 어떻씨(形容詞) '다, 게, 은'은 各各 토(助詞)라 하엿다. 그렇지마는 우리는 果然 '붉'이란 말을, '다, 게, 은'들과 따로 떼어서 理解할 수가 잇을가? '붉'은 決코 獨立할 힘이 없고, 늘 '다, 게, 은'과 같은 것들하고 어울러서 한 말 한 씨로 理解되나니, 이것을 따로 떼어서, 各各 獨立의 資格을 주는 것은 넘어도 分析的, 理論的, 語源的 說明이요, 決코 말 그 스스로의 本體를 그대로(如實히) 잡은 說明은 되지 못하는 것이다. 그 편에 선 說明으로서 가장 들을 만한 說明은 洪起文님의 說明이니, 그는 씨가름에서 씨끼리의 걸힘(關係)으로 보아서 씨를 네 가지로 가르되, 形容詞와 動詞는 토의 補佐를 받지 않고는 쓰히지 못하는 것이라 하야 한 갈래를 지엇다. 이는 우리말 갈래를 밝히 살핀 말이다. 그러나 이제 나로써 볼 것 같으면 이렇게 말하기보다는 한층 더 나아가서 所謂 토란 것과 形容詞와 動詞를 서로 떼지 말고 한덩이 씨로 푸는 것이 더 適切하다고 생각한다. 이와 같이 綜合的으로 說明하는 것이 말의 本性을 理解하기에 맞으며, 딸아서 말의 發達에 有利하며, 글을 쓰기와 읽기에 便利하나니라.

(40)에서 언급한 "앞 사람들"은 주시경을 비롯하여 어미에 단어의 자격을 부여한 사람들이며 "홍기문님의 설명"은 2장에서 제시한 (37)을 뜻한다.64) 맨 마지막

---

64) 이해를 돕기 위해 이를 다시 제시하면 다음과 같다.
　　가. 完全한 一個語를 이루지 못하고 他語를 補佐해서만 쓰는 것. 卽 토라고 하는 것.

의 "글을 쓰기와 읽기에 편리하나니라"는 어미를 단어로 인정하는 견해 가운데 어미를 어간과 띄어 적는 것의 불편함을 지적한 것이다. 이는 본고의 여러 단어 개념 가운데 어미의 처리에 있어서는 음운론적 단어 개념을 적용한 것으로 해석할 수 있게 한다.[65]

조사를 독자적인 품사로 인정한 것은 조사의 선행 요소가 어간과는 달리 음운론적 자립성이 있기 때문인데 사실 이것이 조사의 음운론적 자립성을 담보하는 것은 아니라는 점에서 일관성에 문제가 있다.[66] 결과적으로 (40)의 단어 개념 때문에

· ·

> 나. 토의 補佐를 밧지 않고 쓰지 못하는 것. 卽 形容詞와 動詞.
> 다. 토의 補佐를 밧기도 하고 아니 밧고 獨立해 쓰기도 하는 것. 卽 名詞와 副詞.
> 라. 토와는 아조 沒關係한 것. 卽 感歎詞.

65) 고영근(2001 : 100)에서 지적한 것처럼 최현배(1930)의 일차적인 목적은 철자법 문제 해결을 위한 이론적 토대를 제공하는 것이었다. 따라서 이에 따라 어미를 단어로 인정한 것은 그 스스로가 (33)에서 제시한 품사 분류 기준의 어디에도 해당되지 않는다는 점에서 문제를 가지고 있는 것이라 할 수 있다.

66) 조사와 어미의 의존성은 그 자체로는 큰 차이가 없다. 선행 요소의 자립성은 차이가 있다고 하지만 자립성이나 의존성이 품사 분류 기준으로 작용하는 것도 아니다. 만약 자립성이나 의존성이 품사 분류 기준으로 작용한다면 '의존 명사', '보조 용언' 등도 '명사', '용언'과 다른 별도의 품사 지위를 가져야 마땅할 것이다. 그러나 이들은 '의미'와 '기능'의 공통성을 기반으로 하면 '명사'와 '용언'의 구성원이 되는 것이다. 한편 임홍빈(1997 : 99−100)에는 최현배(1937 : 222~228)에서 제시된 조사의 품사 인정에 대한 근거를 다음과 같이 정리하고 있다.

> 가. 말의 모든 문제를 소리로만 규정할 수 없다.
> 나. 조사는 종속성이 있으면서도 제 특유의 독립성을 가질 수 있다. 영어의 부정 관사도 뒤에 오는 말에 따라 a도 되고 an도 된다.
> 다. 종속적 용법이 곧 품사의 독립성을 거부하는 것은 아니다. 영어의 전치사가 그렇다.
> 라. 용언의 어간은 독립성이 없으며 어미와 분리되기 어려우나 체언은 독립성을 가지며 체언과 조사는 분리되기 쉽다.
> 마. 조사는 독립성과 분리성이 있어 독립된 품사의 자격을 가질 수 있다. 한국인의 언어 의식이 체언과 조사를 하나의 품사로 보지 않는다.
> 바. 조사의 수가 많고 겹쳐 쓰이는 일도 많다. 이를 전부 체언의 변화로 본다면 그 변화는 수백 종에 이를 것이다.
> 사. 조사를 독립된 품사로 설정하고 선행어와 띄어 써야 가로쓰기[풀어쓰기를 말함]를 할 때 많은 표기상의 중의성이 생기는 것을 막을 수 있다.

'형식'의 분류 기준으로서의 역할은 그 명맥을 유지하게 되었지만 '음운론적 단어, 어휘적 단어, 문법적 단어2'의 단어 개념에 비추어 일관성을 잃게 된 것은 특히 '형식'의 측면에서 절충적 체계가 지니는 가장 큰 단점이라 할 수 있을 것이다. 그리고 이는 무엇보다도 교착어로서의 한국어의 유형론적 특수성을 제대로 반영할 수 없다는 점에서 본질적인 문제가 있다는 것이 본서의 입장이다.

한편 한정한(2011 : 217)에서는 현행 학교 문법이 '형식'을 가장 우선시하여 품사를 분류하고 있다고 보았다. 그러나 품사 분류 기준의 하나로서 '형식'을 인정한다고 하더라도 이렇게 보기는 어려울 듯하다. 전술한 것처럼 현행 학교 문법이 이른바 '서술격 조사'를 인정하고 있다는 것은 품사 분류 기준으로서의 '형식'을 일관적으로 적용하고 있지 못하다는 사실을 단적으로 드러내 준다고 생각되기 때문이다. '조사'는 '서술격 조사'를 포함하는 상위 개념이므로 만약 '형식'이 일차적 기준이라면 '가변어'와 '불변어'로 대별해야 하는데 '조사'의 경우에는 '가변어'와 '불변어'가 모두 소속되어 있다는 점에서 모순이 야기되기 때문이다.

최현배(1930)은 박승빈과 함께 서술격 조사를 '지정사(指定詞)'로 보아 별도의 품사 자격을 부여하였다. 최현배는 1963년의 학교 문법 통일안에서 현행 학교 문법처럼 9품사로 정해졌음에도 불구하고 1967년에 출간한 중등문법 교과서인 『새로운 중학말본』에서도 지정사를 고수하여 10품사 체계를 유지한 바 있다. 이에 따라 학교 문법을 무효화하였다는 비판을 받았던 것은 주지의 사실이지만 전술한 것처럼 품사 분류 기준으로서의 '형식'의 측면에서만 보면 서술격 조사보다 품사 분류의 일관성 측면에서는 보다 바람직하다고 할 수 있다. 따라서 서술격 조사를 인정하고 있는 현행 학교 문법의 체계는 '형식'을 가장 우선시한 것이라고 할 수 없을 뿐만 아니라 '형식'을 일관적으로 적용하지 못했다는 점에서 역시 문제를 지니고 있는 것이다.

지금까지 유형론적 측면에서 한국어의 품사 분류 기준으로서의 '형식'의 무용성을 주장하였는데 이것이 곧 동사나 형용사의 독립된 품사 자격으로서의 지위를

아. 조사에 독립 품사의 자격을 주는 것이 옳다. 조사는 생각씨에 종속적으로 쓰이나 그와 따로 서서 독립된 품사가 될 수 있다.

부정하는 것은 물론 아니다. 다른 기준들로도 충분히 이들에 품사의 자격을 주는 것에 문제가 없기 때문이다.

우선 동사와 형용사는 유형론적 보편성을 추구하는 '의미'의 측면에서 (Croft (2000)적인 맥락에서) 각각 '동작'과 '속성'으로 '대상'을 나타내는 명사 등 다른 품사들과 구별된다. 또한 '분포'의 측면에서 품사로서의 어미와 결합한다는 점에서 여전히 다른 품사들과 구별된다. 즉 기존에 '형식'으로 포착했던 것은 '분포'로도 얼마든지 포착이 가능한 것이다.

다음으로 동사와 형용사의 구별은 '동작'과 '속성'이라는 의미 차이를 어느 정도의 비중으로 적용할 것인가에 따라 달라진다고 할 수 있다. 본서에서는 한국어의 형용사가 '의미'의 측면에서 유형론적 보편성을 적용하는 데 큰 문제가 없는 독자적인 품사의 지위를 가질 수 있다는 가능성을 이미 제시한 바 있다. 물론 학자에 따라서는 '기능'과 '분포'의 공통성을 더 중시하여 이들을 구분하지 않을 수도 있다. 그러나 다시 한 번 언급하거니와 앞의 논의와 관련하여 중요한 것은 이 경우라도 역시 품사 분류 기준으로서의 '형식'은 아무런 존재 가치를 발휘하지 못한다는 점이다.

4.2.3. 품사의 특성과 경계 요소

본서의 목적은 한국어의 품사 분류를 전체적으로 제시하려는 데 있는 것이 아니라 이를 유형론적 특수성의 측면에서 바라보려는 데 있으므로 여기에서는 한국어 품사 가운데 대명사와 수사에 초점을 두어 한국어 품사의 유형론적 특수성을 살펴보기로 한다. 이 과정에서는 유형론적 사실을 통계적으로 제시하고 있는 Haspelmath et als.(eds.)(2005) 가운데 한국어와 관련되는 논의들을 참고할 필요가 있다. 한편 조사와 접어의 관계에 기반하여 경계 요소에 대해서도 관심을 가져 보기로 한다.

4.2.3.1. 한국어 대명사와 수사의 유형론적 특수성

4.2.3.1.1. 대명사

앞서 박진호(2010)에서는 '분포'를 기준으로 하여 한국어의 품사 체계를 개관한 바 있다고 하였다. 박진호(2010)에서는 '체언(명사)'을 다음과 같이 특징짓고 있다.

(41) 체언(명사) : 관형어가 그 앞에 올 수 있고, 조사가 그 뒤에 올 수 있음.

이는 달리 말하자면 분포만으로는 명사, 대명사, 수사가 구분되기 어렵다는 것을 의미한다. 그러나 한국어에서도 대명사와 수사는 충분히 설정될 수 있다고 생각된다. 한국어의 경우 인칭에 따른 구분을 보이는 것은 대명사뿐이다. 이 사실만으로도 인칭에 따른 구분을 보이지 않는 명사나 수사와 구분되는 대명사 특유의 성질이라 할 수 있다.

이러한 측면에서 한국어 대명사의 유형론적 특징을 고찰한 박진호(2007)을 바탕으로 품사로서의 한국어 대명사가 가지는 유형론적 특수성에 대해 살펴보기로 한다. 먼저 본서와 관련하여 박진호(2007)에 제시된 논의를 정리하면 다음과 같다.

(42) 가. 인칭 대명사가 자립적인 단어로 실현되는 언어도 있지만 동사에 의존적인 요소(접사나 접어)로 실현되는 언어도 있다. Dryer(2005c)에서 조사한 674개 언어 중 주어 인칭 대명사가 동사 의존 요소로 실현되는 언어가 409개로 압도적으로 많았다.

　　나. 세계의 언어들을 3인칭이 인칭으로 취급되는 언어와 그렇지 않은 언어 즉 세 인칭 언어와 두 인칭 언어로 나눌 때 한국어는 두 인칭 언어로 볼 가능성이 높다. 흔히 '그'와 '그녀'가 3인칭 대명사로 간주되지만 이들은 20세기에 들어와 만들어진 단어이며 구어에서 잘 쓰이지 않아 1·2인칭과 대등한 지위를 누리지 못하기 때문이다.

　　다. 명사에서는 수(number)가 문법 범주가 아닌데도 대명사에서만은 수의 구별이 나타나는데 한국어도 그런 언어이다. 다만 한국어는 대명사의 수의 구별을 어느 하나의 방법이 아니라 다양하게 사용하는 언어이다.

　　라. 1인칭 복수 대명사가 청자를 포함하는가(inclusive) 청자를 배제하는가(exclusive)에 따라 별개의 형태로 분화되어 있는 언어들이 꽤 있는데 한국어는 이 구별이 없는 언어이다.

　　마. 2인칭 대명사가 공손성(politeness)에 따라 분화되어 있는 언어들이 있는데 한국어는 공손성을 표현할 때 2인칭 대명사를 피하는 언어이다.

　　바. 지시사는 거리 중심 체계와 인칭 중심 체계로 나뉘는데 한국어는 인칭 중심 체계 가운데 3원 체계의 특성을 보인다.

　　사. 지시사 중 대명사적 요소와 관형사적 요소가 같을 수도 있고 다를 수도 있는데 한국어는 어간을 공유하지만 굴절적[67] 속성이 다르다.

(42가~마)는 인칭 대명사의 특성이고 (42바, 사)는 지시 대명사의 특성을 언급한 것이다. 먼저 (42가)에 대해 박진호(2007 : 118)에서는 "우리에게 익숙한 언어들(한국어, 일본어, 중국어, 영어 등의 유럽 언어들)이 모두 공통된 특징을 보인다고 해서 세계 모든 언어 또는 대다수 언어가 그럴 것이라고 생각하는 것이 얼마나 위험한지 잘 보여 주는 예이다."라고 언급한 바 있다. Dryer(2005c : 410)에서는 주어 인칭 대명사를 다음과 같이 세분하여 통계를 제시하고 있다.

(43) 가. 주어 위치에서 대명사로 실현되며 필수적인 언어 ·························· 77개
　　　나. 주어 대명사가 동사에 접사로 표현되는 언어 ························· 409개
　　　다. 주어 대명사가 다양한 숙주에 접어로 표현되는 언어 ·················· 33개
　　　라. 주어 위치에서 대명사로 실현되지만 일반 주어와 통사적 위치가
　　　　　다른 언어 ·· 64개
　　　마. 주어 위치에서 대명사로만 실현되지만 필수적이지 않은 언어 ······ 61개
　　　바. 위의 여러 개 유형이 섞인 언어 ·································· 30개
　　　　　총 ··· 674개

한국어는 이 가운데 (43마)에 해당하는 것으로 표시되어 있는데 조사 대상 전체 674개 언어에 비한다면 상대적으로 그 수치가 작은 편이다. 이 특징은 대명사에만 한정된다기보다 한국어에서는 주어가 실현되지 않는 일이 흔하다는 것과 연관지을

----

67) 박진호(1994)에서는 한국어에서 굴절을 폐기하자고 한 바 있는데 여기서는 '굴절적'이라는 용어를 사용하고 있어 모순이 되는 것처럼 보인다. 그런데 이에 대해 박진호(2007 : 122)의 각주에서는 익명의 심사자가 '어간', '굴절' 등의 개념을 한국어에 적용하는 것에 대한 우려에 대해 전적으로 동감을 표하면서도 "굴절어, 교착어, 고립어 등의 차이를 충분히 인식하면서도 유형론적 연구에서 논의 대상이 되는 모든 언어의 어떤 현상을 포괄적으로 지칭하기 위해 굴절어에 바탕을 둔 개념을 약간 느슨하게 사용하는 것이 편리할 때가 많이 있다. 이는 본고에서 사용한 '어간'이나 '굴절'이라는 용어도 그런 관점에서 이해해 주기 바란다."고 한 바 있다. 본서에서 여러 차례 언급한 바와 같이 음운론적 단어 개념을 통해 형태론적 현저성을 살펴보고 조사와 어미를 포괄적 의미에서 '접사'의 테두리에 넣을 수 있다고 한 것, 또 한국어에 대해 언급하면서도 '굴절'과 연관하여 언급한 것 등과 일맥상통하는 부분이다. 그러나 이는 한국어에서 '굴절' 접사를 인정하고 용언의 활용을 인정하는 것, 그리고 그에 따라 품사 분류에서 이를 반영하는 것과는 본질적으로 차이가 있다는 점에 주의할 필요가 있다.

수 있을 듯하다.

(42나)는 3인칭 대명사와 지시(demonstrative) 대명사와의 연관성을 함께 고려해 보아야 하는데 세 인칭 언어는 3인칭 대명사가 지시 대명사와[68] 형태상 관련이 없고 두 인칭 언어에서는 둘 사이의 관련이 있기 때문이다(박진호, 2007 : 119). 그런데 Bhat(2005)에서는 225개 언어 중 100개에서는 3인칭 대명사가 지시 대명사와 형태상 관련이 없고 나머지 125개 언어에서는 둘 사이에 관련이 있다고 하면서[69] 한국어는 100개 언어 가운데 하나로 표시하였다. 이는 '그'와 '그녀'를 3인칭 대명사로 간주한 데 따른 것이 아닌가 한다. 박진호(2007)의 논의를 참조한다면 이 경우에도 한국어는 두 인칭 언어로서 더 특수한 경우에 해당한다.

(42다)를 위해 박진호(2007 : 121)에서는 우선 Daniel(2005)의 논의를 인용하고 있다.[70]

(44) 가. 독립적인 주어 대명사를 가지지 않는 언어 ················· 2개
　　나. 수와 무관하여 대명사의 단수와 복수가 같은 언어 ··············· 8개
　　다. 어간은 일정하고 접사에 의해 인칭과 수를 구별하는 언어 ········· 25개
　　라. 대명사 어간 자체에 의해 인칭과 수의 구별을 표현하는 언어 ···· 114개
　　마. 어간 자체에 의해 인칭과 수의 구별을 표현하고 추가적으로
　　　　(대명사에만 사용되는) 복수 접사를 사용하는 언어 ··············· 47개
　　바. 어간 자체에 의해 인칭과 수의 구별을 표현하고 추가적으로
　　　　(명사에도 사용되는) 복수 접사를 사용하는 언어 ················ 22개
　　사. 인칭에 따라 구별되는 어간에 (대명사에만 사용되는) 복수 접사를
　　　　결합시키는 언어 ·· 23개
　　아. 인칭에 따라 구별되는 어간에 (명사에도 사용되는) 복수 접사를

---

68) 박진호(2007)에서는 'anaphora'를 '문맥지시사'로, 'demonstrative'를 '현장지시사'로 번역하고 있지만 본고에서는 'anaphora'에 대해서는 다루지 않으므로 'demonstrative'를 '지시' 혹은 '지시사'로만 번역하기로 한다. '현장지시사'라는 번역은 이것이 담화 상황에 존재하는 것을 직접 가리킬 때 사용되는 표현으로 정의하고 있기 때문이다(박진호, 2007 : 123).

69) Bhat(2005 : 178)에서는 둘 사이의 관련도 다시 다섯 가지로 구분하고 있다. 자세한 것은 Bhat(2005 : 178)를 참고할 것.

70) 박진호(2007 : 121)에서는 (44가, 나)는 그 예가 많지 않아 따로 밝히지 않고 있다.

결합시키는 언어 ·· 19개

총 ·· 260개

그리고 '나, 우리'는 (44라), '그, 그들; 저(3인칭), 저들; 이, 이들; 그대, 그대들; 당신, 당신들; 니, 니들; 지(재귀사), 지들'은 (44아), '너, 너희; 저(1인칭), 저희'는 (44사), '우리들, 너희들, 저희들'은 (44바)에 해당한다고 볼 수 있으므로 한국어는 여러 유형이 섞여 있다고 하였다. Daniel(2005 : 146)에서는 한국어를 (44바)에 해당하는 것으로 표시하였지만 Daniel(2005 : 147)에서는 수 표시가 수의적인 언어의 하나로 한국어를 들었다. 어느 경우든 한국어의 경우는 특수한 경우라 할 수 있다.

(42라)를 설명하기 위해 박진호(2007 : 122)에서는 Cysouw(2005)를 인용하여 구별이 없는 언어와 있는 언어가, 자립적인 인칭 대명사의 경우 120대 63, 동사 굴절의 경우 79대 30으로 나타난다고 하고 한국어는 이 구별이 없는 언어에 속한다고 하였다. 이를 보다 자세히 살펴보기 위해 Cysouw(2005 : 162)에 제시된 인칭 대명사 통계를 먼저 가져오면 다음과 같다.

(45) 가. 문법적 표지가 아예 없는 언어 ··· 2개

나. 1인칭 복수와 단수가 같은 언어 ··· 10개

다. 포괄적 용법과 배제적 용법의 구별이 없는 언어 ······················· 120개

라. 포괄적 용법만 구별되는 언어 ·· 5개

마. 포괄적 용법과 배제적 용법이 구별되는 언어 ························· 63개

총 ·· 200개

그리고 (45마)의 경우로 다음 예를 들었다.

(46) ngai   "나"

el   "배제적, 둘"

e   "배제적, 셋 이상"

mel   "포괄적, 둘"

me   "포괄적, 셋 이상"

(Cysouw, 2005 : 163에서 재인용)

한편 다음은 동사 굴절의 경우이다.

(47) 가. 인칭 표시가 전혀 없는 언어 ·· 70개
　　　나. 1인칭 복수와 단수가 같은 언어 ······························· 12개
　　　다. 포괄적 용법과 배제적 용법의 구별이 없는 언어 ················· 79개
　　　라. 포괄적 용법만 구별되는 언어 ······································· 9개
　　　마. 포괄적 용법과 배제적 용법이 구별되는 언어 ··················· 30개
　　　　　　　　총 ··· 200개

(45)와 (47)을 보면 인칭 대명사나 동사 굴절의 경우 모두 포괄적 용법과 배제적 용법을 구별하지 않는 언어가 가장 보편적이라는 사실을 알 수 있다.

또한 한국어는 인칭 대명사의 경우에는 (45다)에 속해 있는 것으로 표시되어 있고 동사 굴절의 경우에는 (47가)에 해당하는 것으로 표시되어 있다. 따라서 한국어 인칭 대명사의 용법 가운데는 이 경우가 더 보편적인 속성을 가지는 경우라 할 수 있다.

다음으로 (42마)를 설명하기 위해 든 것은 Helmbrecht(2005 : 186)이다.

(48) 가. 2인칭 대명사에 공손성 구별이 없는 언어 ····················· 136개
　　　나. 2인칭 대명사가 공손성에 따라 둘로 구별되어 있는 언어 ········· 49개
　　　다. 셋 이상의 구별을 보이는 언어 ·································· 15개
　　　라. 공손성을 표현할 때 2인칭 대명사를 피하는 언어 ················· 7개
　　　　　　　　촌 ··· 207개

(48나)의 예로는 불어의 'tu/vous', 독일어의 'du/Sie', 러시아어의 'ty/vy'를 들었다. 한국어는 (48라)에 속하는 것으로 표시되어 있는데 이러한 언어에는 한국어를 포함하여 '일본어, 미얀마어, 태국어, 베트남어, 캄보디아어, 인도네시아어'가 해당하는 것으로 되어 있다. 전체 비중을 볼 때 한국어는 매우 특수한 경우에 해당한다는 것을 알 수 있다.

(42바)에 대해서는 Bhat(2004), Diessel(2005a)를 들어 설명하고 있다. 먼저 거리 중심 체계는 화자를 화시의 중심(deitic center)으로 할 때 여기로부터 지시 대상의 위치까지의 거리를 기준으로 하여 구별하는 체계이고 인칭 중심 체계는

화자를 1차적 화시의 중심으로 하고 청자를 2차적 화시의 중심으로 하여 화자에게 가까운 것, 청자에게 가까운 것, 화자·청자로부터 먼 것을 구분하는 체계이다(박진호, 2007 : 124). 각각의 경우에 해당하는 예를 제시하면 다음과 같다.

(49) 가. 거리 중심 체계
　　① 2원 체계 : 근칭(proximal), 원칭(distal) – 영어, 중국어
　　② 3원 체계 : 근칭, 중칭(medial), 원칭 – Hunzib
　　③ 4원 체계 : 근칭, 중칭, 원칭 가시(visible), 원칭 비가시
　　　　　　　　근칭 가시, 근칭 비가시, 원칭 가시, 원칭 비가시
　나. 인칭 중심 체계
　　① 3원 체계 : 화자 근칭, 청자 근칭, 원칭 – 한국어, 일본어
　　② 4원 체계 : 화자 근칭, 청자 근칭, 원칭, 초원칭 – Hausa
　　　　　　　　중립, 화자 근칭, 청자 근칭, 원칭 – Tongan
　　　　　　　　　　　　　　　　　(박진호, 2007 : 124에서 재인용)

Bhat(2004 : 177)에서는 225개 언어 중 120개 언어가 2원적인 거리 중심 체계이고 나머지가 셋 이상의 구별을 지닌 언어인데 이 중 45개가 화자 근칭과 청자 근칭을 구별하는 인칭 중심 체계로 나타났다고 한다. Diessel(2005a : 170)에서는 다음과 같은 통계를 제시하고 있다.

(50) 가. 거리 대립이 없는 언어 ·· 7개
　나. 2원 대립을 보이는 언어 ·· 127개
　다. 3원 대립을 보이는 언어 ·· 88개
　라. 4원 대립을 보이는 언어 ·· 8개
　마. 5원 대립 이상을 보이는 언어 ·· 4개
　　　　　총 ··· 234개

한국어는 3원적인 인칭 중심 체계이므로 (50다)에 속하는 것으로 표시되어 있다. 역시 가장 보편적인 경우라고 하기는 어렵다.

(42사)는 지시사가 대명사적 요소일 때와 관형사적 요소일 때 같은 형태인지를 살펴보기 위한 것이다. 이를 위해 박진호(2007 : 125)에서는 Diessel(2005b : 174)의 다음 통계를 제시하고 있다.

(51) 가. 대명사적 요소일 때와 관형사적 요소일 때 같은 언어 ·············· 143개
　　 나. 서로 다른 어간을 사용하는 언어 ································· 37개
　　 다. 어간은 같을 수도 있고 다를 수도 있으나 서로 다른 굴절을 사용
　　　 하는 경우 ······································· 21개
　　　　　　 총 ···································· 201개

Diessel(2005b : 174)에서는 한국어의 예를 들고 한국어의 지시사가 반드시 명사를 동반해야 한다는 점을 들어 독립적인 지시사 부류가 없는 언어로 간주하고 (51나)에 소속시켰다. 그러나 박진호(2007 : 125)에서 언급한 것처럼 한국어는 일본어와 마찬가지로 어간을 공유하지만 굴절적 속성이 다르므로 (51다)에 속하는 것으로 보아야 할 것이다.[71] 즉 유형론적 측면에서 가장 유표적인 경우의 하나가 한국어 지시사임을 알 수 있다.

이상의 논의를 통해 알 수 있는 바는 품사로서의 한국어 대명사가 유형론적으로 볼 때 보편적인 속성보다는 특수한 속성을 더 많이 가지고 있다는 것이다.

4.2.3.1.2. 수사

한국어의 수사가 가지는 유형론적 특수성은 기수사와 서수사로 나누어 살펴보기로 한다.[72] 먼저 한국어의 기수사가 가지는 유형론적 특수성을 위해서 Gil(2005a : 222)에서 제시된 배분적(distributive) 수사에 대해 살펴볼 필요가 있다. 다음 문장을 살펴보자.

······································

71) Diessel(2005b)에서는 일본어를 (51다)에 속하는 것으로 표시하고 있다.
72) 2장에서 안확(1917)이 한국인으로서는 처음으로 수사를 품사의 하나로 인정한 바 있다고 한 바 있는데 고영근(2001:80)에서는 "수사는 일찍이 Scott의 『사과지남』(1893, 재판)에 설정된 일이 있다."고 언급한 바 있다. 그런데 우선 『사과지남』은 Scott의 것이 아니라 Gale의 것이므로 『언문말칙』의 잘못으로 보이지만 『언문말칙』은 Scott(1887)에만 표시되어 있을 뿐 Scott(1893)에는 이러한 표시가 없다. 그리고 보다 중요한 것으로 Scott(1887)에는 수사가 설정되어 있지 않고 수사가 설정된 Scott(1893)은 Underwood(1890)보다 나중이므로 고영근(2001:80)의 언급은 적어도 "수사는 일찍이 Underwood(1890)에 설정된 일이 있다." 정도로 바꿔어야 할 것이다.

(52) John and Bill carried three suitcases.

(52) 문장은 존과 빌이 각각 가방 세 개를 옮겼다는 의미일 수도 있고 둘이 함께 가방 세 개를 옮겼다는 의미일 수도 있다는 점에서 중의적이다. 영어의 경우에는 이러한 경우에 중의성을 해결하기 위해 'each'와 같은 단어를 추가해야 한다. 그런데 그루지아어에서는 이런 경우에 배분적 수사를 사용한다.

(53) Romanma da   Zurabma   sam−sami čanta   caiɣo.
　　Roman.능격 그리고 Zurab.능격 배분−3.절대격 가방.절대격 옮기다.과거.3인칭단수
　　"① Roman과 Zurab은 가방을 세 개씩 옮겼다."
　　"② Roman과 Zurab은 가방을 세 개 단위로 옮겼다."

(53)에서 볼 수 있듯이 배분적 수사를 사용하더라도 중의성이 생길 수 있는데 ①은 총 6개의 가방을 옮겼다는 의미이고 ②는 6개, 9개, 12개와 같은 식으로 6개를 넘어갈 수도 있다. 이러한 배분 수사는 영어처럼 없을 수도 있고 그루지아어의 경우처럼 중첩에 의해 나타날 수도 있으며 또 다른 방법을 사용할 수도 있는데 Gil(2005a : 222)에서는 이를 다음과 같이 나누어 해당 언어의 수치를 제시하고 있다.

(54) 가. 배분 수사가 없는 언어 ·· 62개
　　 나. 중첩에 의해 표시하는 언어 ·· 84개
　　 다. 접두사에 의해 표시하는 언어 ·· 23개
　　 라. 접미사에 의해 표시하는 언어 ·· 32개
　　 마. 앞에 오는 단어로 표시하는 언어 ····································· 21개
　　 바. 뒤에 오는 단어로 표시하는 언어 ····································· 5개
　　 사. 혼합 혹은 다른 전략을 사용하는 언어 ······························ 23개
　　　　　　　　　 총 ··· 250개

영어의 경우는 (54가)에 소속되어 있는데 이는 (54바)의 경우와 구별해야 한다. (54바)의 경우는 (54마)의 경우와 마찬가지로 수사의 바로 앞, 바로 뒤라는 조건이 수반된다. 즉 (54바)의 예로는 Malagasy의 'telo avy'와 같은 예를 들 수 있는데 'telo'가 '3'을 뜻하는 수사이고 'avy'가 배분사 역할을 담당하는 단어이다. (54마)

의 예로는 독일어 'je drei'와 같은 예를 들 수 있는데 역시 'drei'가 '3'을 뜻하는 수사로서 'je'가 인접하여 배분사 역할을 담당하고 있다. 영어의 'each'는, 의미상으로는 배분사 역할을 하지만 'three suitcases each'처럼 수사와 바로 인접하고 있지 않기 때문에 (54가)에 해당하는 언어로 분류된 것이다. 한국어는 (54라)에 해당하는 것으로 표시되어 있는데 (53)의 번역에 나타난 '-씩'을 배분사로 간주한 데 따른 것이다. ('-씩'은 '열 개씩'처럼 '열 개'라는 구(句)에 결합하고 있지만 넓은 의미에서) 한국어와 같이 접미사로 표시하는 언어의 수는 상대적으로 적은 편이므로 이는 한국어가 배분적 기수사 표시에 있어 특수성을 보이는 경우라 할 수 있다.

한국어의 기수사가 가지는 유형론적 특수성 두 번째는 분류사(classifier)와 관련하여 살펴볼 수 있다. Gil(2005b : 226)에 따르면 가산성(countability)이 높은 명사와 수사가 함께 쓰일 때 분류사를 동반하기도 하고 그렇지 않기도 한다.

(55) 가. dalawa=ng   aso
       둘=접어   개
       "두 마리의 개"

     나. duo (ikue)   anjiang
        둘   (분류사)   개
        "두 마리의 개"

     다. hai   con   chó
        둘   분류사   개
        "두 마리의 개"   (Gil, 2005b : 226)

(55가)는 타갈로그어의 예인데 수사가 명사와 쓰일 때 분류사가 사용되지 않는 경우이며 (55나)는 Minangkabau의 예인데 분류사가 수의적임을 보인 것이다. (55다)는 베트남어의 예인데 분류사가 필수적인 경우이다. Gil(2005b : 226)에서는 이를 바탕으로 언어들을 다음과 같이 나누어 수치를 제시하고 있다.

(56) 가. 수 분류사가 없는 언어 ··· 260개
     나. 수 분류사가 수의적인 언어 ·· 62개
     다. 수 분류사가 필수적인 언어 ·· 78개
                     총 ··· 400개

그리고 한국어는 (56다)에 해당하는 것으로 되어 있다. 따라서 한국어의 수 분류사는 유형론적으로 특수한 경우라 할 수 있다.[73]

다음으로 한국어 서수사의 유형론적 특수성에 대해 살펴보기로 하자. 한국어의 서수사는 '첫째, 둘째, 셋째'에서 볼 수 있는 바와 같이 '첫째'에서 이른바 보충법 (suppletion)이 실현된다는 특성을 갖는다. 이러한 체계는 다른 언어와 어떤 공통점이나 차이점을 가질까? 서수사가 가지는 유형론적 특성에 대해 Stolz & Veselinova(2005 : 218)에서는 다음과 같은 통계를 제시하고 있다.

(57) 가. 서수사가 존재하지 않는 언어 ·· 33개
　　 나. 'one, two, three'처럼 서수사와 기수사가 구별되지 않는 언어 ······ 3개
　　 다. 'first, two, three'처럼 'one', 'first'에서만 서수사와 기수사가 구별
　　　　 되는 언어 ·· 12개
　　 라. 'one−th, two−th, three−th'처럼 서수사가 기수사에서 도출되는
　　　　 언어 ·· 41개
　　 마. 'first/one−th, two−th, three−th'처럼 모든 서수사가 기수사에서
　　　　 도출되지만 첫 번째만 두 가지 방법이 있고 'first'처럼 기수사와 형태
　　　　 론적으로 무관한 언어 ·· 54개
　　 바. 'first, two−th, three−th'처럼 두 번째 이상에서는 기수사로부터 도출
　　　　 되고 첫 번째는 보충법인 언어 ·· 110개
　　 사. 'first, second, three−th'처럼 첫 번째와 몇몇 개만 보충법인 언어
　　　　 ·· 61개
　　 아. 기타 언어 ·· 7개
　　　　　　　　　　총 ·· 321개

그리고 Stolz & Veselinova(2005)에서는 한국어의 경우를 (57라)에 소속시키고 있다. 그러나 전술한 것처럼 한국어의 서수사는 '첫째, 둘째, 셋째'이므로 엄밀

------

73) 그러나 (55)의 번역에서 제시한 '두 마리의 개'는 문제가 있을 수 있다. '*둘 개'는 비문법적이지만 '두 개'는 부자연스럽기는 하지만 완전히 불가능한 것은 아니다. '두 마리의 개'를 '개 두 마리'로 번역한다면 이번에는 '*개 두'가 비문법적인 대신 '개 둘'은 가능하기 때문이다. '두'도 수사가 아니라 수관형사로 보는 견해가 있으므로 이를 고려한다면 문제가 더 복잡해질 수 있다. 여기서는 이에 대해서는 더 자세히 논하지는 않기로 한다.

한 의미에서는 (57라)와 (57바)의 두 가지 속성을 모두 보이고 있다. 서수사를 만드는 '-째'가 등장한다는 점에서는 (57라)에 속하지만 '하나'가 아니라 '첫'으로 보충법이 나타나고 있다는 점에서는 (57바)에 속하기 때문이다. (57라), (57바)에 해당하는 예를 보이면 다음과 같다.

(58)

	기수	서수
1	hə̃s	hə̃s.sə
2	q'an.u	q'an.u.s
3	λa.na	λa.na.s
4	oq'e.n	oq'e.no.s
5	λi.no	λi.no.s

(Stolz & Veselinova, 2005 : 219에서 재인용)

(59)

	기수	서수
1	pilɛ́ɛ́	tásè
2	mùúŋ	mùúŋndɔ́ɔ́
3	ŋgàá	ŋgàándɔ́ɔ́
4	hiɔ́ɔ́lú	hiɔɔlúndɔ́ɔ́
5	ŋùɛ́ɛ́nú	ŋùɛ́ɛ́núndɔ́ɔ́

(Stolz & Veselinova, 2005 : 219에서 재인용)

(58)은 Hunzib의 예이고 (59)는 Kisi의 예이다. 위의 예들을 본다면 한국어는 두 군데 어디에도 소속시키기 어렵다고 할 수 있다. 이런 점을 중시한다면 한국어의 서수사 체계는 매우 특징적인 것이라 할 수 있다.[74]

이상에서 살펴본 바와 같이 한국어의 수사는 대명사와 마찬가지로 유형론적 측면에서 볼 때 매우 흥미로운 특수성을 가지고 있음을 알 수 있다.[75]

．．．．．．．．．．．．．．．．．．．．．．．．．．．．．

74) 그러나 만약 (57라)와 (57바) 가운데 어느 하나에 한국어를 소속시켜야 한다면 본서는 보충법에 더 비중을 두어 (57바)에 속하는 것으로 보는 것이 낫다고 생각한다.

75) 물론 한국어 수사에 보편적인 성격이 없는 것은 아니다. 가령 Comrie(2005 : 530)에서는 196개 언어를 대상으로 수사를 나타내는 체계에 대해 통계를 제시하고 있는데 한국어를 포함한 125개 언어가 10진법을 이용하는 것으로 되어 있다.

4.2.3.2. 조사와 접어

본서에서는 한국어의 조사가 음운론적 단어의 일부를 이루지만 그 작용역이 단어보다 크다는 점에서 문법적 단어2의 자격을 줄 수 있음을 언급한 바 있다. 조사가 가지는 이러한 속성은 접어(clitic)와 흡사한 구석이 적지 않다. Dixon & Aikhenvald(2002 : 25)에서도 접어를 그 자체로는 문법적 단어1이지만 음운론적 단어를 이루지는 못하는 것으로 정의하고 있다. 이러한 측면에서 보면 한국어의 조사를 접어로 간주하는 견해가 나오는 것도 충분히 예상 가능한 일이다.

조사 전반에 걸친 것은 아니지만 김창섭(1996a : 175)에서는 이른바 '어근 분리' 현상에서 보이는 '도, 은, 들, 좀'을 접어로 볼 수 있다고 언급한 바 있다. 즉 '방이 깨끗도 하다'의 '도'는 '방이 깨끗하기도 하다'에서 '이동'한 것으로 보고 이러한 이동은 논리적인 작용 영역과 관계 없이 일어난 것이며 '푹하다'와 같은 것들은 어근 분리 현상이 잘 일어나지 않는다는 사실을 들어 그 이동이 어근의 음절 수가 2음절 이상이어야 한다는 음운론적인 조건에 따른다는 점에서 접어라고 보고 있는 것이다.

한편 남윤진(1997 : 80~83)에서는 이러한 논의를 확대하여 한국어의 조사를 접어로 간주할 것을 제안하고 만약 조사를 접어로 간주하게 되면 음운론적으로는 접사와 같은 의존적인 성격을 지니면서 통사론적으로는 단어보다 큰 단위들과 관계를 맺는 현상을 포착할 수 있다는 장점을 가진다고 하고 있다. 또 접어를 '형태소(접사/어근)<접어<단어<단어+접어 구성<구<문장'의 언어 단위 위계 구조상에 위치시킴으로써 단어보다 크지만 구보다는 작은 단위로서 '어절' 개념의 위상을 분명히 할 수 있다고 밝히고 있다.[76]

---

76) 사실 이 외에도 한국어에 접어 개념을 도입하는 논의가 더 있다. 흔히 문법화의 단계는 '내용어(content word)>문법적 단어(grammatical word)>접어(clitic)>굴절 접사(inflectional affix)'로 간주하는데 이를 한국어의 명사에 적용하여 안주호(1997 : 39~40)에서 '자립적 어휘소>의존적 어휘소>접어>어미·조사·접미사'로 본 것이 그 것이다. 그러나 이때의 접어는 통시적인 과정의 중간 단계이고 또 결과적으로는 조사와 접어를 동일한 것으로 간주하는 것은 아니라는 점에서 김창섭(1996a), 남윤진(1997)과는 차이가 있다. 따라서 이에 대해서는 더 논의하지 않기로 한다.

조사와 접어의 관계에 대한 본서의 입장을 정리하기 위해 먼저 Haspelmath (2002 : 155)에 제시된 접어와 접사의 차이에 대해 살펴보기로 하자.

(60)

	접어	접사
(가)	이동의 자유를 가짐	이동의 자유가 없음
(나)	숙주(host) 선택의 자유를 가짐	어간 선택의 자유가 없음
(다)	운율적으로 통합적이지 않음	운율적으로 통합적임
(라)	음운론적 규칙의 영역 바깥에 있을 수 있음	항상 음운론적 규칙의 영역 내에 있음
(마)	형태음운론적 혹은 보충법적 교체를 촉발하거나 경험할 수 없음	형태음운론적 혹은 보충법적 교체를 촉발하거나 경험할 수 있음
(바)	(접어-숙주 결합은) • 특이한 의미를 가질 수 없음 • 임의적 간격을 가질 수 없음	(접사-어기 결합은) • 특이한 의미를 가질 수 있음 • 임의적 간격을 가질 수 있음

(60가)에서 접어가 이동의 자유를 갖는다는 것은 그 정도가 자립 형식만큼 자유롭지는 못하지만 어느 정도 가능하다는 의미를 갖는다. 다음 예를 보기로 하자.

(61) 　가. Tag bardzo=**go** chcia−tby−m spotkać　w Krakowie
　　　　　꽤　많이　그를　원하다−가정−1. 단수　만나다　에서 Krakowie(장소 이름)
　　　나. Tag bardzo chcia−tby−m=**go**　　spotkać　w Krakowie
　　　　　꽤　많이　　원하다−가정−1.단수=그를　만나다　에서 Krakowie(장소 이름)
　　　다. Tag bardzo chcia−tby−m　　spotkać=**go**　w Krakowie
　　　　　꽤　많이　　원하다−가정−1.단수　만나다=그를 에서 Krakowie(장소 이름)
　　　　　"나는 그를 Krakowie에서 만나기를 꽤 많이 원할 것이다."

(Haspelmath, 2002 : 152)

(61)의 폴란드어에서 접어는 'go'인데 (61가, 나, 다)에서 보는 바와 같이 여러 군데에 올 수 있음을 알 수 있다. 물론 접어가 모두 이러한 성격을 갖는다는 것은 아니다. 예컨대 영어의 'We've'에서의 ''ve'와 같은 경우는 이동의 자유가 없다.

(60나)는, 이동의 자유가 제한되는 경우에도 접사보다는 접어가 숙주 선택의

자유를 더 많이 가질 수 있다는 것이다. (60다)는 접어의 일반적인 속성 가운데 하나인데 운율적으로 접사는 선행 요소와 한 덩이를 이루지만 접어는 그렇지 않다는 것이다. 가령 스페인어에서 강세는 단어의 마지막 혹은 끝에서 두 번째, 아주 드물게 끝에서 세 번째에 오는데 접어가 결합한 'díga=me=lo'("그걸 내게 말해!")에서는 끝에서 네 번째에 강세가 오고 있다. 이는 접어가 결합한 구성을 강세 부여 단위로 보지 않는다는 것을 의미한다. 접사가 결합한 경우에는 물론 해당 접사를 포함하여 강세 부여 단위로 본다. (60라, 마)도 이러한 연장선상에서 이해할 수 있다. (60라)에 해당하는 예만 살펴보기로 한다.

(62) 가. verband[vər'bɑnt]   verband−ig[vər'bɑndɪx]
         "붕대"   "붕대−같은"
      나. ik brand[ɪg'brɑnt]   brand=ik['brɑntɪk]
         "나는 달아올랐다"   "나는 달아올랐다"

                                              (Haspelmath, 2002 : 153)

(62)는 네덜란드어의 예인데 네덜란드어에서는 모음으로 시작하는 접사가 결합하는 경우 선행 단어의 어말 장애음이 유성음화하는 음운 규칙이 있다. 접사가 결합한 (62가)에서는 이러한 현상을 목격할 수 있지만 접어가 결합한 (62나)에서는 이러한 현상이 일어나지 않고 있다. 접어가 음운 규칙의 적용을 촉발하지 않기 때문이다.

한편 (60바)에서의 '임의적 간격'이란 굴절보다는 파생에서 더 잘 나타나는 것이기는 하지만 굴절에서의 불완전 계열처럼 빈칸을 가지는 경우를 말한다.

이제 (60)에 제시된 접어의 속성들을 대상으로 한국어의 조사가 접어로 간주될 수 있는지에 대해 살펴보기로 하자. 먼저 김창섭(1996a)의 접어 개념은 (60가)의 '이동의 자유'를 연상시킨다. 그러나 '이동'은 그야말로 이동일 뿐이지 다른 요소를 더 도입하거나 혹은 삭제하는 것은 아니다. 그런데 만약 '방이 깨끗하기도 하다'에서 '도'가 이동하여 '방이 깨끗도 하다'가 되었다면 삭제된 요소 '−기'와 '하−'는 어떻게 설명할 것인가 하는 문제가 생긴다. (61)에서 살펴본 바와 같이 폴란드어의 대명사 접어 '=go'는 이동할 때 문장의 변화를 전혀 가져오지 않고 있다는 것을 염두에 둘 필요가 있다. 또 '2음절'이라는 음절 수 제약은, 접어라면 음운론적 조건을 따르지만 음운론적 조건에 따른다고 해서 모두 접어라고 볼 수는 없다는 점에서 역시 문제가 없지 않다.

다음으로 남윤진(1997)의 논의를 살펴보기로 하자. 우선 '형태소(접사/어근)<접어<단어<단어+접어 구성<구<문장'에서 '접어'를 '형태소'와 '단어' 사이에 두기는 어렵다. 즉 '음운<형태소<단어<구'와 같은 표시는 설령 음운이 그 자체로 형태소가 되는 일이 있고, 형태소가 단어가 되는 일이 있으며 단어가 구가 되는 일은 있어도 음운이 모여 형태소가 되고 형태소가 모여 단어가 되며 단어가 모여 구가 된다는 의미를 갖는데 '접어'를 '형태소'와 '단어' 사이에 두면 이러한 관계 구조가 깨져 버리기 때문이다. 형태소가 모인 것이 접어일 수 없으며 접어가 모인 것이 단어일 수 없다. 만약 이와 같은 체계를 유지하려 한다면 '형태소' 개념의 수정도 불가피하다.

한편 남윤진(1997)은, 한국어의 조사는 축약형이 아니라는 점에서 영어의 'he's'에서 나타나는 접어 ''s'와 같은 것은 아니고 'the king of England's daughter'에서 나타나는 소유격 표지 ''s'와 같은 것이라고 본 바 있다. 그러나 이 경우의 ''s'는 생략될 수 없다. 생략되면 '영국 왕의 딸'이 아니라 '영국 딸의 왕'이라는 의미를 가져야 하는데 이러한 의미가 가능한지조차 의심스럽다. 물론 'I'm'의 ''m'도 생략될 수 없고 접사도 생략될 수 없다. 그런데 만약 한국어의 조사를 생략할 수 있는 대상으로 간주한다면 이는 생략될 수 없는 접어와 본질적인 차이를 가지는 것이라 할 수 있다.[77)]

무엇보다 (60)에서 주목해야 할 것은 (62)를 통해 살펴본 것처럼 접어가 음운론적 규칙 적용의 범위 바깥에 있다는 것이다. 그러나 한국어의 조사는 그렇지 않다.

---

77) 본서는 전술한 것처럼 최형용(2003a)을 따라 조사는 생략의 대상이 되지 않는다고 보는 입장을 견지하고 있다. 생략은 복원을 전제로 해야 성립될 수 있는 개념이지만 흔히 조사의 생략을 언급하는 경우 생략된 조사의 복원을 결정하는 것은 그리 쉽지 않기 때문이다. 조사가 실현되지 않은 구성도 조사가 실현된 구성과 동일한 가치를 가지고 있다는 주장은 임홍빈(2007a)을 참고할 수 있다. 임홍빈(2007a)에서는 조사가 실현되지 않은 구성을 '무조사구'라 명명하고 있다. 최형용(2003a : 57)에서는 조사가 실현되지 않은 문장을 '어휘문' 혹은 '의미문'이라 명명한 바 있다.

가령 '밥도'의 경우 '국가'와 마찬가지로 경음화가 발생하는데 이를 보면 한국어의 조사는 음운론적 규칙 적용의 범위 바깥에 있다고 보기 어렵기 때문이다.

또한 접어는 공시적으로 자립 단어를 전제하고 있는 경우가 일반적이다. (61)의 '=go'는 자립 단어 'jego'가 있고 영어의 경우도 ''ve'는 'have', ''m'은 'am'이라는 자립 단어가 있다. 그러나 한국어의 조사는 공시적인 측면에서 자립하는 단어를 전제하는 경우를 찾기 힘들다.

끝으로 조사가 접어라면 어미도 접어로 간주되지 못할 이유가 없다. 어미도 조사와 마찬가지로 그 자체로는 음운론적 단어를 이루지는 못하지만 조사와 함께 문법적 단어2에 속하기 때문이다.

4.3. 한국어 단어의 형성과 체계

3장에서 보편성의 측면에서 단어 개념을 해체하고 이에 따라 '음운론적 단어, 문법적 단어1', '음운론적 단어, 어휘적 단어, 문법적 단어2'로 단어의 종류에 대해 언급하였으며 단어 형성의 모형에 대해 형태소−기반 모형과 단어−기반 모형에 대해 기술하고 단어−기반 모형의 설명적 우위성에 대해 상술한 바 있다. 형태소−기반 모형이나 단어−기반 모형은 형태론적 과정들에 모두 적용이 되는 것이었다. 여기에서는 이를 바탕으로 한국어 단어 형성에만 초점을 맞추어 유형론적 특수성의 측면에서 그 양상을 살펴보기로 한다.

4.3.1. 단어 형성과 단어−기반 모형

4.3.1.1. 단어 형성의 기제와 단어−기반 모형

새로운 단어가 형성되는 기제로서 굳건한 뿌리를 가지고 있었던 것은 규칙(rule) 이다. 그리고 그 규칙은 가장 전형적으로 형태소−기반 모형의 모습을 가지고 있었다. 따라서 단어 형성은 통상 다음과 같은 규칙을 전제한다.

(63) X + Y → XY

분석을 중심으로 하는 구조주의 형태론의 경우는 물론 형성을 중심으로 하는 생성 형태론에서도 (63)과 같은 규칙이 지배적이었다. 생성 형태론의 근간이 보편 문법을 지향하는 생성 문법이고 생성 문법의 규칙들이 결합을 중심으로 하는 말 그대로의 'syntax'를 전제로 하고 있었기 때문이다. 이는 형태소가 아니라 단어가 단어 형성의 출발이라고 주장한 Aronoff(1976)에서도 마찬가지이다. 다만 형태소 −기반 모형에서는 (63)의 X, Y가 모두 형태소일 수 있지만 Aronoff(1976)에서는 적어도 둘 중의 하나는 단어여야 한다는 차이가 있을 뿐이다.[78] 한편 단어가 출발이라는 점에서 형태소−기반 모형에서는 생기지 않는 문제도 발생한다.

(64) lubricate "기름을 치다" ⟶ lubricant "윤활유"
     negotiate "협상하다"   ⟶ negotiant "협상자"
     officiate "집행하다"   ⟶ officiant "집행자"

(전상범, 1995 : 162)

(64)는 (63)과 같은 도식으로는 설명하기 어렵다. '−ate'가 사라지기 때문이다. 이를 위해 다음과 같은 절단 규칙(truncation rule)이 도입될 필요가 있었다.

(65) $[[root]+A]_x+B]_y$

      1   2   3 ⟶   1   Ø   3

        : X와 Y는 대어휘범주이다.

(전상범, 1995 : 162)

따라서 단어 형성의 출발을 형태소로 보는 사람들과 단어로 보는 사람들이 서로 갈리게 되었다.[79] 그러나 여전히 (63)과 같은 규칙으로 이를 설명하려는 점에서는 차이가 없다.

이처럼 단어 형성을 규칙으로 설명하려는 견해와 달리 유추(analogy)를 단어 형성의 기제로 설명하려는 주장도 있다. 특히 생성 문법에서의 규칙은 보편성을 추구하고 있다는 점에서는 언어 유형론과 상통하는 부분이 있지만 이상적 화자를 상정하고 화자의 언어 능력을 밝히기 위한 설명적 타당성을 추구하기 위해 규칙을

---

78) 실제로 Aronoff(1976)에서는 접미 파생어에 논의를 집중하고 있으므로 X가 단어이고 Y는 접미사이다. Aronoff(1976)에서 접미 파생어에 논의를 집중하고 있는 것은 접미 파생이 생산적이라고 간주했기 때문이다. 즉 Aronoff(1976)는 생산적인 단어 형성에 논의를 한정하고 있는 셈이다.

79) Scalise(1984 : 68−69)에서 단어 기반 가설의 지지자와 반대자의 목록을 확인할 수 있다.

바라보는 대신 유추는 심리언어학적 관점에서 다양한 인지 능력의 하나로서 언어
현상을 바라보고 있다는 점에서 서로 본질적으로 구분된다고 할 수 있다.

국내에서도 1990년대 후반부터 지금까지 규칙으로 단어의 형성을 설명할 수
있다는 규칙론자와 유추로 단어의 형성을 설명할 수 있다는 유추론자 사이의 논쟁
이 계속되고 있다.[80) 규칙과 유추의 차이는 단적으로 다음과 같이 제시될 수 있다.

(66)　가. 단어 형성 규칙 : X + Y ⟶ XY
　　　나. 유추 : XY ⟶ ZY

(채현식, 2003a : 10)

(66가)는 (63가)를 다시 가져온 것이다. (66나)는 첨가 과정인 규칙과는 달리 유추
가 대치(substitution) 과정임을 보여 주고 있다. 채현식(2006 : 581)에서는 이러한
특징을 포함하여 규칙과 유추가 가지는 차이를 다음과 같이 대조하여 정리하고 있다.

(67)

	규칙	유추의 틀
표상의 존재 방식	독립적 표상을 지닌다.	기존 단어들에 기대어서만 존재한다.
	그 출력형이 저장되지 않는다.	틀에 의해 만들어진 단어는 저장된다.
	적용된 단어들의 유형빈도에 영향을 받지 않는다.	유추의 틀을 형성하는 단어들의 유형빈도에 민감하다.
	정적인(static) 표상	역동적인(dynamic) 표상
	장기기억 속에 존재	단기기억 속에 존재
적용 방식	도출의 방향성을 갖는다.	도출의 방향성이 없다.
	직렬적(serial)으로 처리된다.	병렬적(parallel)으로 처리된다.
	첨가 과정이다.	대치 과정이다.
어휘부 이론에서 차지하는 위상	규칙을 위한 단어형성부를 따로 둘 수 있다.	유추의 틀만을 위한 부문을 따로 둘 수 없다.

---

80) 자세한 사정은 송원용(2010)을 참고할 것.

(67)의 '규칙'은 매우 엄밀한 것으로서 일반적으로 규칙이라고 부르는 것보다 좁다고 할 수 있다.[81] 한편 넓은 의미에서의 '규칙'은 '규칙성'에 가까운 것으로서 이 경우에는 '틀'을 '규칙'과 같은 것으로 보는 경우도 있다.[82]

중요한 것은 유추를 표방하지 않더라도 (66나)에서 제시한 유추의 틀이 3장에서 제시한 단어-기반 모형과 일맥상통한다는 것이다. 즉 (64)의 단어들은 3장의 단어 -기반 모형에 따라 다음과 같이 표현할 수 있는데 이는 (66나)의 유추와 그 형상 이 크게 다르지 않다.

(68) 가.
$$\begin{bmatrix} /\text{Xate}/_V \\ \text{'z를 하다'} \end{bmatrix} \longleftrightarrow \begin{bmatrix} /\text{Xant}/_N \\ \text{'z를 하는 사람'} \end{bmatrix}$$

(68)과 같은 '틀'은 (65)의 절단규칙과 같은 것을 필요로 하지 않는다는 점에서 장점이 있다.

4.3.1.2. 한국어 어휘부의 유형론적 특성

어휘부(lexicon)는 어휘적 사실들이 다루어지는 문법의 한 부문(component)을 가리키기도 하며 때로는 단어나 형태소의 단순한 목록을 가리키기도 한다. 이와 같은 두 가지 뜻이 나타내는 것을 각각 '어휘 부문(lexical component)'과 '사전

· ·

81) 특히 출력형과 관련된 규칙의 입장이 이러한 경향을 보인다. 규칙은 필요한 출력형을 그때그때 생성해 내면 되므로 극단적인 측면에서는 출력형을 따로 기억할 필요가 없 다는 것이다. 그러나 실제 언어 사실은 그렇지 않은 것으로 판단된다. 규칙형이 불규칙 으로 바뀌는 수많은 경우들은 바로 이를 단적으로 보여 준다. 만약 규칙에 의해 출력 형을 그때그때 생성해 낸다면 규칙형이 불규칙으로 바뀌는 일은 생겨나지 않을 것이 다. 문법화도 이러한 주장에 대한 방증이 된다. 문법화는 선행 요소와의 융합을 전제로 하는데 만약 규칙에 의해 그때그때 출력형이 형성된다면 융합도 일어나지 않을 것이 기 때문이다. 단어를 기반으로 단어 형성의 규칙을 주장한 Aronoff(1976)에서도 생산 적인 규칙에 의한 단어는 어휘부에 저장될 필요가 없지만 비생산적인 규칙에 의한 단 어는 어휘부에 저장된다고 보았다.

82) 최형용(2003a)에서도 이렇게 본 바 있고 3장에서 제시한 Haspelmath(2002)나 Booij (2010)에서도 대체로 이와 같은 경향을 보이고 있다.

(dictionary)'이라고 흔히 부른다(Scalise, 1984 : 14). 전자의 어휘 부문은 단어 형성에 대한 생성 형태론의 접근과 맞물려 있다. 그리하여 특히 이를 중시하여 말할 때 '이론 어휘부(theorectical lexion)'라 한다. 즉 이론 어휘부는 규칙을 근간 으로 하는 단어 형성부를 가지고 있으며 그에 의해 형성되는 단어들을 저장하는 저장소 두 부분으로 이루어져 있다고 보는 것이 가장 일반적이다. 이때 규칙은 어휘부를 독자적으로 운용하는 기제로서 작용한다.

한편 후자의 사전은 생성 형태론 이전에 구조주의 형태론 가령 Sweet(1913 : 31)에서 문법은 언어의 일반적인 사실을 다루고 어휘론(lexicology)은 특이한 사실 을 다룬다고 한 것, Bloomfield(1933 : 274)에서 기본적으로 불규칙성들의 목록이 라고 한 것과 직접적인 연관성을 가지며 생성 형태론의 규칙과 대조가 되는 유추의 '심리 어휘부(mental lexicon)'와 밀접한 관련을 가진다. 특히 심리 어휘부에서는 유추에 의해 형성된 단어들 사이의 관계를 중시한다는 점에서 저장 방식에 특별한 관심을 기울인다. 규칙을 상정하는 이론 어휘부가 경제성을 지향하는 반면 심리 어휘부는 잉여성을 전제로 한다는 것도 두 입장의 본질적인 차이이다.[83]

그렇다면 유형론적 측면에서는 어휘부에 대해 어떤 시각이 가능할까? 이를 유형 론을 표방한 Shopen(1985)에서 살펴보기로 한다. Shopen(1985)의 세 번째 권 제목은 'Grammatical categories and the lexicon'으로 되어 있다. 그리고 1장은 'Typological distinctions in word formation'이라는 제목 아래 'lexicon'으로부 터 논의를 시작하고 있다. 흥미로운 사실은, Shopen(1985)의 재판은 2007년에 출간되었는데 세 번째 권의 제목은 같고 초판의 'Typological distinctions in word formation'이라는 장 제목은 유지하되 저자가 Anderson에서 Aikhenvald로 바뀌 었으며 그에 따라 초판에 있던 'lexicon'은 사라졌다는 사실이다. 이는 언어 유형론 에서의 어휘부가 어휘의 집합이라는 가장 소박한 의미에서 조명되고 있음을 의미 한다.[84]

---

83) 이러한 사실들을 포함하여 어휘부의 외연에 대한 그동안의 입장 전개에 대해서는 최 형용(2013a)를 참고할 것.

84) 즉 주지하는 바와 같이 현금(現今)의 어휘부는 단순한 어휘 목록으로서의 의미를 넘 어서고 있으므로 단순히 단어 형성의 출력물을 담는 어휘부의 의미로는 이를 포괄하

이점 Haspelmath et als.(eds.)(2005)에서도 크게 다름이 없다. Haspelmath et als.(eds.)(2005)는 앞에서 여러 차례 인용하여 온 것처럼 주제별로 세계 언어에 대한 속성들을 추출하여 통계적으로 제시하고 이를 지도에도 반영하고 있는데 'lexicon'이라는 주제 아래 세부 주제로 제시된 것은 다음의 여섯 가지이다.

(69) 가. Hand and Arm
　　　나. Finger and Hand
　　　다. Numeral Bases
　　　라. Colour Terms
　　　마. Personal Pronouns
　　　바. Tea

(69)의 주제들은 모두 '어휘의 특징'으로서 '이론 어휘부', '심리 어휘부'의 '어휘부'와는 거리가 있다. 이는 현재 유형론적 접근의 대상이 되는 어휘부는 어휘의 형성보다는 결과물로서의 어휘적 단어에 초점이 맞추어져 있는 것으로 이해할 수 있다.[85] 따라서 본고에서는 (69)에 제시된 주제들에서 한국어의 위상을 간단히 정리하는 것으로서 한국어 어휘부의 유형론적 특수성에 갈음하고자 한다.[86]

먼저 (69가)는 '팔'과 '손'이 구별되는 단어로 존재하는가 여부를 따진 것으로서 Brown(2005a : 522)에서는 다음과 같은 수치를 제시하고 있다.

기 어렵다는 사고가 반영된 것으로 해석할 수 있다는 것이다. 전술한 바 있는 Booij(2010)에서는 변항(variable)을 가지는 숙어들도 어휘부에 등재되어 있다고 간주하고 있는데 이러한 개념에서는 어휘부가 문법과 크게 차이나지 않는다. 자세한 논의는 최형용(2013b)를 참고할 것.

85) Sohn(1999 : 87 : 120)에서도 '어휘부'를 '어휘의 집합체'로 간주하고 있는데 한국어 어휘의 특징으로 어휘 구성이 고유어, 한자어, 외래어로 구성되어 있다는 것, 그리고 상징어가 풍부하다는 것을 들었다.

86) 최형용(2013a : 405~406)에서는 앞에서 Greenberg(1954)에서 제시한 파생 지수, 합성 지수도 어휘부와 관련될 수 있음을 언급한 바 있다. 즉 파생 지수, 합성 지수는 언어들 상호 간의 단어 형성 의존도를 상대적으로 비교할 수 있으며 이를 통해 결과물로서의 어휘가 저장되는 방식이나 특성도 짐작할 수 있다고 보았기 때문이다. 참고로 해당 부분의 표만 정리하여 다시 제시하면 다음과 같다.

(70) 가. 하나의 단어로 '팔'과 '손'을 지시하는 언어 ···························· 228개
　　　나. '팔'과 '손'을 지시하는 단어가 따로 존재하는 언어 ·············· 389개
　　　　　　　　총 ·· 617개

한국어는 (70나)에 속하는 것으로 되어 있는데 전체적으로 보아 더 많은 쪽에
해당한다는 것을 알 수 있다.

다음으로 (69나)는 (69가)와 평행하게 '손가락'과 '손'이 구별되는 단어로 존재
하는가 여부를 따진 것인데 Brown(2005b : 526)에서는 다음과 같은 수치를 제시
하고 있다.

(71) 가. 하나의 단어로 '손가락'과 '손'을 지시하는 언어 ······················· 72개
　　　나. '손가락'(매우 드물게는 '손가락들')과 '손'을 지시하는 단어가 따로
　　　　　존재하는 언어 ··· 521개
　　　　　　　　총 ·· 593개

한국어는 (71나)에 속하는 것으로 되어 있는데 이번에는 압도적으로 많은 쪽에
해당한다는 것을 알 수 있다. 그리고 그 이유를 사회 구조의 차이에서 찾으려고
하였다. 즉 사냥보다 농사를 하는 지역에서 '손'과 '손가락'을 구분하려는 경향이
강하다는 것이다.

(69다)는 한국어 수사가 보이는 특성 가운데 유형론적 보편성을 보이는 경우로

	산스크리트어	앵글로-색슨어	페르시아어	영어	야쿠트어	스와힐리어	베트남어	에스키모어	한국어
합성지수	1.13	1.00	1.03	1.00	1.02	1.00	1.07	1.00	1.37
파생지수	0.62	0.20	0.10	0.15	0.35	0.07	0.00	1.25	0.18

표를 보면 파생의 경우든 합성의 경우든 언어의 형태론적 분류가 큰 역할을 담당하지
못한다는 것을 알 수 있다. 차이가 없는 것은 아니지만 합성은 언어 사이의 보편성의
측면에서 접근할 가능성이 높지만 파생은 언어마다 차이가 크다는 점에서 해당 언어
의 특수성을 반영하는 것이라 할 수 있다. 이러한 사실을 어휘부와 관련하여 살펴보면
합성의 경우 어휘부의 조직이 언어에 따라 큰 차이가 없지만 파생의 경우 언어에 따라
큰 차이를 갖는다는 가설 제기로 이어질 수 있다. 이에 대한 보다 정밀한 유형론적
연구는 앞으로의 좋은 과제가 아닐까 한다.

이미 언급한 바 있다. 따라서 여기서는 더 언급하지 않기로 한다.

(69라)는 다시 네 가지로 하위 분류되어 있는데 먼저 기본 색채의 수에 관한 것이 두 가지이다. 하나는 비도출적인 기본 색채의 수이고 다른 하나는 도출적인 것을 포함한 기본 색채의 수이다. 다음으로 기본 색채에 포함되는 색깔과 관련된 것도 다시 두 가지로 나눌 수 있는데 하나는 '녹색'과 '청색'이 기본 색채에 해당하느냐 여부를 따지는 것이고 다른 하나는 '적색'과 '황색'이 기본 색채에 해당하느냐 여부를 따진 것이다. 이들 4가지 각각을 Kay & Maffi(2005 : 535~537)에서는 다음과 같이 그 수치와 함께 제시하고 있다.

(72) 가. 비도출 기본 색채의 수가 3개인 언어 ·················· 10개
　　　나. 비도출 기본 색채의 수가 3개에서 4개인 언어 ·················· 3개
　　　다. 비도출 기본 색채의 수가 4개인 언어 ·················· 9개
　　　라. 비도출 기본 색채의 수가 4개에서 5개인 언어 ·················· 1개
　　　마. 비도출 기본 색채의 수가 5개인 언어 ·················· 56개
　　　바. 비도출 기본 색채의 수가 5개에서 6개인 언어 ·················· 11개
　　　사. 비도출 기본 색채의 수가 6개인 언어 ·················· 29개
　　　　　　　총 ·················· 119개

(73) 가. 도출 범주를 포함하여 기본 색채의 수가 3개, 3개에서 4개, 4개인
　　　　　언어 ·················· 20개
　　　나. 도출 범주를 포함하여 기본 색채의 4개에서 5개, 5개, 5개에서 6개인
　　　　　언어 ·················· 26개
　　　다. 도출 범주를 포함하여 기본 색채의 수가 6개, 6개에서 7개, 7개인
　　　　　언어 ·················· 34개
　　　라. 도출 범주를 포함하여 기본 색채의 수가 7개, 7개에서 8개인 언어
　　　　　·················· 14개
　　　마. 도출 범주를 포함하여 기본 색채의 수가 8개, 8개에서 9개인 언어
　　　　　·················· 6개
　　　바. 도출 범주를 포함하여 기본 색채의 수가 9개, 9개에서 10개, 10개인
　　　　　언어 ·················· 8개
　　　사. 도출 범주를 포함하여 기본 색채의 수가 11개 이상인 언어 ········ 11개
　　　　　　　총 ·················· 119개

(74) 가. '녹색'과 '청색'이 모두 기본 색채어인 언어 ································ 30개
　　 나. '녹색'이나 '청색'이 기본 색채어인 언어 ······························· 67개
　　 다. '흑색'이나 '녹색' 혹은 '청색'이 기본 색채어인 언어 ·············· 15개
　　 라. '흑색'이나 '청색'이 기본 색채어이고 '녹색'이 별도의 기본 색채어인
　　　　 언어 ··· 2개
　　 마. '황색'이나 '녹색' 혹은 '청색'이 기본 색채어인 언어 ··············· 2개
　　 바. '황색' 혹은 '녹색'에 대한 용어가 있고 '청색'에 대한 용어가 있는
　　　　 언어 ··· 1개
　　 사. '녹색'이나 '청색'(혹은 '녹색'과 '청색' 모두)이 기본 색채어에 포함
　　　　 되어 있지 않은 언어 ·· 2개
　　　　　　　　　 총 ·· 119개

(75) 가. '적색'과 '황색'이 모두 기본 색채어인 언어 ···························· 97개
　　 나. '적색'이나 '황색'이 기본 색채어인 언어 ······························· 15개
　　 다. '적색'은 별도의 기본 색채어이고 '황색'이나 '녹색' 혹은 '청색'이
　　　　 기본 색채어인 언어 ·· 15개
　　 라. '적색'은 별도의 기본 색채어이고 '황색'이나 '녹색'이
　　　　 기본 색채어인 언어 ·· 1개
　　 마. '적색'이나 '황색'(혹은 '적색'과 '황색' 모두)이 기본 색채어에 포함
　　　　 되어 있지 않은 언어 ·· 3개
　　　　　　　　　 총 ·· 119개

　　기본 색채어는 '흑색', '흰색', '적색', '황색', '녹색', '청색'인데 한국어는 각각
(72사), (73사), (74가), (75가)에 해당하는 것으로 되어 있다. 따라서 비도출 기본
색채어의 경우에는 5개가 가장 보편적이므로 한국어가 특수한 경우에 해당하고
이에 따라 도출 기본 색채어의 경우도 한국어가 특수한 경우에 속한다는 것을 알
수 있다. 한국어는 '녹색'과 '청색'이 모두 기본 색채어이고 이 두 가지 가운데
한 가지만 존재하는 경우가 가장 많으므로 이 경우에도 한국어가 특수한 경우에
속하지만 '적색'과 '황색'은 모두 기본 색채어인 경우가 압도적으로 많으므로 이
경우에는 한국어가 보편적인 경우에 속한다는 것을 알 수 있다.
　　한편 (69마)는 다시 두 개의 하위로 나뉠 수 있는데 이는 1인칭과 2인칭 대명사

가 특정 자음의 조합을 보이느냐 여부를 따진 것이다. Nichols & Peterson(2005 :
546)에 제시된 수치를 보이면 다음과 같다.

(76) 가. M 계열–T 계열 인칭 대명사가 없는 언어 ····························· 200개
　　나. M 계열–T 계열 인칭 대명사가 패러다임을 이루는 언어 ········· 27개
　　다. 패러다임을 이루지는 않지만 M 계열–T 계열 인칭 대명사가 존재하는
　　　　언어 ··· 3개
　　　　　　　　　　총 ··· 230개

(77) 가. N 계열–M 계열 인칭 대명사가 없는 언어 ····························· 194개
　　나. N 계열–M 계열 인칭 대명사가 패러다임을 이루는 언어 ········· 25개
　　다. 패러다임을 이루지는 않지만 N 계열–M 계열 인칭 대명사가 존재하는
　　　　언어 ·· 11개
　　　　　　　　　　총 ··· 230개

　'M 계열'은 '[m]' 발음 혹은 그와 관련된 것들이고 'T–계열'은 설첨 장애음으
로서 '[t], [d], [s], [č], [š]' 등의 발음을 포괄한다. 'N 계열'은 '[n]' 발음 혹은
그와 관련된 것들이다. 한국어는 1인칭 대명사와 2인칭 대명사가 '나, 저', '너,
당신' 등이므로 위에서 보이는 대응 관계를 보이지 않는다. 따라서 (76가), (77
가)에 속해 있다. 그런데 언어들 가운데는 다음과 같이 (76), (77)에서 보이는
대응 양상을 보이는 경우가 있다. 여기서는 (76)에 해당하는 경우만 보이기로
한다.

(78)　가. 1인칭 단수　　mich(대격)
　　　　　　　　　　　mein(속격)
　　　나. 2인칭 단수　　dich(대격)
　　　　　　　　　　　dein(속격)

　(78)은 독일어의 예인데 1인칭과 2인칭이 각각 'M–T' 대응을 보이고 또 패러
다임을 이루고 있으므로 (76나)에 해당한다는 것을 알 수 있다.

　마지막으로 (69바)는 '차'를 나타내는 어휘의 음상이 [cha] 계열인지 [te] 계열
인지를 따진 것이다. Dahl(2005 : 554)에서 제시된 수치를 가져오면 다음과 같다.

(79) 가. 'tea'를 지시하는 단어가 한자 [cha]와 연관된 언어 ················ 109개

　　　나. 'tea'를 지시하는 단어가 민난어 [te]와 연관된 언어 ··············· 81개

　　　다. 기타 언어 ·· 40개

　　　　　　　　총 ·· 230개

한국어는 (79가)에 속하는 것으로 되어 있는데 이 경우가 보다 보편적임을 알 수 있다.[87]

4.3.2. 단어 형성의 분류와 단어 형성 모형

본서에서는 3장을 통해 한국어의 단어 형성을 효율적으로 설명하기 위해 단어-기반 모형이 더 적합하다는 것을 주장한 바 있다. 여기에서는 3장에서 제시된 어휘적 단어와 '줄임말'을 대상으로 이들이 단어-기반 모형에서 어떻게 형식화될 수 있는지 구체적으로 제시해 보기로 한다. 이들 세부 내용은 그대로 한국어 단어 형성의 유형론적 특수성을 반영하는 것이라 할 수 있기 때문이다.

4.3.2.1. 파생어, 합성어, 통사적 결합어와 단어 형성 모형

한국어의 파생어는 다시 접두사에 의한 파생어와 접미사에 의한 파생어로 나눌 수 있다. 먼저 접두사에 의한 파생어를 몇 가지 살펴보기로 하자.

(80)　가. '군-' : 군말, 군소리, 군식구

　　　나. '되-' : 되찾다, 되잡다, 되살리다

　　　다. '새-/시-', '샛-/싯-' : 새빨갛다/시뻘겋다, 샛노랗다/싯누렇다

　　　라. '헛-' : 헛고생, 헛걸음, 헛기침

　　　　　　　　헛늙다, 헛돌다, 헛디디다

---

87) 이상의 사실들 이외에도 한국어에 상징어들이 많이 존재한다든가 또는 이러한 상징어 가운데는 똑같은 의미를 가지는 것들이 적지 않아 어휘부의 잉여성으로 결과된다든가 하는 것도 유형론적인 측면에서 본 한국어 어휘부의 특수성을 반영하는 것이라 할 수 있다. 그러나 앞의 것은 단어 형성의 측면에서도 다룰 수 있기 때문에 한국어 단어 형성의 단어-기반 모형 설정 가능성을 언급하는 부분(§4.3.2.)에서 다루기로 하고 뒤의 것은 단어 형성의 빈칸 문제(§4.3.6.1.)와 관련하여 다루기로 한다.

위에 제시된 접두사 '군-', '되-', '새-/시-', '샛-/싯-', '헛-'은 특정한 뜻을 더하거나 강조하면서 새로운 말을 만들어 낸다. 이들 가운데 (80가)의 '군-', (80나)의 '되-', (80다)의 '새-/시-', '샛-/싯-'은 결합하는 어근의 품사가 각각 명사, 동사, 형용사로 하나이지만 (80라)의 '헛-'은 명사와 동사 모두에 결합한다는 특징이 있다. 명사에 결합하는 '헛-'은 '보람 없는'의 의미를, 동사에 결합하는 '헛-'은 '보람 없이'의 의미를 더한다. 그러나 이때의 접두사는 어근의 품사를 바꾸는 일이 없다는 점에서 공통성을 지닌다.[88] 이러한 접두사 파생은 다음과 같이 단어-기반 모형으로 형식화할 수 있다.

(81) $/X/z \longrightarrow /preX/z$

(81)은 가령 (81라)의 '헛고생, 헛걸음, 헛기침'의 경우 다음과 같이 자세해진다.

(82)
$$\begin{bmatrix} /X/_N \\ \text{'y'} \end{bmatrix} \longrightarrow \begin{bmatrix} /\text{헛}X/_N \\ \text{'보람 없는 y'} \end{bmatrix}$$

다음으로 한국어에서 접미사는 접두사보다 훨씬 더 종류가 많고 그에 의해 형성된 단어들도 많을 뿐만 아니라 경우에 따라서는 품사를 바꾸는 일도 있다는 점에서

----

88) 노명희(2004)에서는 가령 '기력'에 대해 '*기력하다'는 존재하지 않지만 '무기력하다'가 존재하는 것을 두고 '무-'가 어근(노명희(2004)에서는 '어기')의 범주 혹은 범주적 속성을 바꾸는 것으로 보고 이를 다음과 같이 도식화하고 있다.

$$[[\text{무}(無)+[\text{어기 } X]_N]_{AN}+\text{하}-]_A$$

위에서 'AN'은 '상태성 명사(Adjectival Noun)'을 뜻하는데 즉 '기력'은 비서술성 명사이므로 '하다'와 결합하지 않는데 '무-'가 결합하여 이를 서술성 명사로 전환시켜 주므로 '하다'와 결합이 가능하다고 본 것이다. 그러나 본서에서는 이를 범주를 바꾸는 것으로까지 간주하기는 어렵다고 판단한다. 그 속성이 바뀐 것이라는 데는 이견이 없으나 우선 범주로만 보면 여전히 명사로서 결합 이전과 동일하고 다음으로 접두사가 결합하여 분포의 차이를 유발하는 것은 일반적인 접두사의 경우에서도 발견되는 것이기 때문이다. 당장 (80가)에 제시된 '군소리'의 경우 '군소리하다'는 존재하지만 '군소리'에서의 '소리'와 직접적인 연관을 지니는 '소리하다'는 존재하지 않는다(사전에 등재된 '소리하다'의 '소리'는 '판소리'와 '잡가'라는 특정한 의미이다). 이렇게 보면 '군소리'의 '군-'도 '무-'와 마찬가지로 범주를 바꾸는 접두사라고 보아야 한다.

접두사에 의한 파생과 차이가 있다. 한국어 접미 파생의 몇 가지를 보이면 다음과
같다.

(83) 가. '-꾼' : 구경꾼, 나무꾼, 일꾼, 짐꾼, 춤꾼
　　　나. '-뜨리-' : 깨뜨리다, 떨어뜨리다, 밀어뜨리다
　　　　　'-거리-' : 글썽거리다, 반짝거리다, 으르렁거리다, 훌쩍거리다
　　　다. '-롭-' : 경이롭다, 평화롭다, 자유롭다, 순조롭다
　　　　　'-스럽-' : 고급스럽다, 멋스럽다, 미심스럽다, 변덕스럽다
　　　라. '-이' : 높이, 많이, 같이
　　　　　　　　집집이, 곳곳이, 일일이
　　　마. '-하-' : 공부하다, 구경하다, 사랑하다, 절하다
　　　　　　　　건강하다, 순수하다, 정직하다, 진실하다
　　　　　　　　덜컹덜컹하다, 반짝반짝하다, 소곤소곤하다

(83가)는 명사를 만드는 접미사의 예이다. '-꾼'은 명사에 붙어 '그 일을 잘하
는 사람, 어떤 일을 하려고 몰려드는 사람' 등의 의미를 더하여 새로운 명사를 만든
다. (83나)는 동사를 만드는 접미사의 예이다. '-뜨리-'는 '강조'의 뜻을 더해
새로운 동사를 만들고 '-거리-'는 '동작이 반복적으로 이루어진다'는 뜻을 더하
여 동사를 만들어 준다. (83다)는 형용사를 만드는 접미사의 예이다. '-롭-'과
'-스럽-'은 '어근의 속성이 풍부한 상태'라는 뜻을 더하여 형용사를 만들어 준
다. (83라)는 부사를 만드는 접미사의 예이다. '-이'는 형용사나 일음절 명사 반
복어에 붙어 부사를 형성한다. 이 접미사는 어근의 품사를 바꾸어 준다. (83마)의
'-하다'는 명사와 결합하여 동사나 형용사를 만들기도 하며 의성·의태어와 결합
하여 동사나 형용사를 만들기도 한다는 특성이 있다. 접미 파생의 경우에는 품사
가 달라지기도 하므로 접두사와는 달리 아래와 같은 두 가지 단어-기반 모형이
필요하다.

(84) 가. /X/z ⟶ /Xsuf/z
　　　나. /X/z ⟶ /Xsuf/$_Y$

(84가)는 품사의 변동이 없는 경우이고 (84나)는 품사가 달라지는 경우이다.

이들 각각에 해당하는 경우를 예로 들어 단어-기반 모형을 제시하면 다음과 같다.

(85) 가.
$$\begin{bmatrix} /X/_N \\ \text{'y'} \end{bmatrix} \longrightarrow \begin{bmatrix} /X꾼/_N \\ \text{'y를 잘하는 사람'} \end{bmatrix}$$

나.
$$\begin{bmatrix} /X/_N \\ \text{'y'} \end{bmatrix} \longrightarrow \begin{bmatrix} /X스럽/_A \\ \text{'y의 속성이 풍부하다'} \end{bmatrix}$$

(85가)는 품사가 바뀌지 않는 접미사 파생의 예이고 (85나)는 품사가 바뀌는 경우의 접미사 파생을 형식화한 것이다.

한편 한국어의 합성어는 매우 다양한데 이 가운데 대표적인 경우를 품사별로 제시하면 다음과 같다.

(86) 가. 고추잠자리, 밤낮
　　　새해, 온몸
　　　붉돔, 접칼
　　나. 빛나다, 힘쓰다, 앞서다
　　　못하다, 잘되다
　　　돌보다, 굶주리다
　　다. 맛나다, 배부르다
　　　다시없다, 덜되다
　　　높푸르다, 검붉다
　　라. 구석구석, 하루하루
　　　깡충깡충, 풍당풍당

(86가)는 합성 명사의 예이다. 합성 명사는 '고추잠자리', '밤낮'처럼 명사와 명사가 결합하여 형성되기도 하지만 '새해', '온몸'처럼 관형사와 명사가 어근이 되어 결합하기도 한다. '붉돔', '접칼'처럼 용언의 어간이 어미 없이 직접 명사와 결합하여 합성 명사를 만들기도 한다.

(86나)는 합성 동사의 예이다. 합성 동사가 형성되는 방법도 다양한데 '빛나다', '힘쓰다', '앞서다'처럼 명사와 동사가 결합하거나 '못하다', '잘되다'처럼 부사와

동사가 결합하여 동사가 형성되기도 한다. '돌보다', '굶주리다'는 동사의 어간끼리 결합하여 합성 동사를 형성한 경우이다. (86다)는 합성 형용사의 예이다. 합성 형용사가 형성되는 방법은 합성 동사의 경우와 흡사하다. '맛나다', '배부르다'는 명사와 동사가 결합한 경우이고 '다시없다', '덜되다'는 각각 부사와 형용사, 부사와 동사가 결합한 경우이다. '높푸르다', '검붉다'는 형용사의 어간끼리 바로 결합하여 합성 형용사를 형성한 경우이다. (86라)는 합성 부사의 예이다. 한국어의 합성 부사 가운데는 반복을 방법으로 이루어진 경우가 가장 특징적이다. '구석구석', '하루하루'는 명사의 반복으로 합성 부사를 형성한 경우이며 '깡충깡충', '풍덩풍덩'은 의태어나 의성어를 반복하여 합성 부사를 형성한 경우이다.[89]

(86)의 단어들은 문장에서의 일반적인 단어 배열법과 일치하여 이른바 통사적 합성어로 불리는 것들이 대부분이다. (86가)의 '고추잠자리, 밤낮', '새해, 온몸', (86나)의 '빛나다, 힘쓰다, 앞서다', '못하다, 잘되다', (86다)의 '맛나다, 배부르다', '다시없다, 덜되다', (86라)의 '구석구석, 하루하루'가 이에 해당하고 나머지는 비통사적 합성어로 간주될 만하다. 그러나 통사적 합성어를 통사 원리에 의해 형성된 단어로 보는 데는 문제가 적지 않다. 이에 대해서는 어순과 관련하여 §4.3.4.에서 후술하기로 한다.

합성어의 형성은 기본적으로 접미 파생어의 경우와 같되 접미사 대신 어근이나 어기가 결합한다는 점에서만 차이가 있다. 즉 전체적으로 품사 변화가 있을 수도 있으므로 접미 파생어의 경우처럼 두 가지로 나뉜다.

(87)　가.　/Y/z　⟶　/XY/z
　　　가′.　/Y/z　⟶　/YY/z
　　　나.　/Y/z　⟶　/XY/$_K$
　　　나′.　/Y/z　⟶　/YY/$_K$

한국어의 경우 전체 구성의 분포를 결정짓는 것은 오른쪽 요소이다. 따라서 (87가)의 경우가 한국어 합성어의 가장 일반적인 형성 과정이라 할 수 있다. (87가′)은

---

89) '깡충깡충'과 '껑충껑충', '풍덩풍덩'과 '풍덩풍덩'의 단어 형성 관계 즉 내적 변화어에 대해서는 후술하기로 한다.

반복 합성어를 위한 것인데 이것도 크게는 (87가)의 테두리 내에서 이해할 수 있다. (87나)의 경우는 (87가)와는 달리 품사가 오른쪽 요소와 무관하게 결정되는 경우이다. (87나')에서 볼 수 있는 바와 같이 반복 합성어의 경우에도 오른쪽 요소와 무관하게 품사가 결정되는 경우가 있다. 그러나 역시 이것도 (87나)의 테두리에서 이해할 수 있는 정도이다.

(87)에 제시된 단어-기반 모형에 따라 이들에 대해 보다 구체적으로 합성어 형성 과정을 보이면 다음과 같다.

(88) 가. $\left[\begin{array}{c} /Y/_N \\ \text{'y'} \end{array}\right]$ $\longrightarrow$ $\left[\begin{array}{c} /XY/_N \\ \text{'xy'} \end{array}\right]$

　　나. $\left[\begin{array}{c} /Y/_V \\ \text{'y'} \end{array}\right]$ $\longrightarrow$ $\left[\begin{array}{c} /XY/_A \\ \text{'xy'} \end{array}\right]$

(88가)는 합성 명사의 예이고 (88나)는 (86다)의 '맛나다', '배부르다'와 같은 경우를 위한 것이다.

한편 3장에서 제시한 한국어의 통사적 결합어에는 조사 결합어와 어미 결합어가 있었다. 논의의 편의를 위해 이를 다음에 다시 가져오기로 한다(3장의 (14)).

(89)　가. 공짜로, 꿈에도, 너희들, 동시에, 때로는, 멋대로, 이로부터, 혹시나
　　　나. 갈수록, 곱게곱게, 벼락치듯, 아무러면, 어찌하여, 오래도록

(최형용, 2003a : 33)

조사는 체언 후행 요소이므로 (89가)의 경우를 벗어나는 경우가 거의 없지만 어미의 경우는 단어 형성에 참여하는 경우가 (89나) 이외에도 다음과 같이 경우가 더 존재한다.

(90)　가. 앉은키, 큰절
　　　나. 갈아입다, 들어가다, 알아듣다 / 깎아지르다, 게을러빠지다
　　　다. 먹자골목, 섰다판 / 살아생전

(90가)는 관형사형 어미가 단어 형성에 참여한 경우이고 (90나)의 경우는 연결

어미가 단어 형성에 참여한 경우이다. (90다)는 (90가, 나)에 비하면 그 예가 많지는 않지만 종결 어미가 체언과 연결되거나 연결 어미가 용언이 아닌 체언과 연결된 경우이다.

(89)의 경우 '곱게곱게'를 제외한다면 단어 형성 모형은 접미사가 결합한 경우와 흡사하다.

(91)　가.　/X/z　⟶　/Xj/ᵧ

　　　나.　/X/z　⟶　/Xe/ᵧ　　　　　　　　　　(j : 조사　e : 어미)

그리고 (89)에서 보는 바와 같이 새로 형성된 단어의 품사는, 조사나 어미가 결합하기 이전과 다른 경우가 대부분이고 통사적 결합어에서 가장 많은 경우는 부사이다.[90]

(90)을 위해서는 조사와 어미가 중간에 오는 구조가 필요하다.

(92)　가.　/Y/z　⟶　/XjY/z

　　　나.　/Y/z　⟶　/XeY/z

(92)와 같은 구조는 한국어 단어 형성의 특수성을 보여 주는 전형적인 예라 할 수 있다. 지금까지의 단어 형성 논의에서는 이들에 논의를 집중하지 못하고 (90가, 나)를 합성어에서 다른 예들과 묶어 다루어 왔으며 (89)와 같은 예들은 예외적인 것으로 다룬 경우가 대부분이었다.[91]

4.3.2.2. 영변화어와 내적 변화어의 단어 형성 모형

3장에서 형식의 변화 없이 품사의 변화만 동반하는 단어들을 영변화어로 간주한 바 있다. 그리고 그 경우로는 다음 네 가지를 예로 든 바 있다.

----

90) 이 역시 유형론적 측면에서 한국어 단어 형성의 특수성이라 할 수 있다. 한국어에서 접사에 의하지 않고 통사적 결합, 줄임 등으로 부사가 형성되는 것에 대한 종합적 고찰은 최형용(2009b)를 참고할 것.

91) 전술한 바와 같이 (89)에서 보이는 조사와 어미를 접미사로 '분석'함으로써 (90)에서 보이는 어미와 일관되지 못한 처리를 하는 것이 대부분이었다. 이에 대한 통합적인 논의는 최형용(2003a)를 참고할 것.

(93) 가. 만큼(명사)/만큼(조사)

나. 백(수사)/백(관형사)

다. 밝다(형용사)/밝는다(동사)

라. 아니(부사)/아니(감탄사)

⋮

영변화어는 이 외에도 더 많이 존재하지만 이를 단어-기반 모형으로 형식화하는 것은 그리 어렵지 않다.

(94) $/X/_z \longleftrightarrow /X/_Y$

(94)에서 앞의 경우들과 달리 양방향의 '$\longleftrightarrow$' 표시를 한 것은 영변화어의 방향성을 결정하기 어려운 경우가 많기 때문이다.

한편 내적 변화어는 다음 예와 같이 자음이나 모음이 교체되는 단어들을 말한다.

(95) 가. 감감/캄캄, 덜커덕/덜커덩 …

나. 깡충깡충/껑충껑충, 날씬하다/늘씬하다 …

자음의 교체는 (95가)에서 살펴볼 수 있는 바와 같이 초성에서 일어날 수도 있고 종성에서 일어날 수도 있다. 우선 자음이나 모음을 구별하여 명세하지 않고 내적 변화어를 다음과 같이 하나로 묶어 단어-기반 모형으로 표현할 수 있다.

(96) $/XaY/_z \longleftrightarrow /XbY/_z$

그러나 개별적으로는 교체하는 자음의 위치, 그리고 교체하는 모음, 교체가 일어나는 경우의 음절 구조 등이 모두 다르게 명세되어야 할 것이다. '날씬하다/늘씬하다, 따뜻하다/뜨뜻하다, 가득하다/그득하다'류를 예로 들어 이를 단어-기반 모형에 따라 도식화하면 다음과 같다.

(97)
$$\begin{bmatrix} /X아(C)Y/_z \\ \text{'(light) x'} \end{bmatrix} \longleftrightarrow \begin{bmatrix} /X으(C)Y/_z \\ \text{'(heavy) x'} \end{bmatrix}$$

(C : 자음)

(최형용, 2007 : 396 참조)

(97)에서 그 의미를 'light', 'heavy'로 명세한 것은 '아'가 '가벼운 느낌'을 가지고 '으'가 상대적으로 무거운 느낌을 가진다는 것을 편의상 표시한 것이다. 대부분의 사전에서는 가령 '날씬하다'와 '늘씬하다'의 의미 차이를 구별하고 있지 않다. 이를 염두에 둔다면 그 의미를 양쪽 모두 'x'로 표시할 수도 있겠다. 그러나 가령 '날씨가 따뜻하다/ᵃ날씨가 뜨뜻하다'에서 보는 바와 같이 의미 차이가 전혀 없지도 않고[92] 또 그 의미가 'light'와 'heavy'로 모두 포괄되지도 않지만 여기서는 의미상 서로 밀접한 관계를 가진다는 사실을 포착해 두는 정도로만 표시하기 위해 이를 괄호 안에 넣어 두기로 한다.

4.3.2.3. 형식적 감소와 단어 형성 모형

3장에서 형태소—기반 모형의 설명력이 한계를 보이는 예로 비연쇄적 과정 가운데 형식적 감소에 의해 단어가 형성되는 경우를 언급한 바 있다. 전술한 파생어, 합성어, 통사적 결합어의 대부분은 형식적 측면에서만 놓고 보면 형식적 증가가 결과되는 과정이고[93] 영변화어와 내적 변화어는 형식적 측면에서 아무런 증가나 감소가 없는 경우라고 할 수 있다. 3장에서 형식 감소의 경우로 든 '어쩜(←어쩌면)'은 어미가 결합한 경우라는 점에서 통사적 결합어에 해당한다. 이러한 측면을 고려하여 최형용(2003b : 198)에서는 한국어의 단어를 다음과 같이 체계화한 바 있다.

(98)

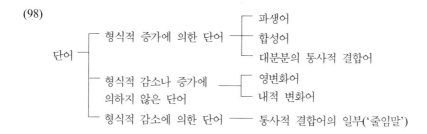

---

92) '날씬하다'와 '늘씬하다'의 관계를 단순히 음상의 차이로만 간주하지 않고 단어의 형성 차원에서 바라보고 있는 것은 바로 이처럼 두 단어의 의미가 다른 경우가 적지 않기 때문이다.
93) 물론 유추에 의해 단어가 형성된다고 보는 논의에서는 '대치'에 의해 단어가 형성된다고 보고 있으므로 형식의 차원에서 가감이 일어나지 않는다.

　　그리고 통사적 결합어 가운데 줄기 이전에도 단어인 협의의 줄임말로 '그럼, 째지다, 어쩜, 앎' 등을 예로 들고[94] 이들은 줄임이 일어난 동기가 음절 탈락일 수도 있고 축약일 수도 있으므로 세분할 수 있다고 보았다. 또한 최형용(2009b)에서는 부사 가운데 '좀(←조금)', '완전(←완전히)' 등도 협의의 줄임말로 볼 수 있다고 하였다.

　　그리고 이들 가운데는 줄어들기 이전과 품사가 다른 경우도 있고 같은 경우도 있다. 감탄사 '그럼', '어쩜'은 품사가 달라진 경우이고 나머지는 품사의 변화가 없는 경우이다. 이들 변인을 고려하여 줄임말을 분류하면 다음과 같다.

(99)

	축약	탈락
품사가 변하는 경우	그럼, 어쩜	
품사가 변하지 않는 경우	앎, 좀	째지다, 완전

이를 단어−기반 모형에 의해 형식화하면 다음과 같다.

(100) 가. /XabY/z　⟶　/XcY/z

　　　가'. /XabY/z　⟶　/XcY/ₖ

　　　나. /XabY/z　⟶　/XaY/z

　　(100)은 (99)의 경우들을 대상으로 한 것인데 (100가)는 품사가 변하지 않는 경우의 축약을 도식화한 것이고 (100가')은 품사가 변하는 경우의 축약을 도식화한 것이다. (100나)는 품사가 변하지 않는 경우의 탈락을 도식화한 것이다. 본서에서 당장은 빈칸으로 되어 있지만 품사가 변하는 경우의 탈락도 불가능하지는 않다고 판단된다. (100)과 같은 경우들의 존재는 비록 그 수가 많지는 않지만 유형론적 측면에서 한국어의 단어 형성 과정을 단어−기반 모형에 의해 설명해야 가능하다는 것을 보여 준다는 점에서 매우 중요하다.

・・・・・・・・・・・・・・・・・・・・・・・・・・・・・・・・・

94) 한편 줄어들기 이전의 형식이 단어가 아닌 경우에도 그 결과가 단어인 경우는 광의의 줄임말에 포함될 수 있다고 보고 '그래서, 점잖다, 고얀, 당최, 같잖다, 꼴같잖다'와 같은 예들을 든 바 있다.

4.3.3. 단어 형성과 논항 구조

파생어와 합성어 같은 복합어의 경우 단어 형성에 관여하는 요소는 다양하다. 특히 동사 혹은 동사적 성격을 띠는 것들이 후행 요소가 될 때 선행 요소를 의미론적으로 요구하는 경우가 적지 않다. 이른바 '고기잡이'와 같은 통합 합성어(synthetic compound)가 이에 대한 전형적인 예가 된다. 여기에서는 한국어의 'N-V'형 단어 형성이 논항 구조의 측면에서 어떤 유형론적 특수성을 보이는지에 대해 살펴보기로 한다.

4.3.3.1. 의미론적 논항 대 통사론적 논항

일반적으로 전체 구성의 분포를 결정짓는 요소를 핵(head)이라고 한다. 흔히 핵이 필요로 하는 요소를 논항(argument)이라고 하지만 박진호(1994 : 46~48)에 따르면 핵의 짝은 '비핵(non-head)'이고 논항의 짝은 '함수자(functor)'이다. 함수자와 논항은 논리학의 술어로서 그 관계는 '의미론적인 필요'에 의해 결정되는 성질의 것이다. 즉 함수자는 논항을 의미론적으로 필요로 한다. 함수자와 논항의 관계는 물론 동사만의 전유물이 아니다. 동사 '주-'가 세 개의 논항을 의미론적으로 '반드시' 필요로 하는 함수자라고 하는 것과 마찬가지로 한국어의 관형사나 부사도 후행 요소로 각각 명사나 동사를 의미론적으로 '반드시' 필요로 하므로 이때의 명사나 동사도 동사에서와 마찬가지로 관형사와 부사의 논항이 되고 따라서 관형사나 부사도 함수자가 될 수 있는 것이다. 다음 예문을 보기로 하자.

> (101) 가. 나는 새 책을 한 권 샀다.
> 나. 빨리 밥 먹어라.

(최형용, 2003a : 45)

(101가)에서 '새'는 관형사이고 (101나)에서 '빨리'는 부사이다. 전통적인 논의에서는 (101가, 나)의 관형사와 부사를 '부속성분(주성분에 對가 되는 개념으로)' 혹은 '수의성분(필수성분에 對가 되는 개념으로)'으로 간주하고 있다. 다시 말하면 이 경우의 관형사나 부사는 생략되어도(발현되지 않아도) 된다는 것이다. 이것은

다분히 동사 중심적인 논의의 결과라고 생각된다. 그러나 관형사 '새'와 부사 '빨리'는 의미론적 빈칸을 가지고 있으므로 동사 '주—'와 마찬가지로 함수자이고 그 논항으로 '책'과 '먹—'을 취하고 있다. 이에 비해 (101가)의 '책'이나 (101나)의 '밥'은 함수자라고 할 수 없다.[95) 의미론적으로 빈칸을 가지고 있지 않기 때문이다.

이제 함수자—논항과 핵—비핵의 관계에 대해 간단히 살펴보기로 한다. (101가)에서 '새 책'은 명사구를 이루고 이 명사구의 전체 범위를 결정짓는 것은 명사 '책'이다. 한편 (101나)에서 '빨리 밥 먹—'은 동사구를 이루고 이 동사구의 전체 범위를 결정짓는 것은 동사 '먹—'이다. 즉 관형사 '새'는 명사 '책'을 가지는 함수자이지만 핵이 아니며 마찬가지로 부사 '빨리'는 동사 '먹—'을 논항으로 가지는 함수자이지만 핵이 아닌 것이다.

이상의 논의를 통해 논항 관계는 기본적으로 의미론적 필요성에 기반한 개념이며 함수자나 논항이 핵 또는 비핵과 일대일로 대응되는 것은 아니라는 사실을 알 수 있다. 이러한 함수자나 논항, 핵 또는 비핵 관계는 단어 내부에서도 그대로 적용할 수 있다. 다만 문장에서 적용되는 논항을 통사론적 논항이라고 한다면 단어 내부에서 적용되는 논항은 순수히 의미론적 논항이라고 할 수 있다는 점에서 차이가 있다.

파생어를 예로 들어 단어 내부의 논항 관계에 대해 살펴보기로 하자. 논의의 편의를 위해 앞서 제시한 (80라)의 '헛—' 접두 파생어를 다시 다음과 같이 제시하기로 한다.

(102) 가. 헛고생, 헛걸음, 헛기침
      나. 헛늙다, 헛돌다, 헛디디다

접두사 '헛—'은 의미론적 빈칸을 가지는 함수자이지만 전체 구성의 분포를 결정짓지 못한다는 점에서 비핵이다. '헛—'을 제외한 '고생, 걸음, 기침', '늙다, 돌다, 디디다'는 모두 '헛—'의 의미론적 빈칸을 채워 주는 논항들이면서 전체 구성의 분포를 결정짓는 핵이다. '고생, 걸음, 기침'은 핵이기는 하지만 의미론적 빈칸을 가지고 있지 않다는 점에서 함수자는 아니다. 이에 비해 '늙다, 돌다, 디디다'는 역시 의미론

---

95) 그러나 이것이 명사가 논항을 취할 수 없다는 것을 의미하는 것은 물론 아니다. 논항을 취하는 명사에 대해서는 이선웅(2005)에서 폭넓게 다뤄진 바 있다.

적 빈칸을 가지는 함수자들이다. 이들 함수자의 의미론적 빈칸은 단어 내부에서는 만족되지 않고 다음과 같이 문장을 통해 즉 통사론적으로 이를 만족시켜야 한다.

(103) 가. 그동안 이루어 놓은 것 없이 내가 헛늙다니!
　　　 나. 길이 미끄러워 바퀴가 헛돈다.
　　　 다. 철수가 앞을 보지 않고 걷다가 발을 헛디뎠다.

'헛늙다'와 '헛돌다'는 자동사로서 주어인 대상(theme) 논항을 필요로 하고 '헛디디다'는 타동사로서 주어인 동작주(agent) 논항 이외에도 목적어인 대상 논항을 더 필요로 한다. 이는 '헛-'이 없는 '늙다', '돌다', '디디다'와 마찬가지이다. 즉 단어 내부에서도 원래 동사가 가지던 논항 구조를 그대로 유지하고 있음을 알 수 있다. 이를 논항 구조의 전수(inheritance)라 한다.[96]

4.3.3.2. 한국어 'N-V'형 합성 동사의 논항 구조

논항 구조는 단어 내부에 동사를 가지는 경우에 분명하게 드러난다. 특히 한국어 단어의 논항 구조가 가지는 유형론적 특성 가운데 하나는 'N-V'형 합성 동사에서 살펴볼 수 있다. (86나)에서 제시한 바 있는 'N-V'형 합성 동사를 조금 더 자세히 제시하면 다음과 같다.

(104) 가. 빛나다, 겁나다, 동트다, 멍들다, 힘들다
　　　 나. 등지다, 본받다, 선보다, 자리잡다, 힘쓰다
　　　 다. 앞서다, 뒤서다 ; 거울삼다

(104)에 제시된 합성 동사들은 구성 요소인 동사들의 의미론적 논항과 결합되어 있다. 문장으로 친다면 (104가)에서는 주어에 해당하는 성분이, (104나)에서는 목적어에 해당하는 성분이, (104다)에서는 부사어에 해당하는 성분이 이에 해당한다. 따라서 이들에 의해 채워지지 못한 동사의 나머지 의미론적 논항은 문장을 통해 통사적으로 채워져야 한다. 결합가(valency)의 측면에서 보면 결합가가 유지되는 (102나)의 경우와는 달리 결합가가 변화하는 경우이고 그 가운데서도 결합가가

---

96) 본서에서의 '전수' 개념은 박진호(1994)를 바탕으로 한 것이다.

줄어드는 모습을 보인다는 점에서 공통된다.[97)]

　물론 이처럼 동사의 논항 가운데 하나가 단어 형성에 참여하여 결과적으로 결합가(valency)를 줄이는 경우는 다른 언어에서도 발견된다.

(105) 가. A−jogua−ta　　　petei　　mba'e.
　　　　1인칭−사다−미래　하나　　　사물
　　　　"나는 무언가를 살 것이다."
　　　나. A−mba'e−jogua−ta.
　　　　1인칭−사물−사다−미래
　　　　"나는 쇼핑하러 갈 것이다."

(Haspelmath, 2002 : 220에서 재인용)

　(105)는 Guaraní의 예인데 (105나)에서 '−mba'e−jogua−'는 합성 동사로서 (104나)와 같은 구조를 가지는 것이라 할 수 있다. Baker(1988)은 이와 같은 단어 형성을 보편 문법에 기반한 α−이동으로 설명함으로써 단어 형성을 통사적으로 설명할 수 있다고 보았다. 국내에서도 이러한 설명을 원용하여 시정곤(1998), 이선희·조은(1994), Jang & Bang(1996)에서는 핵 이동(head movement)에 의한 단어 형성을 주장한 바 있다. 즉 주어의 기능을 하는 선행 명사구의 핵인 명사가 후행 동사와 결합하여 새로운 자동사를 형성하며 목적어의 기능을 하는 선행 명사구의 핵인 명사가 후행 동사와 결합하여 새로운 자동사를 형성한다는 것이다. 그리고 이때 명사의 이동은 통사 규칙인 핵 이동에 의한 것이라고 보는 것이다. 그래서 각각의 경우는 다음과 같은 구조를 가지는 것으로 파악한다.

(106) 가. 주어 위치에서 명사 → 동사

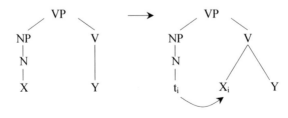

---

97) 이와는 반대로 '재우다'와 같은 사동사 형성은 자동사에서 타동사로의 변화를 가져온다는 점에서 (104)와는 달리 결합가가 증가하는 변화를 보이는 예가 된다.

나. 목적어 위치에서 명사 → 동사

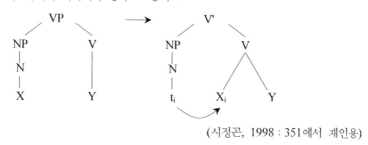

(시정곤, 1998 : 351에서 재인용)

이러한 설명 방식은 통사론적 원리에 따른 단어 형성이라는 점에서 우선 과잉 생성(overgenerating)에 대한 문제를 제기한다. 즉 모든 '주어+동사', '목적어+동 사'의 구성이 새로운 단어로 형성되는 핵 이동의 적용을 받는 것은 아니기 때문이 다. 이러한 문제를 해결하기 위해 시정곤(1998 : 354)에서는 다음과 같은 조건을 제시하고 있다.

(107) 핵 이동의 의미론적 조건
    핵인 인접 명사의 의미역이 '대상(Theme)'이면, 그 명사는 의미 결합을 위해
    인접 핵인 동사로 이동할 수 있다.

그러나 이와 같은 조건은 여전히 생성된 단어들에 대한 의미론적 해석일 뿐이지 어떤 구성에 대해 예측력을 가지는 것은 아니다. 핵인 인접 명사의 의미역이 '대상' 일지라도 이동하지 않는 경우는 또한 얼마든지 있을 수 있는 것이다.

다음으로 (106)의 구조는 의미상 '부사어+동사'로 해석될 수 있는 (104다)의 '앞서다, 뒤서다, 거울삼다'의 경우들에 대해서는 형성 기제를 밝혀 줄 수 없다는 데 문제가 있다. '앞, 뒤, 거울' 등은 주어나 목적어가 아니므로 핵 이동의 대상이 될 수 없기 때문이다.

(104)의 단어들을 비대격 가설(Unaccusative Hypothesis)로 설명하려는 견해 도 있다. 이 견해의 출발점은 핵 이동의 경우처럼 동사에 초점을 맞추고 있다. 그래 서 동사는 우선 직접 목적어가 표면에 나타나느냐의 여부에 따라 타동사와 자동사 의 두 가지로 나뉘고, 자동사는 다시 '비능격(unergative)' 동사와 '비대격(unaccu-sative)' 동사로 나뉜다고 본다. 비능격 동사는 동사의 주어가 동사의 행위를 주도

하거나 의지를 행사하는 경우이다. 따라서 주어가 동사에 의해서 외부 논항인 동작
주의 의미역을 할당받는다고 본다. 이와는 반대로 비대격 동사는 동사의 주어에
이러한 능동적인 의지가 결여되어 있는 부류를 묶기 위해 설정된 것이다. 우선
이러한 동사들을 예시해 보면 다음과 같다.[98]

(108)

동사 유형		영어	한국어
타동사		hit, play, watch, destroy	먹다, 쓰다
자동사	비능격	run, ski, sleep, talk, resign	앉다, 가다, 달리다
	비대격	arrive, die, fall, exist	돋다, 뜨다

(안상철, 1998 : 458에서 재인용)

이처럼 자동사를 두 가지로 나눈 것은 영어의 경우에서 다음과 같은 수동태의
가능성이 동사의 속성에 의해 결정되는 현상이 존재하기 때문이다.

(109) 가. Trolls skied on the hill.
　　　　→ The hill was skied on by trolls.
　　　나. Trolls existed on the hill.
　　　　→ *The hill was existed on by trolls.

(Spencer, 1991 : 260)

비대격 가설에 의하면 (109가)에서는 동사 'ski'가 기저에서 목적어를 가지지
않는 동사이기 때문에 전치사의 목적어가 수동태에서 주어의 자리로 옮겨가는 것
이 가능하지만 (109나)에서는 동사 'exist'가 기저에 목적어를 가지는 동사이므로
[즉 (109나)의 기저 구조는 'existed trolls on the hill'이었던 것이었으므로] 다시
전치사의 목적어인 hill이 주어의 자리로 옮겨갈 수 없기 때문에 불가능하다고 설명
한다.

. . . .

98) 표에서 제시된 비능격 동사는 [−transitive, +logical subject], 비대격 동사는 [−
transitive, −logical subject], 타동사는 [+transitive, +logical subject]의 자질 조합으로
나타낼 수 있다.

이러한 비대격 가설이 단어 형성의 연구에도 응용될 수 있다고 보는 견해에 있어 서는 (104가, 나)의 경우를 다음과 같이 설명하고자 한다. 즉 한국어의 경우에 명사 와 동사가 결합한 합성 동사에 다시 명사화 접미사 '-이'를 첨가한 동사성 합성어 (곧 통합 합성어)를 만들 수 있고 이러한 합성어는 타동사의 경우 '고기-잡-이, 구두-닦-이' 등과 같이 큰 제약 없이 생성된다.

그러나 자동사의 경우는 오직 타동사와 같이 기저에서 목적어를 가지고 있는 '해-돋-이, 움-돋-이' 등과 같은 비대격 동사에 한해 이러한 합성어의 형성이 허용된다고 보는 것이다. 따라서 기저에 목적어를 가지지 못하고 주어를 대신 가진 비능격 동사에 대해서는 동작주인 동사의 주어는 다음의 제약에 따라 합성어 형성 에 참여할 수 없다고 본다.

(110) 동작주-불가 제약(No-Agent Constraint)
    동작주 의미역을 가진 명사는 동사성 합성어에 참여할 수 없다.
                                        (안상철, 1998 : 462 참고)

그래서 가령 타동사 '팔다'의 경우 '성냥-팔-이'는 가능하지만 '*상인-팔- 이'는 불가능한데 이것은 전자의 경우 명사 '성냥'이 동사의 목적어로 사용되었으 나 후자는 동작주인 명사 '상인'이 주어로 사용되었기 때문에 (110)에 의해 합성어 형성이 불가능하다고 판단하는 것이다.

한편 자동사가 사용된 경우 '*학생-앉-이' 등은 불가능하지만 '해-돋-이' 등이 가능한 것도 후자의 경우 동사의 주어가 기저에서 목적어로 설정되는 비대격 동사가 사용되었기 때문이라고 보는 것이다.

즉 비대격 동사의 주어는 기저에서 타동사에서와 마찬가지로 목적어로 설정 되어 위에서 제시된 (110)의 '동작주-불가 제약'을 위반하지 않게 된다. 그러 나 비능격 동사에서는 주어가 그대로 기저형의 주어가 되어 동작주의 의미역을 가지므로 (110)의 합성어 형성 제약을 위반하여 동사성 합성어 형성에 참여할 수 없다는 설명이 가능한 것이다. 이러한 두 동사의 차이는 다음과 같이 나타낼 수 있다.

(111) 가. 비능격　　　　　　　나. 비대격

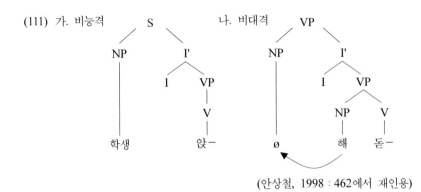

(안상철, 1998 : 462에서 재인용)

　그러나 이러한 비대격 가설이 가지는 문제는 핵 이동에 의한 설명과 별반 다를 것이 없다. 우선 비대격 가설도 (104다)처럼 문장으로 치면 '부사어+동사'인 경우는 설명할 수 없다. 다음으로 핵 이동의 경우와 같이 과잉 생성의 문제를 제기한다. 즉 '다리가 짧다'에 대한 '다리짧다'나 '사과를 먹다'에 대한 '사과먹다'와 같은 단어는 존재하지 않는 것이다.

　이상에서 살펴본 것처럼 (104)에 제시된 단어들을 통사적인 접근 방식으로 설명하려는 것은 일견 타당한 구석이 있으나 (104다)와 같이 문장으로 치면 부사어와 결합한 'N-V' 합성어가 적지 않은 한국어의 경우에는 설명이 어렵다는 공통점이 있다.[99] (104다)와 같은 합성 동사가 물론 한국어에만 존재하는 것은 아니다.

(112) Ya'　ki-koččillo-tete'ki　　　　panci.
　　　 그　　3.단수.목적격-칼-자르다　　 빵
　　　 "그는 빵을 칼로 잘랐다."

(Haspelmath, 2002 : 220에서 재인용)

　(112)는 Huantla Nahuatle의 예인데 '도구'의 의미역을 지니는 명사와 타동사가 결합하여 'N-V' 합성어를 이룬 것이다. 한국어에는 '칼자르다'와 같은 동사가 없지만 그 구성 방식은 (104다)의 '거울삼다'와 흡사하다. 본서와 관련하여 중요한

---

99) (104)의 단어들을 통사적 합성어로 보려는 것도 역시 통사적인 방법으로 단어 형성을 바라보려는 시각이다. 통사적 합성어는 어순과도 관련이 있는데 이에 대해서는 §4.3.4.에서 바로 후술하기로 한다.

것은 Haspelmath(2002 : 220)에서 이와 같은 방식처럼 단어를 만드는 경우가 매우 드물다고 본 것이다. 본서는 이를 (104다)의 단어들을 적지 않게 가지고 있는 한국어가 단어 형성과 관련된 논항 구조의 측면에서 유형론적으로 매우 특수하다는 것을 의미하는 것으로 해석하고자 한다.100)

4.3.4. 단어 형성과 어순

바로 앞 절에서 핵 이동, 비대격 가설은 합성 동사 형성을 통사적 원리에 따라 해석하려는 견해임을 살펴본 바 있다. 합성어를 통사적 합성어와 비통사적 합성어로 살펴보려는 논의도 합성어 형성을 통사적 시각에서 바라보려는 관점 중에 하나이다. 통사적 합성어는 단어 내부 요소의 배열 방법이 문장에서의 단어 배열법과 일치하는 것을 가리킨다는 점에서 어순과 밀접한 연관을 맺는다. 여기에서는 통사적 합성어와 어순의 관계를 살펴봄으로써 한국어의 통사적 합성어를 어떻게 해석할 수 있는지에 대해 언급해 보기로 한다.101)

4.3.4.1. 통사적 합성어와 비통사적 합성어

합성어를 통사적 합성어와 비통사적 합성어로 나눈 것은 Bloomfield(1933 : 233)에서도 발견된다. 이것을 한국어에 받아들인 이른 논의로는 허웅(1963 : 186)을 들 수 있다. 한편 허웅(1975 : 91~92)에서는 '통어적 합성어(syntactic compound)'에 대해 설명하는 마당에서 "합성어의 한 성분은 상당한 정도로 기본형태에서 멀어지는 것이 많기는 하나, 그 형태소 자체가 자립형식이면, 모두 통어적 합성어가 된다."고 언급하고 허웅(1975 : 116)에서 "국어의 비통어적 합성어는 풀이씨에 국한된다."고 주장하고 있다. 이는 곧 한국어의 합성어 가운데는 비통사적 합성 용언을 제외하면 모두 통사적 합성어로 간주될 수 있다는 것을 의미하는 것으

---

100) 문장으로 치면 '부사어+용언'의 구조를 가지는 단어들은 후술할 §4.3.4.2.3.의 (125)를 참고할 것.
101) 이 부분의 논의는 최형용(2006a)의 논의를 바탕으로 하고 유형론적 분석 결과를 보완한 것임을 미리 밝혀 둔다.

로 통사적 합성어의 범위를 매우 넓게 사용한 것이라고 할 수 있다.

한국어의 통사적 합성어 가운데 어순의 문제와 관련하여 유형론적 관점에서 살펴볼 수 있는 후보들은 다음과 같다.

(113) 가. 아가방, 산도깨비 : 손발, 논밭

　　　 나. 어린이, 앉은키

　　　 다. 새엄마, 온몸

(114) 가. 겁나다, 멍들다 : 값싸다, 맛나다

　　　 나. 등지다, 본받다

　　　 다. 앞서다, 뒤서다 : 눈설다, 남부끄럽다

　　　 라. 갈아입다, 들어가다 : 깎아지르다, 게을러빠지다

　　　 마. 못하다, 잘되다 : 다시없다, 덜되다

(113)은 합성 명사의 예이고 (114)는 합성 동사와 합성 형용사의 예를 함께 보인 것인데 (114가-다)는 (104)의 예들을 다시 정리하고 몇 가지 예를 추가한 것이다.

우선 (113가)와 관련하여 주의할 것은 이들이 '명사+명사' 구성의 예이지만 모든 '명사+명사' 합성어가 이에 해당하는 것은 아니라는 것이다. 즉 (113가)는 흔히 '아가의 방'이나 '산의 도깨비'와 같은 통사적 구 구성과 연관되어 언급되는 예들만 포함되고 '불고기'나 '칼국수'와 같은 합성 명사들은 '*불의 고기'나 '*칼의 국수'와 같이 관련되는 통사적 구 구성과 연관지을 수 없기 때문에 어순과 관련이 없고 따라서 여기에서는 제외된다. 또한 (113가)에는 '길바닥'이나 '물고기'와 같은 예도 제외된다. 이 단어들은 '길의 바닥'이나 '물의 고기'와 같이 통사적 구 구성과 연관될 듯하지만 사이시옷이 개재하고 있기 때문이다. 3장에서 살펴본 것처럼 현대 한국어에서 사이시옷은 통사 요소라 할 수 없다. 이에 비해 '손발', '논밭'은 '아가 방'이, 문장으로 치면 속격 구성과 관련되는 데 대해 '손과 발', '논과 밭'과 연관된다고 간주되는 경우이다. 한편 '거듭소리, 거듭제곱'과 같은 합성 명사도 제외되는데 이들 단어에서의 '거듭'은 문장에서는 부사로서 용언을 수식하는 것이기 때문이다. 따라서 '부사+명사'의 경우는 어순과는 연관성이 없다고 할 수 있다.[102]

---

102) 드물기는 하지만 부사가 명사를 수식하는 구성이 불가능한 것은 아니다. '학교는 우

(113나)의 합성 명사들은 문장으로 치면 명사가 관형사형의 수식을 받는 경우라 할 수 있는 경우이고 (113다)는 문장으로 치면 명사가 관형사의 수식을 받는 예이다. 이러한 양상은 한국어 문장의 전형적인 모습이라는 점에서 어순과 직접적으로 연관될 수 있다. 이들 예는 또 '붉돔, 접칼'과 같은 단어를 본서의 논의에서 제외하게 해 준다. 현대 한국어의 문장에서는 용언의 어간이 어미 없이 명사와 직접적으로 결합하는 일은 존재하지 않기 때문이다.

(114)는 합성 용언과 어미 결합어의 경우를 보인 것인데 어순에 관계되는 한 이를 굳이 동사와 형용사로 나누어 제시할 필요는 없다. (114가)는, 전술한 바와 같이 만약 문장이라면 그 어순이 '주어+서술어', (114나)는 '목적어+서술어', (114다)는 '부사어+서술어'와 같은 경우를 보인 것이다. 이에 대해 (114라)는 용언과 용언이 연결될 때 어미가 개재하는 경우를 보인 것인데 이 역시 문장의 어순에서도 일반적으로 발견되는 현상이다. 이에 의하면 '굶주리다'나 '검붉다'와 같은 단어들이 배제된다. 현대 한국어에서는 문장에서 이처럼 용언의 어간이 어미 없이 연속되는 구성이 가능하지 않기 때문이다. (114마)는 용언이 부사와 결합하여 단어를 형성한 경우이다. 이것은 명사로 치면 (114다)와 평행한 것으로 역시 한국어의 일반적인 어순을 그대로 반영하고 있는 것이라 할 수 있다.

이 가운데 (114라)는 통사적 결합어로서 통사적 구성과의 상관관계를 인정한 바 있다. 다만 (114라)와 같은 연결 어미 구성이라 하더라도 모두 통사적 결합어로 인정될 수 있는지에 대해 문제를 제기하는 것이 있다. 김창섭(1981 : 20~21; 1996 : 84~86)에서는 '깨(어)물다, 달아매다, 건너뛰다, 알아보다'와 같이 실제 사태의 발생 순서와 구성 요소의 결합이 일치하지 않는 예들은 다음과 같이 통사적 구성으로 환원될 수 없다는 사실에 주목하고 있다.

(115) *깨어(서) 물다, *달아(서) 매다, *건너(서) 뛰다, *알아(서) 보다

체국 바로 옆에 있다'와 같은 예에서의 '바로'가 이에 해당한다. 그러나 이와 평행한 것으로서 '바로'가 명사와 결합하여 합성 명사를 형성한 경우는 보이지 않는다. '거듭소리', '거듭제곱'을 제외한 것도 마찬가지라 할 수 있는데 다만 이 경우는 '거듭'이 명사 앞에 사용되는 통사적 구성을 상정할 수 없다는 점에서 차이가 있다.

즉 이들은 시간적으로 뒤에 오는 동작이 V_1으로 표현되어 있다는 점에서 합성 동사임이 분명하다는 것이다. 이러한 견해는 이익섭·채완(1999)에도 그대로 수용 되어 있고 최형용(1999)에서도 이들을 '비통사적 합성어'로 처리한 바 있다.

이처럼 시간적으로 먼저 일어난 것이 언어적으로도 먼저 실현되는 것은 크게 보아 도상성(iconicity)의 원리에 포함되는 것이라 할 수 있다. 도상성은 언어의 구조(형식)와 의미(내용) 간에 존재하는 유사성을 말한다(임지룡 2004 : 170). 이 도상성 가운데 '순서의 원리'가 언어 구조에 반영되는 '순서적 도상성'이 (115)의 예와 직접적으로 연결된다.103) 그런데 우선 이러한 '순서적 도상성'은 통사적 구성 의 전유물은 아니라는 사실을 지적할 필요가 있다.

(116)   가. 나는 고기를 잡아서 먹었다.
          나. *나는 고기를 먹어서 잡았다.
(117)   가. 어제오늘(*오늘어제), 작금(*금작)
          나. 어녹다(*녹얼다), 여닫다(*닫열다), 오르내리다(*내리오르다)

(116)은 문장의 예이고 (117가)은 합성 명사, (117나)는 합성 동사의 예인데 (116나)가 순서적 도상성을 어겨 비문이 된 것처럼 (117)에서도 순서적 도상성을 어기면 단어로 성립될 수 없음을 볼 수 있다. 이것은 곧 도상성의 원리를 어기느냐 여부에 따라 해당 구성을 통사적 구성이나 합성 동사로 간주한다는 것은 문제가 있다는 것을 암시한다. 만약 통사적 구성인 것이 분명하지만 (115)적인 의미에서 순서적 도상성을 어기는 예가 존재한다면 이러한 주장에 대한 보다 분명한 증거가 될 것이다. 이러한 측면에서 다음 예를 살펴보기로 하자.

(118) 가. 비가 들이치지 않게 문을 닫고(서) 나가거라(들어오거라).
          나. *비가 들이치지 않게 문을 나가 닫아라.

(118가)의 '-고'는 '-어' 못지 않게 '선후성'의 의미를 가지고 있는 어미이다.

....

103) 임지룡(2004)에서는 이 외에도 개념의 복잡성 정도가 언어적 재료의 양과 비례하는 '양적 도상성', 개념적 거리와 언어적 거리가 비례 관계를 형성하는 '거리적 도상성' 에 대해서도 자세히 언급하고 있다.

또 김창섭(1996b : 70), 이익섭·채완(1999 : 70)에서 합성 동사와 통사적 구성을
구별하는 방법으로 든 것 중에 대표적인 것은 어미 '-서'의 첨가 여부이다. 그렇다
면 (118가)는 '닫고'에 '-서'가 결합해도 아무런 문제가 없으므로 '닫고 나가다'
혹은 '닫고 들어오다'는 합성 동사가 될 수 없고 통사적 구 구성임에 분명하다.
그러나 '닫다'와 '나가다'는 문을 닫은 다음에는 나갈 수 없다는 점에서 전술한
'깨(어)물다, 달아매다, 건너뛰다, 알아보다'와 마찬가지로 순서적 도상성을 어기고
있다. (118나)는 순서적 도상성에 맞게 '나가다'와 '닫다'를 바꾸어 본 것인데 이는
(115)처럼 문제가 생긴다. 이러한 현상을 해석하는 데에는 여러 가지 다른 방식이
있을 수 있지만 적어도 이를 통해 통사적 구성과 합성 동사를 나누는 기준으로
순서적 도상성을 기준으로 삼는 것은 문제가 있다는 점을 지적하고자 한다.104)
이는 곧 '깨(어)물다, 달아매다, 건너뛰다, 알아보다'와 같은 단어들을 통사적 구성
과 무관한 것으로 주장하기는 어렵다는 것을 의미하는 것이기도 하다.

4.3.4.2. 핵의 위치에 따른 합성의 원리

· · · · · · · · · · · · · · · · · · · ·

104) 이른바 목적의 의미를 갖는 어미 '-으러, -으려고,- 고자, -게, -도록' 등은 '자
동차가 지나가게 조금만 비켜 주세요'의 예문에서 보는 바와 같이 선행절과 후행절
의 시간 관계가 반대로 상정된다는 점에서 순서적 도상성을 어기는 예라고 할 수 있
다. 그러나 이러한 경우를 두고 형태론적 구성을 운운한 경우는 존재하지 않는다. 한
편 언어 현실에 순서적 도상성을 어기는 경우만 존재하는 것은 물론 아니다. 임지룡
(2004 : 180)에서 양적 도상성의 예로 든 시간 표현을 살펴보기로 하자. 즉 현재는
과거나 미래에 비하여 단순한 개념이며 따라서 과거나 미래의 형태는 현재보다 복잡
하다는 것인데 그 예로 '먹다'에 대해 '먹었다, 먹겠다, 먹을 것이다'를 들고 있다.
그러나 이는 현대 한국어적 관점일 뿐이다. 주지하는 바와 같이 '-었-'이 과거 시
제를 담당하기 전에는 오히려 '먹다'가 과거이고 현재는 '먹느다'와 같이 양적으로
더 복잡하였다. '-었-'의 출현과 시제 선어말 어미로서의 정립 과정을, 양적 도상
성에 부합하는 언어로의 지향성 때문이라고 주장할 수는 있지만 '먹다'와 '먹느다'가
양적 도상성의 예외라는 사실까지를 부정할 수는 없다. 이러한 측면에서 보면 도상성
은 어떤 구성을 다른 것과 구별짓는 절대적인 조건이라고 볼 수는 없다. §3.3.2.에서
는 자음을 탈락시켜 과거를 나타내는 Tohono O'odham의 예를 살펴본 바 있는데 이
것도 역시 도상성의 측면에서 설명하기 어려운 예임을 지적한 것을 다시 상기할 필
요가 있다.

이제 (113), (114)에 제시된 예들을 어순의 관점에서 본격적으로 살펴볼 차례가 되었다. (113)은 모두 합성 명사이지만 이는 크게 '수식어+명사' 구성과 대등 구성으로 나눌 수 있다. '손발', '논밭'을 제외하면 모두 '수식어+명사' 구성으로 간주할 수 있다. 한편 '수식어+명사' 구성은 (114마)의 '부사+동사' 구성과 일맥상통하므로 이에 대해서는 따로 어순과 관련하여 더 살펴볼 필요는 없다고 판단된다.

4.3.4.2.1. '수식어+명사' 구성과 어순

명사가 합성 명사에 참여할 때와 문장 형성에 참여할 때 '아가방', '산도깨비'의 경우 형식에 있어서 아무런 차이가 보이지 않는다. 그러나 다른 언어들에서는 이 경우 문장에서와 다른 모습을 보이는 경우가 적지 않다.

(119) 가. lipstick(*lipsstick), childsupport(*childrensupport)
　　　나. deva–senā "신들의 군대"(devaḥ "신")
　　　　　pitṛ–bandhu "부계 관계"(pitā "아버지"), pati–juṣṭa "배우자에게 친근한"(patiḥ "배우자")
　　　다. Volk–s–wagen lit. "국민 차"(Volk "사람" + Wagen "차")
　　　　　Liebe–s–brief "연애 편지"(Liebe "사랑" + Brief "편지")
　　　　　Schwan–en–gesang "백조의 노래"(Schwan "백조" + Gesang "노래")
　　　다'. Wasch–maschine "세탁 기계"(wasch–en "세탁하다" + Maschine "기계")
　　　　　Schreib–tisch "(작문용) 책상"(schreib–en "쓰다" + Tisch "책상, 탁자")
　　　　　Saug–pumpe "흡입 펌프"(saug–en "흡입하다" + Pumpe "펌프")
　　　　　　　　　　　　　　　　　　　　　　　　　(Haspelmath, 2002 : 86~87)

(119)는 Haspelmath(2002 : 86~87)에서 합성 명사에 참여하는 명사의 지위가 문장의 형성에서 나타나는 단어형(word–form)이 아니라 문장에 참여할 때 가지게 되는 접사 요소를 가지지 않은 어간(stem)이라는 사실을 힘주어 강조하기 위해 제시된 예들이다.[105] 먼저 (119가)는 영어의 예인데 'stick'은 두 입술 모두를 위한

---

105) Haspelmath(2002 : 19)에서는 굴절 혹은 파생 접사가 결합할 수 있는 부분을 어기(base)로 간주하고 있는데 특히 굴절 형식에서 나타나는 어기를 어간(stem)이라고 부르고 있다. 따라서 Haspelmath(2002)는 (119)를 통해서 단어의 형성과 문장의 형성이

것이므로 문장으로 치면 'lips'로 나타나야 할 것인데도 합성명사에서는 'lip'으로 나타나고 있다. Haspelmath(2002)가 여기에서 강조한 것은 이 'lip'이 'lips'의 단수형이 아니라 문장에 참여하기 이전 형태인 어간(stem)이라는 점이다. 이 점 'childsupport'에서도 마찬가지이다. (119나)는 산스크리트어의 예인데 합성어의 첫 번째 요소는 괄호 안의 단어형들과 비교하면 모음으로 끝나거나 '−r−'로 끝나는 모습을 보여 주고 있는데 이 역시 굴절 패러다임에서는 보이지 않는 것들로서 순수한 어간이며 (119다)는 §3.1.1.1.에서 이미 살펴본 바와 같이 독일어에서 합성명사를 형성할 때 '−s', '−en'과 같은 요소가 나타나는데 이를 Haspel-math(2002)에서는 합성에 적합한 어간을 형성하기 위한 의미론적 공 접미사(semantically empty suffix)로 간주한 것이다. 한편 (119다')은 합성 명사의 선행 요소가 (119가, 나, 다)와는 달리 동사인 경우인데 이 역시 괄호 안의 동사형과 비교해 보면 부정사형 접미사 '−en'을106) 결여하고 있는데 이것도 역시 합성어의 선행 요소가 순수한 어간임을 의미하는 것이라고 할 수 있다.107)

이러한 논의에 따르면 설령 합성 명사의 구성 요소가 문장에서 나타나는 모습을 그대로 가진다고 해서 곧 문장의 원리를 이용하는 것은 아니라는 사실을 추론할 수 있다. 그런데 이러한 논의는 사실 그리 놀라운 것은 아니다. 이미 어순 문제와 별 상관없는 것으로 언급한 '촛불, 나뭇잎'과 같은 사이시옷 개재형은 (119다)와, 어간과 직접 연결되는 것으로 보아 역시 어순과는 별 상관없는 것으로 제외된 '붉돌, 접칼'은 (119다')과 맥을 같이 하는 것이기 때문이다. 또한 '소나무, 화살, 마소, 싸전'과 같은 예들은 (119나)의 첫 번째 예와 '섣달, 숟가락, 이튿날'과 같은 예들은

<hr>

차이를 가지는 부분을 강조하고 있지만 이를 기반으로 단어 및 문장의 형성 단위에 대해 구별하고 있지는 않은 셈이다.

106) Haspelmath(2002)는 단어를 형성하는 데 관여하는 접미사나 굴절을 나타내는 어미 모두를 '접미사'로 보고 있기 때문에 '−en'도 접미사로 기술하고 있다. 여기서의 부정사 접미사는 한국어로 치면 '먹다'의 '−다'와 같은 것이므로 어미라고 해도 무방하다. 본장의 논의를 위해서는 이때의 접미사는 어미와 등가임을 염두에 둘 필요가 있다.

107) 즉 (113나)의 '어린이'에서의 '어린'은 순수한 어간이 아니라 통사적 구 구성에서의 모습과 다름이 없다는 점에서 서로 구별되는 것이다. 또한 '명사+명사'의 경우와는 달리 (113다)의 '관형사+명사', (114마)의 '부사+용언'에서는 선행 관형사나 부사가 모습의 변화를 보이는 경우가 존재하지 않는다는 점도 주목할 필요가 있다.

두 번째 예와 일맥상통하는 부분이 있다. 그러나 지금까지의 논의는 대체로 (113
가)의 예들을 문장의 질서 속에서 형성된 단어로 간주하고 '붉돔, 접칼'과 같은
단어들을, '비통사적 합성어'라는 명칭에서 다루어 왔었다. 또한 '촛불, 나뭇잎',
'소나무, 화살, 마소, 싸전', '섣달, 숟가락, 이튿날'과 같은 단어들은 일반적 단어의
배열에서는 보기 힘든 특수한 음운의 교체(남기심·고영근, 2011 : 214~215)로 인
정해 왔을 뿐이며 이들 예를 기반으로 단어의 형성이 문장의 형성과는 근본적으로
차이가 있다는 것을 보여 주는 예라는 사실을 언급한 경우는 찾아보기 어려웠던
것이다. 따라서 단어의 형성은 불규칙적이고 예외적인 것들의 집합이 아니라 (113
가)를 포함하여 독자적인 기제를 가지는 것이라 보아야 할 것이다.

그렇다면 이제 다시 원점으로 돌아가 한국어에서 (113가)와 같이 '일부' 합성
명사가108) 왜 문장과 같은 '명사+명사'의 순서를 가지는가에 대해 생각해 볼 필요
가 있다.109) 이는 우선 '아가방'이나 '산도깨비'와 같은 합성 명사가 통사적 구
구성인 '개 다리'와, 한국어의 유형론적 특징인 오른쪽 핵(head) 속성을 공유하고
있기 때문이다. 이는 문장의 구성은 물론 '먹이'와 같은 파생어에도 그대로 적용되
는 것이기 때문에 합성 명사가 문장의 구성 원리를 원용한 것으로 볼 수는 없으며
문장은 물론 단어의 형성 전반에 걸쳐 적용되는 기본 원리로 파악되어야 한다.
따라서 '명사+명사'의 구 구성과 합성 명사 구성이 동일한 순서를 보이는 것이다.
한편 영어와 같은 경우는 대체로 왼쪽 핵 속성을 가지고 있지만 형용사의 수식을
받는 경우('a pretty woman')는 오른쪽 핵 속성을 보여 주기도 하는데 이러한 양상
을 보여 주는 '명사+명사' 구성도 역시 오른쪽 핵 속성에 기반한 것이라 할 수

---

108) '일부'라는 표현을 쓴 것은 사이시옷 개재, 음운의 탈락, 용언 어간의 결합 등을 통
해 어근으로서의 자격을 분명하게 나타내는 것을 합성 명사의 '주요' 속성으로 삼고자
한 데 따른 것이다.
109) '어근'에 대한 앞의 논의를 따른다면 합성 명사는 '어근+어근'으로 구분하여 표시해
야 할 것이지만 논의의 초점이 외형상으로 같은 모습, 즉 같은 어순을 보인다는 점에
있기 때문에 편의상 '명사+명사'와 같이 서술하고자 한다. 후술할 합성 용언에 대해서
도 마찬가지이다. 본서에서는 문맥에 따라 '어근'과 '어기'를 섞어 쓰고 있다. 보다 폭
넓게는 '어기'에 '어근'이 포함되기 때문이다. 이 두 가지 개념에 대한 구별에 대해서
는 최형용(2002)를 참고할 것.

있다.110)

'수식어+명사' 구성의 유형론적 검토를 위해 흥미로운 사실은 Bauer(2001)에서도 발견된다. Bauer(2001 : 696~697)에서는 Dryer(1992)에서 나눈 6개 지역(아프리카(A), 유라시아(E), 남동아시아와 오세아니아(O), 오스트레일리아—뉴기니아(G), 북아메리카(N), 남아메리카(S)) 구분에 근거해 각 지역의 언어 6개를 대상으로 어순과 합성 명사의 내부 요소 배열의 상관관계에 대해 조사하였다. 먼저 총 36개 표본 언어의 어순을 제시하면 다음과 같다.

(120)

	A	E	O	G	N	S	합계
SOV	1	4	0	4	5	2	16
SVO	3	2	3	1	0	2	11
VSO	2	0	1	0	0	0	3
VOS	0	0	1	0	1	1	3
OVS	0	0	0	0	0	1	1
자료가 없거나 변동 어순	0	0	1	1	0	0	2

우선 '명사+명사'로 이루어진 합성어의 경우 해당 언어의 '형용사+명사', '수식어+핵 명사'의 순서를 보이면 다음과 같다.

(121)

어순	A	E	O	G	N	S	합계
N−Adj & N−mod	3	0	5	0	2	0	10
N−Adj & mod−N	2	1	0	4	2	2	11
Adj−N & N−mod	0	0	0	0	0	1	1
Adj−N & mod−N	0	4	1	1	2	1	9
불충분한 자료	1	1	0	1	0	2	5

(121)에서 볼 수 있는 바와 같이 통사적 어순을 반영하지 않는 합성 명사 내부 요소 배열이 적지 않다. 이에 대해 Bauer(2001)에서는 형용사와 명사의 통사적

---

110) 임홍빈(2007b)에서도 한국어의 어순이 가지는 특성의 대부분은 한국어의 오른쪽 핵 속성으로 설명할 수 있다고 보았다.

순서와는 별개로 합성 명사의 내부 요소는 '수식어 명사+핵 명사' 순서를 선호하는 경향이 있다고 해석하였다. 이를 핵과 수식 요소의 '일관성(consistency)'으로 정리하고 있는데 이를 제시하면 다음과 같다. 괄호 안에 제시된 수치는 명사 합성어이다.

(122)

어순	A	E	O	G	N	S	합계
일관적 순서	3 (3)	3 (5)	4 (4)	4 (6)	2 (3)	2 (3)	18 (24)
비일관적 순서	3 (3)	3 (1)	2 (2)	2 (0)	3 (3)	3 (2)	16 (11)
불명확한 경우	0	0	0	0	1 (0)	1 (1)	2 (1)

　(122)에서 제시된 바와 같이 합성어의 내부 요소들이 통사적 구성과 일관적이지 않은 경우가 적지 않음을 볼 수 있다. 이는 합성어 형성 원리가 통사 구성 형성 원리와 정확히 일치하는 것은 아님을 시사하는 것이라 간주할 수 있다.

　이제 합성 명사와 구 구성의 구별에 대해 언급할 필요가 있을 듯하다. 합성 명사는 하나의 단어(본서에서 제시한 여러 가지 단어 개념 가운데 보다 정확히는 '어휘적 단어')이기 때문에 단어가 가지는 속성을 그대로 가진다. 하나의 단어라는 것은 단일한 개념을 표현한다는 것이고 달리 말하자면 전체 구성이 구성 요소의 단순한 의미의 합 이상의 의미를 가질 수도 있다는 것을 뜻한다.

　그런데 이러한 측면에서 보면 합성 명사와 구 구성이 서로 연관된다고 보이는 예들은 (113가)의 예들을 포함하여 매우 투명한 의미 구조를 가지고 있기 때문에 그 연관성이 지금껏 주장되고 있다. 만약 합성 명사의 의미와 구 구성의 의미가 확연히 구별된다면 아무런 문제가 생기지 않을 것이지만 그렇지 않다는 데 문제가 있는 것이다.

　그러나 앞에서도 계속 언급해 오고 있는 것처럼 합성 명사가 구 구성과 연관되는 것은 의미상의 해석에서 오는 것임을 강조하고자 한다. 즉 '아가방'이 '아가의 방'과 연관되는 것은 어디까지나 '아가방'이 '아가의 방'의 의미를 갖는다는 것을 의미하는 것으로 한정되어야 한다. 이는 마치 '돌다리'가 '돌로 만든 다리'의 의미를 갖는다고 하는 것과 다름이 없다. 설령 '아가방'을 통사적 구성 '아가 방'과 연관시킨다고 해도 사정은 마찬가지이다. 다음을 보기로 하자.

(123) 가. {공간이 좁은/*미소가 예쁜} 아가방
      나. {공간이 좁은/미소가 예쁜} 아가 방

(123나)와는 달리 (123가)는 '미소가 예쁜'과 '아가방'이 함께 어울릴 수 없는데 이는 (123가)의 '아가방'이 이미 한 단어로서 특정한 '방'의 의미로만 쓰이기 때문이다.

4.3.4.2.2. '명사+명사' 대등 구성과 어순

한편 (113가)의 '논밭'과 '손발'은 그 구성 요소가 '명사+명사'이기는 하지만 '아가방'과는 달리 오른쪽 핵 속성을 보이는 것이 아니라는 점에서 또 다른 설명을 필요로 한다. 그런데 이들에 대해서는 이미 채완(1985)나 최상진(1992)에서 충분한 논의가 베풀어진 바 있다. 가령 채완(1985)에서는 단어들이 대등한 자격을 가지고 병렬될 때 형태상으로나 의미상으로 보다 무표적인 쪽이 앞선다는 언어 보편적인 현상에 기반해 논의를 전개하고 있는데 이 원칙은 문제의 구성이 단어이든(안팎－*밖안, 논밭－*밭논, 물불－*불물) 통사적 구성이든(찬성 반대－*반대 찬성, 밥 반찬－*반찬 밥, 먹고 입고 자고－*입고 먹고 자고) 서로 구별하지 않고 적용되는 것으로 간주하고 있다는 점에 주목할 필요가 있다. 이는 '논밭'이나 '손발'이 구 구성과 동일한 어순을 보이는 것은 단어가 문장으로부터 형성되었기 때문이 아니라 앞의 오른쪽 핵 속성과 같이 단어와 문장 모두에 적용되는 보편적인 원리 때문이라는 사실을 잘 설명해 주고 있기 때문이다.

대등 구성 합성 명사와 구의 구별은 '수식어+명사' 구성의 합성 명사와 구의 구별과 논의가 평행하다. 즉 이들이 '논과 밭', '손과 발'과 연관되는 것은 어디까지나 의미상의 해석을 받을 때뿐이다. 다음 예문을 살펴보기로 하자.

(124) 집안이 어려워 이미 모를 심은 {논과 밭/*논밭}을 모두 팔아야 했다.

(124)에서 보는 바와 같이 이미 단어화한 '논밭'은 하나의 단일한 의미를 가지고
있어서 (123)과 마찬가지로 내부 구조를 들여다볼 수 없게 되는 것이다.[111]

4.3.4.2.3. 논항 구조를 보이는 합성 용언과 어순

(114가, 나, 다)는 앞서 의미론적 논항 관계로 그 형성을 설명할 수 있다고 보았
다. 여기서는 어순과 관련하여 이에 대해 살펴보고자 한다.

우선 유형론적 관점에서 어순을 염두에 둘 때 한국어에서는 꽤 생산성을 지니는
것이라 할 수 있는 (114가, 나)의 단어들이 영어와 같은 언어에서는 극히 드문
이유에 대해서는 한 번쯤 생각해 볼 필요가 있다. Haspelmath(2002 : 85~86)에서
는 영어의 합성어에서 'V+N' 유형('drawbridge')과 'N+V' 유형('babysit')이 모
두 비생산적이라고 보고 있고 특히 후자는 역형성(back-formation)으로 간주해야
한다고 보고 있다. 이점 Plag(2004 : 154~155)에서도 마찬가지로 지적되고 있다.
이처럼 영어에서 'V+N' 유형이 드문 이유는 무엇일까? 만약 통사적 구성이 그대
로 단어화한다면 목적어를 가지는 영어의 어순이 'V+N'이므로 상당히 많은 수의
합성어가 형성될 것으로 예측되지만 실상은 그렇지 않다. 이는 영어에서 통사적
구성으로서의 'V+N'에서는 핵이 'V'이지만 단어로서의 'V+N'에서는 핵이 'N'이
되어야 하기 때문이다(이를 '합성 명사 오른쪽 핵 원리'라 부르기로 한다). 또한
그 과정에서 관사 생략과 같은 단계를 거쳐야 하지만 관사가 한국어의 조사처럼
생략의 대상이 된다는 견해는 찾아보기 힘들다. 다음으로 어순과 관련하여 (114가)
와 같이 'N'이 주어로 해석되는 투명한 자동사나 'N+V'는 아예 발견되지 않는다.

그렇다면 한국어에서 (114가)의 단어들이 문장의 '주어+동사' 혹은 '주어+형용
사'와 동일한 어순을 보이는 이유는 무엇일까? 이에 대한 설명은 이미 전술한 바와
같이 (합성 명사든 합성 용언이든) 한국어의 오른쪽 핵 속성 때문이다. 만약 '겁나
-'가 아니라 '나겁'과 같은 것이 된다면 이는 용언이 아니라 합성 명사가 될 것이

---

111) 대등 합성어는 구성 요소의 의미 관계 측면에서 어휘장과 관련되는 양상을 보여 준
다. 합성어 형성이 의미 관계와 관련되는 양상에 대해서는 §4.3.6.2.에서 후술하기로
한다.

기 때문이다.

다음으로 왜 타동사는 동작주와 결합하여 합성 동사를 형성하는 일이 거의 없는 가에 대해서도 생각해 볼 필요가 있다. 이에 대해서는 Tomlin(1986 : 4)에서 제시 한 '동사—목적어 결합성의 원리(The Principle of Verb-Object Bonding)'에서 해답의 실마리를 찾을 수 있다. Tomlin(1986 : 3)은 세계의 언어의 빈도수가 'SOV=SVO > VSO > VOS = OVS > OSV'와 같이 나타나는 사실을 설명하기 위해[112] 여러 가지 원리를 들고 있는데 그 가운데 두 번째로 타동사와 목적어는 주어와의 응집력보다는 동사와의 응집력이 통사적, 의미론적으로 더 크다는 '동사— 목적어 결합성의 원리'를 설정하고 있다.[113] 다만 '동사—목적어 결합성의 원리'에 서 '목적어'라는 술어를 사용하고 있는 것은 이것이 문장을 구성하는 원리라는 것을 의미하는 것은 아니라는 점에 주의를 요한다. 이는 '명사+명사' 구성의 순서를 따지 는 자리에서 이미 살펴본 바와 같이 동사가 의미상의 빈칸을 채울 때 우선 순위를 부여하는 보다 보편적인 원리가 문장에도 적용되는 것으로 해석해야 할 것이다.

(114나)의 단어들이 문장의 구성과 동일한 어순을 보이는 것은 앞서 잠시 언급 한 것처럼 영어와의 비교를 통해 손쉽게 설명할 수 있다. 주지하는 바와 같이 영어 는 SVO형 어순을 가지고 있으므로 만약 한국어처럼 (114나)와 같은 단어들을 통 사적 구성과 직접적으로 관련시킨다면 'V+N' 형 단어가 형성될 것으로 기대할 수 있다. 그러나 실제로는 이러한 단어의 형성이 극히 제약되어 있는데 이는 더 상위의 원칙인 합성 명사 오른쪽 핵 원리에 위배되기 때문이다. 한편 'N+V'형 단어가 드문 것은 우선 이 구성이 합성 동사를 형성해야 하는데 이번에는 왼쪽 핵 원리를 위배하기 때문이다. 앞서 이러한 유형은 역형성으로 설명하는 견해가 지배적이라는 사실도 이러한 유형의 예외성을 잘 예측해 주고 있다. 그런데 한국어

---

112) §2.2.4.에서 제시한 바와 같이 Dryer(2005)의 최근 자료에서는 모두 1377개 언어를 대상으로 564 : 488로 SOV 언어가 더 많다는 사실이 보고되어 있다.

113) 첫 번째는 낡은 정보가 새로운 정보를 선행한다는 '주제 우선성의 원리(Theme First Principle)'이고 세 번째는 타동사가 들어 있는 문장에서 유정성의 NP는 무정성의 NP 에 선행한다는 '유정성 우선의 원리(Animated First Principle)'이다. Tomlin(1986)은 이 세 가지 원칙을 사용하여 세계 언어의 90% 정도를 차지하고 있는 SOV, SVO 유형 언어의 높은 빈도를 설명하고 있다.

는 언제나 오른쪽 핵 원리의 지배를 받기 때문에 (114나)와 같이 문장과 같은 어순을 가지는 합성 동사가 형성되는 데 그리 큰 문제가 생기지 않는 것이다.

마지막으로 (114다)의 경우에 대해 생각해 보기로 하자. 한국어의 경우에는 다른 언어와는 달리 문장으로 치면 '부사어+용언' 합성 동사가 적지 않다고 한 바 있다. 논의의 편의를 위해 이러한 단어들을 국립국어원(1999)의 『표준국어대사전』에서 찾아 다음과 같이 제시해 보기로 한다.

> (125) 가위눌리다, 거울삼다, 겉놀다, 겹깔다, 겹놓다, 겹놓이다, 겹세다, 겹쌓다, 겹쌓
> 이다, 겹집다, 곁가다, 곁달다, 곁달리다, 곁들다, 곁묻다, 곁붙다, 곁붙이다,
> 곱놓다, 곱놓이다, 곱들다, 곱들이다, 곱먹다, 곱먹이다, 곱잡다, 곱접다, 공먹
> 다, 공얻다, 귀담다, 꿈같다, 끝닿다, 남다르다, 남부끄럽다, 남의집살다, 납덩이
> 같다, 눈살피다, 뒤돌다, 뒤돌리다, 뒤서다, 때맞다, 때맞히다, 목석같다, 바둑판
> 같다, 박속같다, 반보다, 벌쐬다, 벼락같다, 벽력같다, 불같다, 불꽃같다, 불타
> 다, 비호같다, 샘솟다, 손꼽다, 손꼽히다, 손더듬다, 손쉽다, 실낱같다, 앞나서
> 다, 앞당기다, 앞두다, 앞서다, 앞세우다, 어림잡다, 억척같다, 자랑삼다, 장남삼
> 다, 장승같다, 주옥같다, 주장삼다, 찰떡같다, 참고삼다, 철벽같다, 철통같다,
> 품안다, 흥겹다, 힘겹다

그동안 (125)의 예들이 주목된 것은 이들이 전술한 바와 같이 핵 이동이나 비대격 가설을 통해서는 설명될 수 없다는 점에서였다. 그러나 어순과 관련하여서는 (114가, 나)와 설명이 다르지 않다. 즉 '주어'나 '목적어'가 모두 용언의 의미상의 빈칸을 채워 주는 것처럼 '부사어'도 용언의 의미상의 빈칸을 채워 주는 것이기 때문이다. 또 이때 채워지는 자리는 '공먹다'와 같은 예에서 보는 바와 같이 용언이 반드시 요구하는 것일 필요는 없다. 그 어순이 문장과 같은 것은 앞에서 누차 언급한 바와 같이 한국어의 오른쪽 핵 속성 때문이다.

한편 Bauer(2001 : 701~702)에서는 동사와 그 논항으로 이루어진 통합 합성어에 대해서도 구성 요소와 어순의 관계에 대해 유형론적으로 검토하고 있다. 이를 위해 제기하고 있는 가설은 두 가지이다.

> (126) 가. (통합) 합성어에서의 동사와 논항의 순서는 통사론에서의 동사와 직접 목
> 적어의 순서와 일치한다.

나. (내심) 합성어에서의 핵과 수식어의 순서는 같은 언어의 (통합) 합성어에서
의 동사와 논항의 순서와 일치한다.

먼저 통합 합성어에서의 동사 및 목적어와 통사론에서의 동사 및 목적어의 상관
관계에 대해 다음과 같은 표를 제시하고 있다.[114]

(127)

어순	A	E	O	G	N	S	합계
O－V & CpdN－V	1	1	0	0	1	1	4
O－V & CpdV－N	0	0	0	0	0	0	0
V－O & CpdN－V	2	1	0	0	0	1	4
V－O & CpdV－N	3	0	4	0	1	1	9

이는 (126가)의 가설 검증을 위한 것인데 명사 합성어의 경우처럼 통사론에서의
동사와 목적어 순서와 일치하지 않는 경우가 4개 언어로 24%에 해당하므로 그
수가 적지 않음을 볼 수 있다. 다음으로 (126나)의 가설 검증을 위한 자료는 다음과
같이 제시하고 있다.

(128)

어순	A	E	O	G	N	S	합계
H－M & CpdN－V	1	0	0	0	0	0	1
H－M & CpdV－N	2	0	5	0	1	1	9
M－H & CpdN－V	1	2	0	0	1	1	5
M－H & CpdV－N	0	0	0	0	0	0	0

이 가설에 대한 예외는 전체 15개 언어 가운데 1개로 6%로서 많다고 할 수
없다. 이에 따라 Bauer는 (126가)보다는 (126나)의 가설이 보다 신빙성이 높고
또한 통합 합성어가 통사적 원칙보다는 형태론적 원칙에 더 많이 의존하고 있다고
결론짓고 있다. 이는 동사적 합성어가 문장 형성의 원리를 따르는 것이 아니라는
본서의 결론과 다르지 않다.

· ·

114) 표본 언어의 수가 현저하게 적은 이유는 합성 명사의 경우와는 달리 통합 합성어가
보고되지 않은 언어들의 경우에는 자료를 제시할 수 없었기 때문이다.

4.3.5. 단어 형성과 통시성

4.3.5.1. 접사화와 파생어

원래는 자립적인 단어이던 것이 문법화를 통해 접미사나 접두사로 변하는 일은 매우 일반적으로 일어나는 일이라 할 수 있다. 그리고 이 과정에서는 원래의 형식이 그 모양을 그대로 유지하지 못하고 변화를 일으키는 경우가 적지 않은데 이 경우에서 가장 흔한 것은 음운론적 삭감이다. 다음의 스페인어를 살펴보기로 하자.

(129)   현재 시제   미래 시제
　1.단수   cant−o "나는 노래한다"   canta−r−é "나는 노래할 것이다"
　2.단수   canta−s   canta−r−ás
　3.단수   canta   canta−r−á
　1.복수   canta−mos   canta−r−émos
　2.복수   cantá−is   canta−r−éis
　3.복수   canta−n   canta−r−án

(Haspelmath, 2002 : 53)

(129)를 보면 미래는 접미사 '−r'에 의해 표시되고 있음을 알 수 있다. 그런데 Haspelmath(2002 : 53)에 따르면 스페인어의 조상인 라틴어에도 미래 시제(예를 들면 cantabo "나는 노래할 것이다.")가 있었는데 이 유형이 흔적도 없이 사라지면서 새로운 미래 시제 유형이 형성되었다고 한다. 이 미래 시제는 원래 조동사 'habere'(영어의 'have'에 해당, 스페인어에서는 'haber')를 포함하는 통사적 구성으로서 부정사와 결합하여 '의무'를 표현하였다. 그러다가 '의무'가 미래로 의미 전이를 일으키고 동사 'haber'가 위치에 제약을 받아 본동사의 바로 뒤에 오게 되었다. 그리고 여기에 음운론적 삭감이 일어나면서 부정사는 마지막의 '−e'를 잃게 되었고 'haber'는 줄어들어 'he, has, ha' 등이 되었다. 결국 부정사와 'haber'가 융합되어 다음과 같이 형태론적 복합어로 결과된 것이다.

(130)   cantar   he   >   cantaré
          cantar   has   >   cantarás
          cantar   ha   >   cantará

cantar	(hab)emos	>	cantarémos
cantar	(hab)éis	>	cantaréis
cantar	han	>	cantarán

한국어에도 '−어 잇−'이 과거를 나타내는 '−엇−'으로, '−긔 ᄒ엿−'이 미래를 나타내는 '−겟−'으로 된 것이 모두 이와 평행한 경우라 할 수 있다.

그런데 한국어에는 이처럼 융합을 겪지 않고 그대로 그 지위만 접사로 바뀐 것들이 적지 않다. 즉 통사적 구성이 그대로 접사화하는 것인데 이는 한국어가 교착어로서 지니는 유형론적 사실을 대변하는 것이라 할 수 있다.115) 지금까지는 이러한 측면에서 한국어의 문법화가 가지는 유형론적 특수성에 접근한 경우는 보이지 않는다.

그럼 먼저 통사적 구성의 접사화 가운데 접두사화를 예로 들면 다음과 같다.

(131)　가. 쇠
　　　　나. 민, 한 ; 선, 잔 ; 작은, 큰

(최형용, 2003a : 208)

(131가)의 '쇠'는 '쇼'에 관형격조사 'ㅣ'가116) 결합한 통사적 구성이 발달한 것이다. 이것을 하나의 단위로서의 접두사로 간주할 수 있는 것은 '쇠귀신, 쇠꼴, 쇠등에, 쇠무릎, 쇠무릎지기, 쇠발구, 쇠백정, 쇠진드기, 쇠짚신, 쇠칼, 쇠파리'와 같이 '소의 X'로 환원될 수 없는 예들이 존재하기 때문이다. (131나)는 관형사형어미 결합형이 접두사화한 경우를 든 것이다. 먼저 '민'은 '믜다'의 활용형 '믠'의 발달형으로 '민무늬, 민소매' 등의 쓰임을 보이고 '한'은 중세 국어 '하다(大)'의 활용형으로 '한걱정, 한길, 한시름' 등에서 접두사로서의 쓰임을 보여 준다. '민'이나 '한'이 현대 한국어에서 용언과의 유연성을 완전히 상실한 데 비해 '선(선무당, 선잠)'이나 '잔(잔심부름, 잔털)'은 '설다'나 '잘다'와의 유연성이 아직 남아 있다는

---

115) 2장에서 전술한 바와 같이 Greenberg(1954 : 204)에서 교착이 고전적 의미에서 요소의 결합 시 모양에 거의 혹은 전혀 변화가 없는 것을 일컫는 것이라고 했던 것을 상기할 필요가 있다.
116) '長者ㅣ 지븨≪월석 8 : 81≫', '쇠 머리≪월석 1 : 27≫'에서 관형격조사 'ㅣ'를 발견할 수 있다.

특징이 있다. 한편 '작은'과 '큰'은 친족 관계를 나타내는 경우에 한해 접두사로 처리되고 있는데 이 역시 공시적으로 '작다', '크다'와 직접적으로 관계가 있다.

통사적 구성과 관련된 접두사화 가운데는 3장에서 이미 살펴본 사이시옷 관련 구성도 해당된다.

(132) 가. '웃-'
　　　 나. '숫-', '풋-', '햇-'

(최형용, 2003a : 210 참조)

(132)는 모두 기원적으로 통사적 요소였던 사이시옷과 연관이 있다는 점에서 공통점을 가지고 있다. 그러나 우선 (132가)의 '웃-'은 '웃돌다, 웃보다, 웃자라다, 웃치다' 등에서 보는 바와 같이 동사와 결합하는 양상을 보이고 있다는 점에서 더 이상 사이시옷 구성에 참여한 것이 아니라 접두사의 자격으로 단어 형성에 참여하고 있음을 알 수 있다.[117]

(132나)의 '숫-', '풋-'은 동사와 결합하는 모습을 보여 주고 있지는 않지만 사이시옷 구성이 접두사화한 예로 간주할 수 있는 경우이다. '풋'은 '풋고추, 풋과실, 풋김치, 풋나물, 풋콩' 등의 예에서는 '풀'의 사이시옷 구성과의 연관성을 어느 정도 찾을 수 있으나 '풋사랑, 풋솜씨, 풋잠, 풋정' 등의 예에서는 '미숙한, 깊지 않은' 정도의 의미를 가지는 것으로 '풀'의 의미와는 한 단계 더 떨어진 보다 추상화된 의미를 보이고 있다는 사실을 알 수 있다. '햇-'도 마찬가지로 사이시옷 구성이 접두사화한 예가 될 수 있다. '햇감자, 햇과일, 햇병아리, 햇비둘기' 등에서의 '햇-'은 '그해에 난'의 의미를 가지고 있다.

한편 통사적 구성이 그대로 접미사화한 경우로는 우선 '-(으)ㅁ직-'을 들 수 있지 않을까 한다.

---

117) 이는 다른 말로 하면 동사와의 결합을 보이지 않는 것은 접두사로서 판단하는 데 주저하는 이유가 된다는 것을 의미한다. 그래서 가령 '멧돼지'의 '멧'은 '뫼ㅎ+ㅅ+돼지'로 거슬러 올라가는바 이때의 '멧'은 사이시옷 결합형이지만 동사와 결합하는 일이 보이지 않고 '山'으로 대체될 수 있으므로 그만큼 불투명해진 '멧'을 여전히 '메'와 'ㅅ'으로 분석하고 '멧'을 접두사로 처리하지 않게 되는 이유가 된다.

(133) 가. 철수가 오늘은 학교에 감직하다/*감직스럽다 ; 철수가 어제는 학교에 갔음
　　　　직하다/*갔음직스럽다 ; 철수가 어제는 학교에 갔었음직하다/*갔었음직스
　　　　럽다

　　　 나. 이 사과는 참 먹음직하다/먹음직스럽다 ; 그는 참 믿음직하다/믿음직스럽다

(최형용, 2003a : 213)

　우선 '-(으)ㅁ직-'은 (133가)의 경우처럼 시제 요소가 개입 가능한 경우와 (133나)처럼 그렇지 못한 두 가지로 구분된다(김창섭, 1985 : 165~166). 이 가운데 통사적 구성의 접미사화의 대상이 되는 것은 새로운 단어의 형성에 참여한 것으로 간주되는 (133나)이다. '-(으)ㅁ'과 '-직-' 사이에 다른 요소가 개입되기 어렵다는 측면에서는 (133가)와 (133나)가 차이를 갖는다고 보기 어렵지만 (133가)의 '-(으)ㅁ'은 시제 요소를 개입시킨다는 점에서 어미적인 것이고 또한 후행 요소로 '-스럽-'을 가져올 수 없다는 점에서 (133나)와 차이를 가지며 특히 이 차이는 단어 형성의 측면에서 다룰 수 있다는 점이 주목된다. 즉 (133나)의 '-(으)ㅁ직-'은 '추측'의 의미를 가지는 (133가)의 '-(으)ㅁ직-'과는 달리 '그렇게 할 만한 가치가 있음'이라는 별도의 의미를 가지게 됨으로써 서로 구별되게 된 것이다.

　한편 3장에서 살펴본 '-꾼', '-깔'도 역시 사이시옷 구성 즉 통사적 구성이 접미사화한 예로 다룰 수 있지만 적어도 표기상으로는 사이시옷이 구별되지 않는다는 점에서 (132)와는 차이가 있다.

4.3.5.2. 사이시옷 구성과 합성어

　본서에는 이미 여러 곳에서 사이시옷에 대해 언급한 바 있다. 이는 그만큼 사이시옷이 한국어 형태론의 여러 사실과 밀접히 연관되어 있음을 단적으로 드러낸다. 주지하는 바와 같이 사이시옷은 예전에는 엄연한 문법 형태소로서의 자격을 가지고 있었다. 중세 한국어의 사이시옷에 대해서는 '의/의'와 함께 관형격 조사의 용법을 보이되 전자는 무정체언 및 존칭의 유정체언과 결합하고 후자는 평칭의 유정체언에 결합한다는 사실이 정설로 되어 있다(안병희 1968).[118] 이것은 곧

---

118) 물론 예외도 존재한다. '聖人의 法을 빅홈은 쟝춧 뼈 風俗을 정제호려 홈이니≪소

사이시옷이 통사적 요소임을 의미하는 것으로 다음과 같은 예에서 이를 확인할 수 있다.119)

(134) 가. 부텻 모미 여러가짓 相이 フ즈샤 ≪석상 6 : 41≫
  나. 사스미 둥과 도즈기 입 ≪용가 88≫

이 외에도 사이시옷이 통사적 요소로 기능하고 있는 예는 흔히 발견된다.

(135) 가. 녀늣 이룰 브리고 ≪내훈-초 1 : 53≫
  나. 즈걋 나라해서 거슬쁜 양 ᄒᆞᄂᆞᆫ 難이어나 ≪석상 9 : 33≫
  다. 부텨 니르샨 밧 法은 이 法이라 닐어도 또 올티 몯ᄒᆞ며(佛所說法ᄋᆞᆫ 謂是法
    이라도 亦不是ᄒᆞ며) ≪금삼 2 : 40≫
  라. 무틔 술윗 바회맛 靑蓮花ㅣ 나며 ≪월석 2 : 31≫
  마. 죠고맛 빈 트고졋 ᄠᅳᆮ들 닛디 몯ᄒᆞ리로다(扁舟意不忘) ≪두초 15 : 55≫
  바. 卽은 가져셔 ᄒᆞ닷 마리라 ≪남명 서 : 1≫

(135가, 나)는 대명사적인 것에 사이시옷이 연결된 경우이고 (135다)는 의존 명사에 사이시옷이 연결된 경우이다. 한편 (135라)는 '만큼'의 의미를 가지는 조사 '만'에 사이시옷이 연결된 경우이다. (135마)는 연결 어미에, (135바)는 종결 어미에 사이시옷이 연결되어 있다.120) 분포에 예외가 있기는 하지만 문법적 의미를 가진다는 사실을 부정하기 어렵다는 점에서 이들에 문법 형태소로서의 지위를 부여하는 데 문제가 없다.

그러나 주지하는 바와 같이 이러한 모습이 현대에까지 이어진 것은 아니다. 전술한 바와 같이 이기문(1972 : 209)에서 근대 한국어 단계에는 '의'만이 속격의 기능

  학 6 : 62≫'과 '狄人ㅅ 서리예 가샤≪용가 4≫'와 같은 것이 이에 속한다. 본고에서는
  경우에 따라 '관형격'을 '속격'으로 나타내기도 하였는데 이 둘 사이에 어떤 차이를
  전제하는 것은 아니다.
119) (134)~(138)의 예는 최형용(2003a : 182~186)에서 가져온 것이며 (139)는 권용경
  (2001 : 167)에서 재인용한 것이다.
120) 권용경(2001 : 12)에서는 그동안 사이시옷의 기능이나 특징으로 언급된 경우를 '존
  칭 유정체언과 무정체언의 표지, 동명사형 구성에서 목적이나 부사어로서의 기능, 동
  격을 표시하는 기능, 합성어 표지'의 네 가지로 정리하고 있다.

을 나타내게 되고 중세 한국어에서 속격이었던 'ㅅ'은 문자 그대로의 사이시옷이
되어 거의 합성 명사 사이에만 나타나 그 표지가 되었음을 언급하고 있고 홍윤표
(1994 : 435)에서도 사이시옷이 17세기 초에 와서 그 기능이 약화되어 17세기 중
엽에 와서는 그 격기능이 거의 상실되어 있음을 지적하고 있기 때문이다.

　여기서 본서와 관련하여 흥미로운 것은 중세 한국어에 나타나는 다음과 같은
예들의 존재이다.

(136) 가. 톱 길며 <u>머리터럭</u> 나며(甲長髮生ᄒ며) ≪능엄 10 : 82≫
　　　가'. ᄒᆞᆫ 낱 <u>머릿터러글</u> 모든 ᄒᆞᄂᆞᆯ히 얻ᄌᆞᆸ아 씸흑텬(十億天)에 공양(供養)ᄒᆞᄉᆞ
　　　　　ᄫᆞ니 ≪월곡 91≫
　　　나. <u>머리터리</u>ᄅᆞᆯ 미자 남진 겨지비 ᄃᆞ외요니 돗기 그딋 臥床애 덥디 아니ᄒᆞ얫
　　　　　다(結髮爲夫妻 席不暖君床) ≪두초 8 : 67≫
　　　나'. 두ᅀᅥ 줄깃 셴 <u>머릿터리</u>ᄅᆞᆯ 어느 ᄇᆞ리리오(數莖白髮那抛得) ≪두초 15 : 2≫

(137)　가. ᄀᆞᄅᆞ매 드르시니 <u>믌결</u>이 갈아디거늘 ≪월곡 107≫
　　　가'. ᄇᆞᄅᆞ미 그처도 <u>믓겨리</u> 오히려 ᄂᆞ솟고(風停ᄒᆞ야도 波尙湧ᄒᆞ고) ≪목우
　　　　　24≫
　　　나. 제 모미 ᄒᆞᆫ <u>바릀ᄀᆞᆺ새</u> 다ᄃᆞᄅᆞ니 그 므리 솟글코 ≪월석 21 : 23≫
　　　나'. 여러 아ᄌᆞ미 이제 <u>바ᄅᆞᆺᄀᆞᇫ</u> 갯고(諸姑今海畔) ≪두초 8 : 37≫

(138) 가. 치위옛 고즌 어즈러운 <u>픐서리</u>예 그슥ᄒᆞ고(寒花隱亂草) ≪두초 11 : 44≫
　　　나. 거츤 <u>프서리</u>예 녀름지서 ᄯᅩ 秋成ᄒᆞ미 잇도다(荒榛農復秋) ≪두초 23 : 15≫

(139) 가. <u>값돌</u>다≪월곡 152≫ ; 감ᄯᅩᆯ다 ≪월석 1 : 30≫
　　　나. <u>덦거츨</u>다≪법화 3 : 3≫ ; 덤ᄲᅥ츨다 ≪소언 5 : 26≫

　(136)은 'ㅅ'이 합성 명사를 이룰 때 수의적으로 실현됨을 보인 것이고 (137)은
선행 명사의 'ㄹ'이 탈락한 경우를 보인 것이다. (138)은 선행 명사의 'ㄹ'뿐만이
아니라 'ㅅ'까지도 탈락한 경우이다. 이들 예는 이미 중세 한국어 시기에 'ㅅ'이
통사적 요소가 아니라 단어 내부의 요소임을 보여 주기에 충분하다. 그리고 이들
예들은 사이시옷의 출현 혹은 비출현에 따른 의미 차이를 보여 주지 않는다. 따라
서 이들 예에서의 사이시옷은 독자적 의미를 가진 것이라고 볼 수 없게 된다. 이는
사이시옷이 형태소의 정의적 속성을 만족하지 못한다는 것을 뜻한다.

(139)도 매우 흥미로운 예인데 3장에서 언급한 바와 같이 용언과 용언의 연결에 'ㅅ'이 쓰인 경우이다. 이기문(1998 : 146)에서는 '넚디-≪월석 2 : 48≫', '넘씨 -≪훈몽 하 : 11≫'와 같은 혼기례를 들고 모음 사이에서 [m]과 된소리의 [t]만 발음되었음을 표시한 것이라고 보고 있다. 공교롭게도 권용경(2001)에서 제시된 예들이 모두 이러한 혼기된 표기를 가지고 있다는 사실이 주목된다. 이러한 예에서 의 'ㅅ'을 통사적 요소로 볼 수 없다는 데에는 이견이 있을 수 없다.[121]

한편 이러한 통시적 발달 단계를 보이던 사이시옷은 현대 한국어에서는 합성어 내부 요소로 간주되는 것이 일반적이고 사이시옷의 출현과 비출현에 대한 논의는 대체로 다음과 같이 의미론적 분류에 따라 전개되어 왔다.

(140) 가. 아침밥, 밤잠, 겨울밤 ·························· <A가 B의 시간>
　　　 나. 안방, 촌사람, 산돼지 ·························· <A가 B의 장소>
　　　 다. 솔방울, 나뭇가지, 장밋빛 ········· <A(무정체언)가 B의 기원/소유주>
　　　 라. 고깃배, 잠자리, 술잔 ·························· <A가 B의 용도>

(141) 가. 반달, 뱀장어, 사슴벌레 ·························· <A가 B의 형상>
　　　 나. 도토리묵, 금가락지, 종이배 ·················· <A가 B의 재료>
　　　 다. 불고기, 칼국수, 전기다리미 ··············· <A가 B의 수단·방법>
　　　 라. 별똥별, 엄지가락, 수양버들 ·················· <A가 B와 동격>
　　　 마. 개다리, 돼지고기, 개구멍 ········· <A(유정체언)가 B의 소유주/기원>
　　　 바. 손발, 논밭, 눈비 ···························· <병렬구성>

(김창섭, 1996b : 49~52 참조)

(140)은 사이시옷이 전형적으로 나타나는 예이고 (141)은 사이시옷이 전형적으로 나타나지 않는 예이다. 김창섭(1996b : 57)에 의하면 (140)의 예들은 중세 한국어에서 속격 '-ㅅ'을 가지던 관계이고 (141)의 예들은 비속격적 구성((141가-라))이거나 중세 한국어에서 속격으로 '-인/-의'를 가지던 관계((141마)), 그리고 (141바)와 같은 경우이다. 만약 사이시옷의 출몰이 (140)과 (141)로 완벽하게 서술

---

121) 이는 공교롭게도 3장에서, Booij(2005)에서 제시된 '심판'의 의미를 가지는 'scheid -s-rechter'의 선행 요소인 'scheid'는 '나누다'의 의미를 가지는 동사 어간인데 연결 소 '-s'를 매개로 나타나는 것을 보면 이제는 이를 속격의 형태소로 볼 수 없다고 한 것을 떠올리게 한다.

된다면 이는 사이시옷의 형태소성을 뒷받침하는 것으로 해석할 수 있다. 비록 복잡하기는 하더라도 사이시옷이 이러한 의미를 가지는 것으로 기술할 수 있는 가능성이 있기 때문이다. 그러나 현실은 그렇지 못하다. (140)의 예들은 그러한 경우에 사이시옷이 나타나는 경우가 많다는 것이지 이러한 환경에서 모두 사이시옷이 나타난다는 것은 아니다. 더욱 중요한 것은 (141바)를 제외하면 모든 경우에서 예외가 발견된다는 사실이다.

(140') 가. 가을고치, 봄부채, 동지죽 ·············· <A가 B의 시간>
　　　 나. 산도깨비, 코감기, 물뱀 ·············· <A가 B의 장소>
　　　 다. 장미색, 콩기름, 요임금 ·············· <A(무정체언)가 B의 기원/소유주>
　　　 라. 과일접시, 화장비누, 구두약 ·············· <A가 B의 용도>

(141') 가. 머릿돌, 코뿔소 ·············· <A가 B의 형상>
　　　 나. 판잣집, 콩국, 눈사람 ·············· <A가 B의 재료>
　　　 다. 동냥글, 눈칫밥 ·············· <A가 B의 수단·방법>
　　　 라. 종달새, 동짓날 ·············· <A가 B와 동격>
　　　 마. 벌집, 머슴방, 부잣집 ·············· <A(유정체언)가 B의 소유주/기원>

(김창섭, 1996b : 49~52 참조)

(140')은 (140)에 의하면 사이시옷이 나타나야 하는데 정작 사이시옷이 나타나지 않는 경우이고 (141')은 (141)에 의하면 응당 나타나지 말아야 할 사이시옷이 나타나는 경우이다. (140')과 (141')의 예들은 3장에서 사이시옷의 형태소성과 관련하여서도 예외가 되는데 이는 사이시옷이 통시적인 변화를 거쳐 그 지위를 상실한 것을 의미한다.

이상의 측면에서 보면 한국어의 사이시옷은 통사적 구성 요소로 출발하였으나 단어의 내부 요소로 바뀌면서 접두사화나 접미사화에 참여하면서 형태소로서의 지위를 잃었다는 점에서 한국어 형태론의 유형론적 특수성을 잘 나타내 주는 존재라고 할 수 있다.

4.3.5.3. 통사적 구성의 단어화

앞에서 살펴본 바와 같이 한국어가 교착어로서 가지는 통사적 구성의 접사화와

달리 통사적 구성이 단어화하는 경우도 있다. 그런데 3장에서 단어 개념을 해체한
바 있으므로 이때의 단어도 달리 파악될 수 있음을 염두에 둘 필요가 있다. 즉
단어를 음운론적 단어, 어휘적 단어, 문법적 단어2로 나누었을 때 통사적 구성이
단어화하는 경우는 어휘적 단어로 결과되는 경우와 문법적 단어2로 결과되는 두
가지로 나누어 살펴볼 수 있는 것이다. 다시 어휘적 단어화 가운데 통사적 결합어
가 직접적으로 통사적 구성의 단어화라는 사실은 이미 여러 차례 언급한 바 있다.
따라서 여기서는 앞에서 언급하지 않은 '문법적 단어2'로의 변화 즉 조사화와 어미
화가 언급 대상이 된다.

먼저 교착어로서의 한국어의 유형론적 특수성을 보이는, 통사적 구성의 단어화
로서의 조사화는 활용형의 조사화로 국한된다.

(142) 가. 네 바리를 어듸 가 어든다 도로 다가 두어라 ᄒᆞ야늘≪월석 7 : 8≫
　　　　내 두 쌍 새 훠를 다가 다 ᄃᆞ녀 ᄒᆡ야ᄇᆞ리과라(把我的兩對新靴子 都走破
　　　　了)≪번박 상 : 35≫

　　가'. 쌉촐목 것거다가 ᄂᆞ출 거우ᅀᆞ보들 ᄆᆞᅀᆞᆷ잇든 뮈우시리여≪월곡 62≫
　　　　羅睺羅 ᄃᆞ려다가 沙彌 사모려 ᄒᆞᄂᆞ다 홀씨≪석상 6 : 2≫

　　나. 오직 妄量앳 ᄆᆞᅀᆞ미 믄득 니러나믈 브트면 識境이 난겻 뮈여 나거든(只緣
　　　　妄心이 瞥起ᄒᆞ면 識境이 競動ᄒᆞ거든)≪월석 서 : 3≫
　　　　ᄇᆞᄅᆞ미 브튼 딜 求ᄒᆞ야도 아득ᄒᆞ야 窮究티 몯ᄒᆞ리니(求風所從ᄒᆞ야도
　　　　沓莫可究ㅣ니)≪능엄 3 : 85≫

　　나'. 졍똘(正道)ㅣ 노픈신 들 아래브터 ᄆᆞᅀᆞ매 아ᅀᆞ봉디≪월곡 109≫
　　　　보와 아로믄 진실로 아힛 적브테니(見知眞自幼)≪두초 8 : 64≫

　　다. ᄒᆞ믈며 므렛 盜賊 하미 조츠니 ᄇᆞᄅᆞ미 셀리 부로믈 特別히 警戒ᄒᆞ라(況
　　　　兼水賊繁 飆特戒風駛)≪두초 16 : 19≫
　　　　톱 조츤 갈 ᄒᆞ나(鋸兒刀子一箇)≪번박 상 : 16≫
　　　　貂鼠皮 ᄉᆞ매 조차 내브틴 갓오슬 다가 좀이 먹어 흔 낫 댱티도 업서시니
　　　　(貂鼠皮去袖虫蛀的無一根兒風毛)≪박언 하 : 1≫

　　다'. 돈 果는 고고리에 ᄉᆞ뭇 들오 쁜 바곤 불휘조차 쓰니라(舌甘果ᄂᆞ 徹蔕舌
　　　　甘ᄒᆞ고 苦胡ᄂᆞ 連根苦ᄒᆞ니라)≪금삼 2 : 50≫

　　라. 菩薩이 比丘ᄃᆞ외야 겨르ᄅᆞ윈 괴외흔 싸해 ᄒᆞ오사 이셔 經典을 즐겨 외오
　　　　며 쏘 보디(或見菩薩이 而作比丘ᄒᆞ야 獨處閑靜ᄒᆞ야 樂誦經典ᄒᆞ며)≪법화
　　　　1 : 77≫

라'. ᄀᆞᆯ맷 나빈 당당이 흐오ᅀᅡ셔 이프리로다(江猿應獨吟)≪두초 15 : 17≫

　　辟支ᄂᆞᆫ 예셔 닐오맨 흐오ᅀᅡ셔 아다 호미라(辟支此云獨學)≪능엄 1 : 29≫

라". 先帝ㅅ 天馬 玉花驄을 畫工이 뫼 ᄀᆞ티 이셔셔 그료ᄃᆡ ᄀᆞᆮ디 아니터라(先
帝天馬玉花驄 畫工如山貌不同)≪두초 16 : 26≫

(최형용, 2003a : 197~198)

(142)는 '다가, 부터, 조차, 서'의 예이다. 이들은 아직 용언으로서의 지위를 가
지고 있지만 조사로서의 용법도 보이고 있음을 알 수 있다. (142가, 나, 다, 라)가
용언으로서의 쓰임을 보여 주는 것이며 (142가', 나', 다', 라')이 조사로서의 쓰임을
보여 주고 있다. (142라")의 경우는 '이시다'의 활용형에 다시 보조사 '서'가 붙은
것으로 분석된다는 면에서 매우 흥미로운 예이다.

현대 한국어에도 활용형이 조사화한 경우로 간주될 수 있는 경우가 존재한다.

(143) 가. 계절에 따라 다양한 꽃이 핀다.

　　나. 오늘따라 일이 유난히 많다.

　　　　그 날따라 버스가 오지 않았다.

(최형용, 2003a : 199)

(143가)의 '따라'는 동사 '따르-'의 활용형이다. 그에 비해 (143나)의 '따라'
는 '따르-'와 직접적인 연관성은 가지지만 주로 '오늘, 날' 등과 결합하여 '특별
한 이유 없이 그 경우에만 공교롭게'의 의미를 가지고 있다. 이러한 점에서 (143
나)의 '따라'는 '따르-'와 구별되어 조사로의 발달을 보이고 있는 것이 아닌가
한다.122)

다음으로 교착어로서의 한국어의 유형론적 특수성을 보이는, 통사적 구성의 단
어화로서의 어미화는 다시 의존 명사 구성의 어미화와 '어미+조사' 구성의 어미화
로 나눌 수 있다.

(144) 가. 나를 찾아 오느니보다 집에 있거라.

　　가'. 오는 이가 가는 이보다 많다.

----

122) 이 외에 '말고, 보고, 치고, 하고'의 경우도 마찬가지로 조사화로 간주할 수 있는 예
들이다. 자세한 것은 최형용(2003a : 199-201)을 참고할 것.

나. 그가 나를 미워하리만큼 내가 그에게 잘못한 일이 없다.

나'. 찬성할 이도 반대할 이만큼이나 많을 것이다.

(최형용, 2003a : 205)

(144)는 의존 명사 구성의 어미화를 보여 주는 예로서 특히 의존 명사 '이'의 통시적 변화와 관련하여 흥미로운 결과로 이해된다.

(145) 가. 둣오니 여희는 苦(愛別離苦), 믜우니 맛나는 苦(冤憎會苦)≪법화 2 : 84≫

나. 사나올 머구릴 뷔여 오니≪월석 1 : 45≫

(최형용, 2003a : 205)

(145가)의 '이'는 현대 한국어와 마찬가지로 '사람'을 의미하지만 (145나)의 경우는 '것'의 의미를 가지는 것으로 해석된다.[123) (145가)와 (145나)는 이러한 측면에서 해석될 수 있는 것으로 더 이상 '것'의 의미를 가지는 않는 의존 명사 '이'가 선행 요소와 결합하여 하나의 어미 구성으로 변화된 것이라고 할 수 있다. (144가')과 (144나')은 현대 한국어에서도 의존 명사로서의 지위가 굳건한 '사람'의 의미를 가지는 '이'의 경우인 것이다. (144가')의 '-느니보다'가 '-는 것보다'의 의미로, (144 나')의 '-리만큼'이 '-는 것만큼' 정도의 의미로 해석되는 것에 주목할 필요가 있다.

한편 '어미+조사' 구성의 어미화로는 다음 예들을 들 수 있다.

(146) 가. 행동이 타의 모범이 *되기/되기로 이에 표창을 함.

가'. 우리가 아무리 *바쁘기/바쁘기로 네 생일까지 잊어서야 되겠니?

나. 노예의 삶은 차라리 *죽느니/죽느니만 못하다.

다. 언제는 돈이 없어 물건을 살 수 *없다면/없다면서?

라. 잘못이 없어 무엇이 *두려우랴/두려우랴마는 지금은 피하고 보는 것이 좋을 듯하다.

마. 상황이 *불리함/*불리함에/불리함에도 불구하고 나는 포기할 수 없었다.

바. 자기는 *놀면/놀면서 나만 일을 시킨다.

사. 언제는 식사나 한번 *하자면/하자면서?

(최형용, 2003a : 207)

⋯⋯⋯⋯⋯⋯⋯⋯⋯

123) 이를 통해 현대 한국어를 기준으로 할 때 의존 명사 '이'는 분포가 축소되었다는 것을 알 수 있다.

(146가)의 '−기로'는 '까닭이나 조건'을 나타내는 것으로 '−기에'와 의미가 일맥상통하고 (146가)의 '−기로'는 '아무리 그렇다 하더라도'의 의미를 가진다. (146라)의 '−랴마는'은 종결 어미 '−랴'에 '마는'이 결합한 것으로 앞의 '−지마는'과 평행하게 파악되는 것이다. (146다, 사)는 각각 '−다고 하면서', '−자고 하면서'의 줄임말인 '−다면서', '−자면서'와는 달리 종결 어미로 쓰인 것으로 볼 수 있는 예이다. 즉 이들은 어미와 결합한 보조사가 어미와 밀접한 관련을 가지게 됨으로써 전체 구성이 하나의 어미로 변한 예라고 할 수 있다. 이처럼 '어미+조사' 구성이 어미화한 예로 '−고는(같은 일의 반복), −기에(원인이나 근거), −다마는, −더라도, −(으)ㄹ지라도, −라도, −라면서, −라야, −아도/어도(조건이나 양보), −아서/어서, −아야/어야, −지마는'을 더 들 수 있다. 이들도 각각의 조사와 어미가 형태상의 변화 없이 하나의 어미로 굳어졌다는 점에서 교착어로서의 한국어의 특수성을 보여 주는 예들이라 할 수 있다.

4.3.6. 단어 형성과 의미 관계

4.3.6.1. 파생어 형성에서의 빈칸과 한국어 동의파생어의 위상

본서에서는 3장에서 형태소를 분석과 형성의 관점에서 바라본 바 있다. 단어 형성의 경우는 특히 '형성'의 관점과 밀접하다는 것을 보인 바 있는데 이는 단어 형성이 분석의 측면에서 패러다임을 형성하지 못하는 구석이 많다는 점을 의미하는 것이기도 하다. 특히 파생어 형성이 굴절의 패러다임과 비교되는 경우가 많았는데 굴절의 패러다임에서는 체계상의 빈칸을 채우기 위해 보충법과 같은 장치에 기대는 데 비해 파생의 경우에는 빈칸이 나타나는 것이 오히려 자연스러운 경우가 일반적이다.

이때의 빈칸은 다시 우연한 빈칸과 체계적 빈칸으로 구분할 수 있다. 앞의 것은 특별한 이유가 없이 빈칸이 나타나는 경우이며 뒤의 것은 어떤 단어의 존재가 새로운 단어의 형성을 막는 경우이다.

(147) 가. approval, proposal, transmittal, reversal

　　　나. *derival, *confusal, *permittal, *conversal

(147)은 이 가운데 우연한 빈칸을 보여 주는 영어의 예인데 (147나)의 예들이 단어로 존재하지 못할 이유가 특별히 제시되기 어렵다. 이에 대해 다음의 예들은 Aronoff(1976)에서 빈칸이 생기는 이유가 명백한 저지(blocking) 현상의 예로 제시된 바 있는데 이는 체계적 빈칸의 예가 된다.

(148) 가.	curious	*	curiosity	curiousness
	various	*	variety	variousness
	specious	*	speciosity	speciousness
나.	glorious	glory	*gloriosity	gloriousness
	furious	fury	*furiousity	furiousness
	gracious	grace	*graciosity	graciousness

즉 (148)의 'Xous' 형용사들은 명사 형성을 위해 단 하나의 칸만 가지고 있는데 이 칸이 이미 채워지면 다른 명사 형성이 의미론적으로 '저지'된다는 것이다. 한국어에서도 이처럼 파생어 형성에서 빈칸이 생기는 경우가 나타난다.

(149) 가. 맨손, 맨발, 맨눈, 맨몸, 맨머리, 맨대가리, 맨정신, 맨입

　　　나. *맨귀, *맨코

(전상범, 1995 : 2)

(150) 가.	높이	*
	길이	*
	깊이	*
	넓이	*
	*	굵기
	*	기울기
	*	밝기
	*	세기
나.	키	크기

(송철의, 1992 : 120)

(149)는 우연한 빈칸의 예라고 할 수 있는데 전상범(1995 : 2)에서는 '수술 후 할머님 귀가 아주 밝아져서 이제는 맨귀로도 잘 들으신다/경험이 많은 기술자들은 맨코로도 미량의 가스 누출을 알아낸다'와 같은 문장을 들어 (149나)의 경우를, 가능하지만 '우연히' 존재하지 않는 단어들이라고 본 바 있다. (150)은 체계적 빈칸의 예인데 현대 한국어에서 접미사 '-이'는 척도명사를 파생시키는 데 있어 더 이상 생산성을 가지지 못하고 있지만 이미 척도명사의 자리를 차지하고 있기 때문에 '*높기, *길기' 등이 명사의 지위를 가지지 못하게 '저지'한다는 것이다. 또한 (150가)에서 보는 바와 같이 '굵-, 기울-, 밝-, 세-' 등이 가지는 척도명사의 빈칸은 '-기'에 의해 형성된 명사들로 채워지고 있는 것이다. 이들 가운데 생산성이 더 높은 것은 당연히 '-기'이므로 이는 전형적인 저지 현상의 예로 간주될 수 있는 것이다. 한편 (150나)는 송철의(1992 : 120)에서의 설명처럼 저지 현상의 예외는 아니다. '키'가 '身長'을 의미한다는 점에서 척도명사 '크기'와는 다른 의미를 가지기 때문이다.

그런데 한국어의 경우 오히려 하나의 빈칸을 두 개 이상의 단어가 차지하고 있어 어휘부의 잉여성을 담보하는 동시에 유형론적으로도 특별한 경우가 적지 않게 존재한다. 하나의 빈칸을 두 개 이상의 단어가 차지한다고 할 때 그 두 개 이상의 단어들은 서로 동의 관계에 있다. 본서에서는 이 가운데에서도 어기를 공유하지만 접사에서만 차이가 나는 단어들, 그리고 한자어와 고유어 사이의 동의어 대응 관계에 대해 관심을 기울여 보기로 한다. 이들은 한국어 단어의 유형론적 특수성을 여실히 보여 주는 것들로 간주할 수 있기 때문이다.

동의어 가운데 어기를 공유하지만 접사에서 차이가 나는 단어들을 '동의파생어' (최형용, 2009d)라 할 수 있다. 한국어 어휘에서 동의파생어의 범위를 한정짓기 위해 국립국어연구원(1999)의 『표준국어대사전』을 참고해 보기로 한다. 『표준국어대사전』에는 유의어와 동의어를 구분하여 표시하고 있는데 국립국어연구원 (2002 : 81)에 의하면 전체 표제항 509,076개 가운데 뜻풀이 뒤에 동의어를 제시한 표제어가 50,488개이고 뜻풀이를 하지 않고 기본 표제어의 동의어로 돌린 표제어가 70,340개이다. 유의어가 아니라 동의어라고 한 만큼 동의성의 정도가 높은 것만을 가려뽑았다는 것을 감안하고 이들 동의어 표제항에는 동의파생어의 범위에 들어오는 '경사롭다/경사스럽다, 낭패롭다/낭패스럽다, 다사롭다/다사스럽다, 여유롭다/여유스럽다, 명예롭다/명예스럽다, 번화롭다/번화스럽다'와 같은 것들이 배제되어 있다는 것을 참고한다면 한국어에서 동의어가 차지하는 비율은 결코 작지 않다고 할 수 있다. 최형용(2009d)에서는 여러 가지 검증 절차를 거쳐 모두 4,041개의 동의파생어 쌍을 추출한 바 있다.

4,041개 동의파생어 쌍은 접미사가 대응소인 경우가 4,003개(99.1%)이고 나머지 38개(0.9%)는 접두사가 대응소인 경우였다. 그리고 동의파생어 쌍 전체는 모두 151개 유형으로 나누어지는데 이 가운데 136개 유형이 접미사가 대응소인 것이고 나머지 15개 유형은 접두사가 대응소인 것이다.

본서에서 중요한 것은 동의파생어 가운데 가장 높은 항목 빈도를 보이는 것이 '가닐대다/가닐거리다' 유형이라는 점이다. 전체 4,041개 가운데 3,624개가 이 유형에 속하는데 비율로 따지면 89.7%에 이른다. 접미사 '-대-'와 '-거리-'는 다음과 같이 그 관계를 정리할 수 있다.

(151) 가. 꿈지럭거리다/꿈지럭대다, 꿈틀거리다/꿈틀대다, 끄덕거리다/끄덕대다, 머무적거리다/머무적대다, 기웃거리다/기웃대다, 더듬적거리다/더듬적대다 …

　　　나. *꺼칠거리다/*꺼칠대다, *뭉게거리다/*뭉게대다 …

　　　다. 흔들거리다/*흔들대다

　　　라. *으스거리다/으스대다, *어기거리다/어기대다

(최형용, 2003a : 271~272)

(151가, 나)에서 보는 바와 같이 '-거리-', '-대-'에 의한 파생의 경우는 두 가지가 모두 가능하거나 두 가지가 모두 불가능한 것이 일반적이다. 그리고 (151다, 라)에서 보는 바와 같이 '-거리-'와 '-대-' 가운데 어느 하나가 불가능한 것은 극히 일부의 예에 불과하다. (151다, 라)의 예들을 통해서는 '-거리-'와 '-대-'가 의미상의 차이를 가지는 것으로 논의되기도 하였다. 가령 조남호(1988 : 68)에서는 '-대-' 파생어가 '-거리-' 파생어보다 '적극적인 동작'을 의미한다고 보았다. 그러나 그 의미 차이는 완전 동의에 가까울 정도로 구별하기가 쉽지 않다. 따라서 전체 동의파생어 가운데서도 동의성이 가장 높으므로 예외적인 (151

다, 라)의 경우를 제외한다면 '-거리-'와 '-대-' 파생은 하나의 칸을 두 개의 단어가 대등한 지위를 가지고서 차지하고 있는 것이라 할 수 있다. 이와 같은 양상을 보이는 것은 Aronoff(1976)의 저지 개념에서 볼 때 매우 특별한 것이라 하지 않을 수 없다. 이는 한국어의 어휘부가 개별 언어의 측면에서 잉여성을 담고 있다는 방증이 되기도 하는 것이다.124)

4.3.6.2. 어휘장과 합성어 형성125)

그동안 파생어에 대한 논의는 파생어 형성에 참여하고 있는 접미사나 접두사를 중심으로 이루어져 왔다. '덮개'의 경우처럼 '-개'가 전체 구성의 분포를 결정하는 경우는 물론이려니와 '개나리'의 '개-'와 같이 의미나 분포에서 상대적으로 영향력을 덜 미치는 경우에도 이러한 사정에는 변함이 없다. 종이 사전에서도 대체로 이와 같은 방식으로 표제항을 처리하고 있음을 볼 수 있다. 다시 말하자면 접사가 서로 다른 어기끼리의 관계는 포착되지 않고 있는 셈이다. 이것은 메타적인 방법으로 파생어의 형성을 논의하려는 규칙 중심적 접근 방법뿐만 아니라 단어 사이의 계열적 관계를 중시하는 유추 중심적 접근 방법에서도 사정이 비슷하다. 그런데 합성어에 있어서는 그 양상이 다르다. 합성어는 내부 구조를 가지지 않는 형태소 하나짜리의 결합이든 둘 이상의 형태소의 결합이든 직접 구성 요소가 어기의 자격을 가진다는 점에서 어기끼리의 결합이므로 규칙 중심적 접근 방법에서보다 유추 중심적 접근 방법에서 어기 사이의 관계에 훨씬 더 많은 주목을 하게 된다.

계열 사이의 연관성은 경우에 따라 더 밀접할 수도 있고 더 느슨할 수도 있으며 어떤 경우에는 일정한 범위를 전제하고 있을 수도 있고 그렇지 않을 수도 있다.

---

124) 한국어 동의파생어의 유형론적 특수성이 좀 더 부각되기 위해서는 다른 언어에서도 이와 같은 동의파생어가 어느 정도 비율을 차지하고 있고 또 그 구성은 어떤지에 대해서도 조사해야 한다. 그러나 지금으로서는 이러한 주제로 유형론적 검토를 한 경우는 보이지 않는 듯하다. 앞으로의 과제가 아닐 수 없다.

125) 이 부분은 최형용(2011b)에 기반한 것이다. 최형용(2011b)에서는 어휘장이 형태론의 측면에서 새롭게 조명될 수 있음을 주장한 바 있는데 아직 본격적인 논의가 아니라 서론격에 불과하다. 어휘장이 형태론의 측면에서 어떻게 전개될 수 있는가에 대한 본론은 다른 자리에서 종합적으로 논의하고자 한다.

가령 '덮개'와 '지우개'의 연관성은 '고기잡이'와 '손잡이'에 비해 더 밀접하다. 한
편 '덮개'와 '지우개'가 일정한 범위를 전제하고 있지는 않지만 '팔찌'와 '배찌'의
경우는 'X찌'가 신체를 넘지 않는다는 점에서 일정한 범위를 전제하고 있다고 할
수 있다. 특히 후자와 같이 서로 의미적 연관성을 가진 채 일정한 범위를 전제하고
있는 단어들의 모임이 바로 어휘장(lexical field)이다.

어휘장은 의미 관계를 전제로 한다. 가령 '동, 서, 남, 북'은 '동'과 '서', '남'과
'북'이 서로 반의 관계를 보이고 있으며 '덧셈'과 '뺄셈', '곱셈'과 '나눗셈'도 마찬
가지이다. 또한 공통 의미가 어휘로 존재하는 경우에는 상하위 관계 포착도 가능하
다. '방위(方位)'는 이것이 공통된 의미일 뿐만 아니라 '동', '서', '남', '북'에 대한
상위어의 자격을 가진다. 김광해(1989)에서는 어휘장 이론을 고유어와 한자어의
일대다 대응 현상에 적용하고 있는데 이때 고유어가 대응되는 여러 한자어들의
공통 의미라고 본다. 즉 고유어가 상위어의 자격을 가지는 것으로 해석하는 것이
다.126)

(152) [땅] - 육지, 대지, 토지, 지표, 영토, 토대, 택지, 대륙, 지구, 지방, 전답 …

지금까지 국내에서는 별다른 주목을 받은 적이 없어 보이지만 이러한 측면에서
보면 어휘장도 형태론의 유형론적 측면에서 주목해야 할 부분이 적지 않다고 판단
된다. 당장 '동, 서, 남, 북'과 같은 기본 방위는 단일 형태소로 이루어져 있다는
점에서 기존의 단어 형성 접근에서는 거의 언급할 것이 없지만 의미를 공통 요소로
삼는 어휘장의 측면에서는 이들이 모두 한자어로서 음절수를 같이 한다는 일종의
제약을 발견할 수 있는 것이다. 두 개 이상의 형태소로 되어 있는 단어들이 모인
어휘장은 구성 요소 사이에 분명한 계열 관계를 보여 주는 경우가 많다는 점에서
흥미로운 논의거리들이 적지 않을 것으로 예상되기 때문이다.

본서에서 어휘장을 형태론적 측면에서 바라볼 수 있다고 한 데는 몇 가지 이유가
있다. 다시 강조하거니와 어휘장은 공통된 의미 속성을 전제로 한다. 그런데 사실

----

126) 김광해(1989)에서는 오른쪽의 한자어들을 훨씬 많이 제시하고 있는데 여기에서는
    그 일부만 제시하기로 한다.

같은 어휘장에 속하는 단어들은 의미 속성뿐만이 아니라 형태론적 측면에서도 몇 가지 속성을 공유하고 있다. 이를 '동', '서', '남', '북'의 경우를 들어 살펴보기로 하자.

첫째, 같은 어휘장에 속하는 단어들 가운데는 그 구조가 형태론적으로 평행한 것이 적지 않다. '동', '서', '남', '북'의 경우는 같은 어휘장에 속하지만 같은 의미를 가진다고 하여 '동'을 '동쪽'으로 바꿀 수는 없다. 즉 '동쪽', '서', '남', '북'은 같은 어휘장에 묶이는 것으로 보기 어렵다. 만약 '동'이 '동쪽'이 된다면 나머지도 이에 따라 '서쪽', '남쪽', '북쪽'이 되어야 한다.

둘째, 같은 어휘장에 속하는 단어들은 '한자어' 혹은 '고유어' 등 어종이 동일하다. [동쪽]을 의미하는 '새'127)는 '동'과 단어 구조에서 동일성을 확보하고 있지만 한자어가 아닌 고유어이기 때문에 '동' 대신 [방위]의 어휘장에 참여할 수 없다. 이는 특히 한국어의 어휘가 가지는 유형론적 특수성의 측면에서 주목할 필요가 있다. Sohn(1999 : 87)에서는 한국어의 어휘가 대략 고유어 35%, 한자어 60%, 외래어 5%로 이루어져 있다고 보았다. 국립국어연구원(2002 : 51)의 분석에 따르면 국립국어연구원(1999)의 『표준국어대사전』은 한자어 57.3%, 고유어 25.2%, '한자어+고유어'가 8.3%로 되어 있다. 그리고 외래어는 5.6%로 되어 있다. 이와 같은 어종 구성을 가지는 한국어는 동의어의 관계가 한자어와 고유어 사이에 대응하는 경우가 적지 않은 것이다.

셋째, 단일 형태소로 이루어진 '동', '서', '남', '북'의 경우에는 공유하는 부분이 없시만 '농쪽', '서쪽', '남쪽', '북쪽'의 경우에서 보는 것처럼 형태소가 둘 이상이 되면 '쪽'처럼 공통 요소가 출현하는 경우가 많다. 물론 하나의 어휘장에 속하고 구성원들이 두 개 이상의 형태소로 이루어져 있다 하더라도 형태상 공통적인 요소를 가지지 않을 수도 있다. 또한 '고기잡이'와 '손잡이'처럼 공통 요소의 출현이 늘 같은 어휘장을 전제하는 것도 아니므로 이는 같은 어휘장에 소속되기 위한 필요

127) 국립국어연구원(1999)의 『표준국어대사전』에는 '새'가 '동쪽'의 함북 방언으로 되어 있다. 주지하는 바와 같이 '새'는 '샛바람, 높새, 된새' 등의 '바람' 관련 단어에 남아 있고 '금성'을 뜻하는 '샛별'에서도 그 흔적을 찾을 수 있다. 사이시옷이 나타나는 것으로 보아 명사임에 틀림없다.

조건의 측면에서 이해할 수 있다.

이러한 속성들은 동의 관계보다 반의 관계에서 요구되는 것이기도 하다. '동', '서', '남', '북'의 '동'과 '서', '남'과 '북'이 반의 관계에 있는 것이 우연이 아닌 것이다. '동'과 '서'는 반의 관계이지만 '동쪽'과 '서'는 반의 관계가 아니며 '새'와 '서'도 반의 관계라고 보기 어렵다. 반면 '동'과 '동쪽', '새'는 동의 관계(혹은 유의 관계)에 놓여 있다.

같은 어휘장에 속하는 단어들 사이의 형태론적 형성 과정을 비교하는 것도 한국어의 어휘가 가지는 특성을 밝히는 일이 된다. 이러한 측면에서 흥미로운 결과를 제시하고 있는 것은 Wälchli(2005)이다. Wälchli(2005)는 '동서남북'과 같이 구성 요소의 결합이 무작위적이지 않은 등위 합성어(co-compound)에[128] 대해 빈도에 기반한 유형론적 논의를 제공하고 있다. 한국어와 관련해서도 몇 가지 논의가 눈에 뜨이는데 먼저 Wälchli(2005 : 215)에서는 유라시아 언어들의 대등 합성어 빈도를 다음의 일곱 단계로 나누었다.[129]

(153)

등위 합성어 빈도 단계	해당 언어들
(6) 상고빈도(upper high level)	중국어(Mandarin), 베트남어 등
(5) 고빈도(high level)	티벳어, 타이어, 크메르어 등
(4) 상중빈도(upper moderate level)	만주어, 한국어, 일본어, 야쿠트어, 카자흐어 등
(3) 중빈도(moderate level)	타타르어, 현대 위구르어, 그루지아어, 힌디어, 인도네시아어 등
(2) 상저빈도(upper low level)	핀란드어, 헝가리아어, 현대 그리스어, 터키어 등

128) Wälchli(2005)에서의 등위 합성어(co-compound)는 합성어의 한 부분으로 언급되어 단어와 더 가까운 관계에 놓여 있지만 그렇다고 하여 등위 접속(coordination)과 완전히 무관한 것은 아니다. Wälchli(2005 : 274)에서는 이를 염두에 두고 "등위 합성어는 전형적으로 등위 접속의 외현적 표지를 결여한 것"이라 표현하고 있다.

129) 해당 언어들은 몇 가지만 제시하였다. 자세한 것은 Wälchli(2005 : 215)를 참고할 것.

(1) 저빈도(low level)	타갈로그어, 나나이어, 아르메니아어 등
(0) 거의 없음	영어(와 서유럽어), 아라비아어 등

이를 지도에 표시해 보면 동아시아, 동남아시아 지역이 빈도수가 높은 지역이라고 하였다. 그리고 이러한 등위 합성어의 존재나 결여를 나타내 주는 지표로서 [parents]를 나타내는 어휘 영역을 조사하였는데 3등급 이상 지역은 등위 합성어의 어휘화 정도가 훨씬 더 높은 것으로 조사되었다고 한다(Wälchli, 2005 : 215~217). 한국어의 경우는 [parents]를 '부모'라는 대등 합성어로[130] 나타내지만 등급이 낮은 지역에서는 구성 요소 사이에 접속 표현을 둔 통사 구성, 이를 테면 '아버지와 어머니'처럼 나타낸다는 것이다.[131] 이를 기반으로 Wälchli(2005)는 대등 합성어가 동아시아, 동남아시아에서 대륙의 서쪽으로 확대해 나간 것이라는 가설을 제시하고 있다.

한국어 단어 '부모'는 어근 '부−'와 '−모'가 반의 관계에 있으면서 두 요소의 합이 가지는 의미는 이들 요소와 상하위 관계에 놓인다. 즉 '부모'는 단어 형성이 어휘장과 관련되는 측면을 보여 준다는 점에서 매우 흥미롭다고 할 수 있다. Wälchli(2005)는 바로 이 단어에 주목하여 등위 합성어의 전파 양상을 유형론적으로 추적한 논의라 할 수 있는데 한국어의 합성어를 이처럼 어휘 관계에 기반하여 분석한 논의도 거의 전무할 뿐만 아니라 이를 유형론적인 측면에서 살펴본 국내 논의는 존재하지 않는 듯하다. 이러한 측면에서 보면 한국어 형태론의 유형론적 특수성을 넘는 보편성을 향해 어휘장과 관련된 합성어 형성에 대한 연구는 앞으로 매우 중요한 연구 과제가 아닐 수 없다.

---

130) 한국어에서 '부모'는 합성어로서 단어이기 때문에 단어가 아닌 것들도 지시하는 '등위 합성어' 대신 '대등 합성어'로 표현하였다.

131) 김주원(2008)에 의하면 절멸 위기에 있는 알타이어 가운데 야쿠티아와 캄차트카 반도, 오호츠크해 연안에 사용자가 2002년 기준 19,071명인 '어윈어'에 대해 소개하고 있는데 이 언어에서는 [할아버지]는 단일어이고 [손자]는 '아들의 아들'(xutu xutən)로 나타낸다고 한다.

V.
한국어 형태론의
전망과 과제

5.1. 요약을 통한 전망

지금까지 한국어 형태론의 보편성과 특수성에 대해 유형론적 관점에서 살펴보았다. 이를 위해 먼저 1장에서는 언어 유형론의 개념과 방법론에 대해 언급하였다. 이 과정에서 한국어의 교착어로서의 지위가 부각되어야 한다는 사실을 문제 제기의 형식으로 피력하였다. 본서는 본격적인 유형론을 전개하려는 것이 아니라 한국어의 형태론적 특성을 객관적으로 파악하는 것이 목표라는 사실을 강조하였다.

2장에서는 본격적으로 한국어 형태론의 특성에 대해 살피기 전에 한국어가 가지는 유형론적 특성에 대해 개괄하였다. 이를 형태적 특성과 통사적 특성으로 나누어 살펴보았는데 그동안 한국어의 형태적 특성과 관련되어 이슈가 된 것은 '교착' 혹은 '첨가'가 '굴절'과 구별되는 부분, 한국어의 접사의 범위와 결합 순서, 굴절과 파생의 차이, 문법 범주의 실현 층위 등임을 살펴보았다. 통사적 특성으로는 표시(marking)와 관련하여 이것이 한국어에서 실현되는 방식, 격과 일치의 문제, S, A, P를 통한 한국어의 문장 구조 등에 대해 살펴보았다. 그리고 어순에 대해서도 유형론적 논의를 정리하였다. 끝으로 굴절이 한국어의 초기 문법 연구에서 한국어에 어떻게 정착하였는지 그 과정을 간단히 살펴보았다. 2장에서 살펴본 것들은 모두 3장 이하에서 언급될 한국어 형태론의 유형론적 보편성과 특수성의 기술과 직접적으로 연관되어 있다는 사실을 염두에 둘 필요가 있다.

3장에서는 한국어 형태론의 유형론적 보편성에 대해 언급하였는데 한국어의 형태론에서도 그 단위로 먼저 형태소, 단어가 설정될 수 있지만 세부적으로는 짚고 넘어가야 할 점이 적지 않음을 살펴보았다. 형태소는 분석 단위로 바라볼 때와 형성 단위로 바라볼 때 그 범위가 다르다는 사실을 언급하였다. 따라서 분석 단위로 바라볼 때는 영형태소를 인정할 수 있지만 형성 단위로 바라볼 때는 그것이 합리적이지 않음을 주장하였다. 한편 단어는 형태론의 본령에 해당할 만큼 단위로서의 가치를 가지고 있지만 그 개념 안에 다양한 요소들이 포함되어 오히려 혼동의 양상으로 전개될 가능성이 높기 때문에 일관성을 위해 다양한 요소로 해체되어야 한다는 사실을 언급하였다. 이를 통해 음운론적 단어, 문법적 단어1의 체계 혹은 음운론적 단어, 어휘적 단어, 문법적 단어2의 체계로 나누어야 함을 살펴보았다. 어휘적 단어는 이것이 단어 형성의 결과와 직결된다는 점에서 문법적 단어1로 묶이기에는 이질적인 것들이 적지 않다는 판단에서였다. 한편 한국어에 조사 결합어, 어미 결합어로 대표되는 통사적 결합어가 적지 않은 것도 교착어로서의 한국어의 특징을 반영하는 것으로 해석할 수 있다. 형태소의 교체도 여러 가지 다양한 의견이 있지만 보편적으로 적용될 수 있는 방안을 모색하였으며 이를 그 조건과 요인으로 나누어 기술하였다. 형태론적 과정을 설명하는 모형은 크게 형태소−기반 모형과 단어−기반 모형으로 나눌 수 있는데 비연쇄적 과정의 존재는 형태소−기반 모형보다 단어−기반 모형의 설명력을 강조하는 것으로 파악할 수 있음을 살펴보았다.

4장에서는 위의 내용을 바탕으로 구체적인 한국어 형태론의 유형론적 특수성을 살펴보았다. 먼저 한국어의 형태론이 3장에서 정의된 단어 개념을 통해 교착소의 결합, 단어의 형성, 품사 문제 등으로 세분화할 수 있음을 언급하였다. 이에 따라 교착어로서의 한국어 형태론의 현저성을 산출하였는데 이는 여러 단어 개념 가운데 음운론적 단어 개념에 기반한 것이었다. 품사의 문제는 분류의 기준으로부터 논의를 시작하였는데 그동안 그 지위가 적극적인 것으로 간주되지 않았던 '의미'의 비중을 격상시킬 필요가 있다고 보았고 한국어의 품사 분류를 위해서는 '형식'이 품사 분류 기준으로서 별다른 역할을 가지지 못한다는 사실을 주장하였다. 이는 특히 한국어의 어미를 독립된 단어로 간주하는 문법적 단어2의 개념과 연결되어 있다. 한국어의 품사 가운데 유형론적 특수성을 가지는 것으로 대명사와 수사를 들었고 한국어의 조사가 접어로 간주되는 데 대해 접어와 구별되는 특성을 제시함으로써 조사가 접어로 간주되는 것에 대해 부정적인 시각을 제시하였다. 단어 형성의 유형론적 특수성은 모형, 논항 구조, 어순, 통시성, 의미 관계로 나누어 살펴보았는데 먼저 3장의 논의를 바탕으로 한국어 단어 형성을 위해서는 단어—기반 모형이 보다 적절하다는 사실을 구체적인 단어 형성 과정과 연관하여 살펴보았다. 논항 구조는 의미론적 개념이므로 단어 형성에서도 그대로 적용할 수 있는데 이때 '앞서다, 거울삼다'와 같은 단어들의 존재는 한국어의 단어 형성을 생성 문법의 틀에서 설명하는 것을 거부한다는 측면에서 매우 중요하다는 사실을 언급하였다. 한편 단어 형성을 통사적 절차와 관련지으려는 논의도 부정하였는데 이는 유형론적 측면에서 어순과의 관련성이 한국어의 경우 문장과 구분되지 않는 경우들을 중심으로 주장된 바 있었다. 그러나 유형론적 검토를 통해 단어 형성이 어순과 무관한 언어들을 제시함으로써 한국어의 단어 형성도 형태론적 측면에서 검토되어야 함을 주장하였다. 다음으로 통시성의 문제에서는 통사적 구성의 형태론적 단위화에 초점을 맞추었는데 통사적 구성이 접사화하는 경우, 사이시옷 구성이 단어화하는 경우, 어미화, 조사화를 포함한 통사적 구성의 단어화에 논의를 집중하였다. 그리고 이 과정에서도 한국어가 교착어로서 지니는 특징이 여실히 드러남을 살펴보았다. 끝으로 의미 관계는 먼저 한국어의 파생어들이 빈칸을 동시에 차지하는 동의어의 측면에서 유형론적 특수성이 있음을 언급하였다. 이 과정에서 '—대—', '—거리—'에 의한 단어 형성이나 어종에 따른 동의어의 존재는 한국어의 어휘가 형태론과 관련하여 살펴볼 수 있는 대상임을 언급하였다. 또한 어휘장과 관련하여 합성어를 유형론적 측면에서 바라볼 수 있는 가능성도 타진해 보았다.

　최근에는 국내에서도 한국어에 대한 유형론적 시각을 표방한 업적들이 적지 않게 배출되고 있다. 서론에서 제시한 것처럼 한국어의 특수성을 형태론에 중점을 두어 보다 객관적으로 살펴보고자 하는 본서의 입장에서 보면 쌍수를 들어 환영할 만한 일이다.

　국내의 논의에서는 전체 유형론적 관점은 물론 부분 유형론의 관점에서도 세계의 언어를 조망하는 업적을 찾기 힘들었는데 Song(2001), Song(2011)은 이러한 측면에서 획기적인 업적이 아닌가 생각된다. 더욱이 Song(2001)의 본문은 "언어 유형론자들은 무엇을 연구하는가"로부터 시작하고 있는데 어순의 다양성을 들면서 첫 예문으로 한국어 "기호가 사자를 찼다."를 제시한 것은 이러한 점에서 시사하는 바 적지 않다.1) 송경안·이기갑 외(2008)의 세 권의 저서는 머리말에서도 직접 언급한 바와 같이 국내에서 언어 유형론 분야의 '첫 단행본'이다. 한국어를 포함하여 모두 9개 언어를 대상으로 연구를 진행하였는데 품사, 문장, 어순, 기본문형, 격, 부치사, 재귀 구문, 접속 표현, 시제와 상, 양상, 조동사, 태를 하위 주제로 하였다. 통사론의 구문을 대상으로 한 한국어 유형론은 연재훈(2011)에서 시도되었다. 한국어의 격표지와 관계되는 여격 주어 구문, 사동문, 피동문, 처소 교체 구문, 소유주 상승 대격 중출 구문, 관계절로 나누어 살펴보고 있다. 논문 가운데서도 "유형론"을 핵심 어휘로 삼거나 "유형론적 관점에서 본 한국어의~"로 시작하는 것들도 적지 않게 눈에 뜨이며 그 방향은 급격한 증가세에 있는 실정이다.2)

이러한 연구들의 양적, 질적 증가는 모두 한국어에 대한 유형론적 보편성과 특수성을 뒷받침하는 것들로 평가하는 데 주저하지 않게 한다. 그러나 그 주제의 측면에서는 여전히 국외의 유형론적 논의에서 중심이 되어 온 것에 한정되고 있다는 느낌이 든다. 본서에서도 유형론에 대한 논의가 가지는 이러한 한계를 최대한 살펴보려고 노력하였거니와 이는 역설적으로 보다 다양한 측면에서 한국어가 가지는 특질이 연구되어야 한다는 것을 보여 주는 것으로 생각해야 할 것이다. 특히 4장의 몇 군데에서 앞으로의 과제로 제시한 것들은 이러한 시각의 소산이다.

---

1) Whaley(1997 : 81)에서는 SOV 언어의 예로 일본어를 들었다.
2) 이 가운데 일부는 이미 본문에서 직·간접적으로 언급한 바 있으나 그 외의 것들에 대해서는 지면의 제약으로 일일이 들어 밝히지는 않기로 한다.

5.2. 과제
－또 다른 시작을 위한 문제 제기를 겸하여

　본서의 출발은 한국어가 형태론적 방식에서 굴절어가 아닌데도 불구하고 굴절어에 따른 시각이 형태론 곳곳에 남아 있다는 문제 제기였다. 즉 한국어의 형태론적 특수성이 인구어를 중심으로 한 보편성 속에서 제대로 밝혀지지 않은 측면이 적지 않다는 인식이 논의의 출발점이었던 것이다. 본서의 논의를 통해 어느 정도 한국어 형태론이 가지는 특수성이 보다 객관적인 시각에서 제시되었다고 생각되지만 앞으로 갈 길은 지나온 길보다 더 험하다고 판단된다. 이는 한국어의 언어적 특성이 제대로 밝혀지지 않은 부분도 있지만 여전히 한국어의 언어적 특성이 타자에 의해 간접적으로 파악되고 정리되어 있는 현실과 무관하지 않다. 여기서는 이에 대한 문제 제기를 통해 이를 극복하는 것이 앞으로의 과제임을 언급하는 것으로 논의를 마무리하고자 한다.

　먼저 한국어의 특징을 보다 적극적으로 반영할 수 있는 연구 주제 발굴에 대해 생각해 볼 필요가 있다. 지금까지 인구어 중심의 문법 기술에서는 '한국어에도 있는 언어적 특성', '한국어에는 없는 언어적 특성'에만 논의가 집중된 느낌이 있다. 한국어의 특징을 보다 적극적으로 반영할 수 있는 연구 주제란 이러한 관점에서 보면 '한국어에 가장 풍부하게 존재하는 언어적 특성'을 찾는 것이다. 단어 형성의 측면에서 이러한 예로 들 수 있는 최우선의 예는 단연 '상징'이라 할 수 있다. 본서에서도 '상징'을 단어 형성의 측면에서 단어－기반 모형의 우위성을 의미하는 근거 가운데 하나로 든 바 있지만 유형론적 관점에서 한국어의 '상징(symbolism)'에 대한 접근은 아직 미미한 것이 현실이라고 판단된다. 4장에서 언급한 바와 같이

Sapir(1921 : 128)에서는 언어를 나누는 방식(technique)에서 '상징'을 중요한 변수로 간주한 바 있고 Sohn(1999)에서도 한국어의 어휘적 특징 가운데 상징어에 대해 비중 있게 다루고 있지만 정작 상징어 형성에서 매우 중요한 중첩을 다룬 Inkelas & Zoll(2005)에서 한국어는 한 번도 인용되어 있지 않은 것이 현실이다. Rubino(2005 : 114)에서는 중첩이 언어 유형론적으로 어떻게 나타나고 있는지를 다음과 같은 통계 수치로 제시하고 있다.

(1) 가. 완전 중첩과 부분 중첩이 생산적인 언어 ·························· 277개
    나. 완전 중첩만 생산적인 언어 ································· 34개
    다. 생산적인 중첩이 존재하지 않는 언어 ····················· 56개
                            총 ································· 367개

  한국어는 물론 (1가)에 속해 있는 것으로 제시되어 있지만 이것만으로는 한국어의 특징을 드러내는 데 부족함이 없지 않다.
  다음으로 이보다는 소극적인 측면에서 한국어의 특징이 잘못 제시되어 있는 것에 대해 조사하고 연구하여 바로잡을 필요가 있다.3) 1장에서 Whaley(1997)에 제시된 한국어에 대한 그릇된 정보에 대해 이를 번역한 김기혁(2010)에서의 지적을 언급한 것도 이러한 맥락과 직접적인 연관을 갖는다. 또한 본서에서는 여러 군데에서 한국어의 형태론적 사실들에 대한 유형론적 검토를 위해 Haspelmath et als.(2005)를 이용하였지만 그 과정에서 한국어에 대해 제시된 사실들에 조정이 필요함을 언급한 것도 같은 맥락에서 이해할 수 있다.
  이러한 사실들은 한국어가, 조사 대상이 된 적지 않은 언어들에서 그 특성이 제대로 반영되지 못한 데 따른 것이다. 그런데 조사 결과 가운데는 한국어에 대한 정보를 얻은 통로가 지극히 간접적이어서 신뢰하기 어려운 부분이 적지 않다고 판단된다. 가령 Stassen(2005)은 세계 언어 비교 구성에 대해 유형론적 통계를 제시하고 있는데 우선 비교 구성을, 비교가 나타나는 명사(구)를 중심으로 다음과 같이 네 가지로 나누고 있다.

---

3) 손호민(2008 : 92~93)에서도 이러한 예들이 지적되어 있다.

(2)　가. sadmo－ete　　hati　　　maranga－e
　　　　　말－from　　코끼리　　큰－3.단수.현재
　　　　　"그 코끼리는 그 말보다 크다."

　　가'. sapuk　olkondi　　　　　　　to　lkibulekeny
　　　　　큰　　하트비스트(영양의 일종)　　to　워터벅(영양의 일종)
　　　　　"하트비스트는 워터벅보다 크다."

　　나. níɲ　　ndábò　　e　　koló　búkà　　nine
　　　　　이　　집　　　그것　큰　　초과하다　그
　　　　　"이 집은 저것보다 크다."

　　다. jo　i　　ben　jo　eu　nag
　　　　　집　이　　큰　집　그　작은
　　　　　"이 집은 저 집보다 크다."

　　라. tu　es　plus　jolie　que　ta　sœur
　　　　　너　이다　더　　예쁜　보다　너의　여동생
　　　　　"너는 너의 여동생보다 예쁘다."

(Stassen, 2005 : 490~491에서 재인용)

먼저 비교가 처소를 나타내는 격 형식으로 실현되는 경우이다. (2가)는 Mundari
의 예인데 'from'을 나타내는 말을 통해, (2가')은 Massai의 예인데 'to'를 나타내
는 말을 통해 비교가 실현되고 있음을 볼 수 있다. 이 외에도 'at'를 나타내는 말을
통해서도 비교가 실현된다고 Stassen(2005)에서는 언급하고 있다. 다음으로 (2나)
의 Duala에서 볼 수 있는 바와 같이 '초과하다(exceed)' 동사를 사용하여 비교를
나타내는 경우가 있다. 한편 (2다)는 Amele의 예인데 비교를 두 개의 절을 결합하
여(conjoin) 나타내는 모습을 보여 준다. 이 언어에서는 비교가 처소를 나타내는
격 형식으로 실현된다. 마지막으로 (2라)는 불어의 예인데 첨사(particle) 'que'에
의해 비교가 실현되는 것을 보여 준다.

이에 따라 다음과 같은 통계 수치를 제시하고 있다.

(3)　가. 처소를 나타내는 말로 비교를 나타내는 언어 ·················· 78개
　　　나. '초과하다' 동사를 사용하여 비교를 나타내는 언어 ············· 33개
　　　다. 두 개의 절을 결합하여 비교를 나타내는 언어 ················ 34개
　　　라. 첨사를 이용하여 비교를 나타내는 언어 ····················· 22개
　　　　　　총 ·· 167개

한국어는 이 가운데 어디에 속할까? Stassen(2005)은 (3)의 네 가지 가운데 한국어는 (3가)에 소속시키고 있다. 그리고 그 근거 자료는 Ramstedt(1968)로 되어 있다. Stassen(2005)에는 Ramstedt(1968)의 어디에서 이에 대한 근거를 삼았는지 밝혀져 있지는 않다. 따라서 여기에서는 그에 대한 근거를 나름대로 추측할 수밖에는 없다. 주지하는 바와 같이 Ramstedt(1968)은 Ramstedt(1939)의 복사본이다. Ramstedt(1939)는 3장에서 후치사(postposition)와 부사를 다루고 있는데 후치사는 다시 명사에서 기원한 후치사와 동사에서 기원한 후치사 두 가지로 나누고 후자 가운데에서 '보다'를 예로 들어 설명하고 있다. 그리고 이 '보다'에 대해 그 의미를 'looking at', 'compared with', 'than'의 세 가지로 명세하고 있다. 아마도 Stassen(2005)는 이 가운데 'at'에 초점을 두어 한국어를 (3가)에 소속시킨 것이 아닌가 한다. 그러나 한국어의 '보다'는 첫째, 동사에서 기원한 것이라고 단정 짓기 어려우며 둘째 처소와 관련되어 해석하기 어렵다는 점에서 한국어를 (3가)에 소속시킨 것은 이해하기 어렵다. 만약 한국어 '보다'를 비교의 근거로 삼았다면 (3가)보다는 (3라)에 소속시키는 것이 더 낫다고 생각된다. 혹시 한국어의 '에서'를 비교 구성의 근거로 삼았다고 추측해 볼 수도 있다. 다음은 국립국어원(1999)의 『표준국어대사전』의 '에서'항 뜻풀이 정보를 가져온 것이다.

(4) 에서02「조사」
   「1」 앞말이 행동이 이루어지고 있는 처소의 부사어임을 나타내는 격 조사.
   ¶ 우리는 아침에 도서관에서 만나기로 하였다./가게 앞에서 사람들이 싸우고 있었다./이 물건은 시장에서 사 왔다./어느 학교 동창회에서 있었던 일이다.
   「2」 앞말이 출발점의 뜻을 갖는 부사어임을 나타내는 격 조사.
   ¶ 서울에서 몇 시에 출발할 예정이냐?/다빈치에서 마티스에 이르기까지 그들은 인체의 기초를 그려 보고 손만은 따로 공부하고 있다.≪조풍연, 청사 수필≫
   「3」 앞말이 어떤 일의 출처임을 나타내는 격 조사.
   ¶ 그는 모 기업에서 돈을 받은 혐의로 현재 조사 중에 있다.
   「4」 앞말이 근거의 뜻을 갖는 부사어임을 나타내는 격 조사.
   ¶ 고마운 마음에서 드리는 말씀입니다./그저 조그마한 보탬이라도 되고자 하는 뜻에서 행한 일이다.
   「5」 앞말이 비교의 기준이 되는 점의 뜻을 갖는 부사어임을 나타내는 격 조사.

¶ 이에서 어찌 더 나쁠 수가 있겠어요?/죽은 부모가 살아 돌아온들 이에서
더 기쁘지는 않을 것이다.

「6」 ((단체를 나타내는 명사 뒤에 붙어))앞말이 주어임을 나타내는 격 조사.

¶ 이번 대회는 우리 학교에서 우승을 차지했다./정부에서 실시한 조사 결과가
발표되었다.

우리의 주목을 끄는 것은 다섯 번째 뜻풀이인데 이때 '이에서'의 '에서'는 '보다'
로 바꿀 수 있으므로 처소와 관련된 비교의 예로 다룰 가능성이 있다. 그러나 첫째,
Ramstedt(1939 : 42)에 제시된 '에서'의 설명 가운데는 '비교'와 관련된 언급이
없으므로 Stassen(2005)가 이를 참고하였을 가능성은 없다. 둘째, '에서'가 '비교'
로 쓰이는 일이 있기는 하지만 이는 분포가 상당히 제약되어 있어서 '나는 너보다
크다'와 같은 예문을 '나는 너에서 크다'와 같이 바꿀 수 없다. 따라서 이러한 추측
은 가능성이 매우 희박하다는 것을 알 수 있다.

이러한 현실은 비단 비교 구성에만 한정되는 것은 아닐 것이다. 본론에서 제시한
바와 같이 한국어에서 '교착법'이 본격적으로 제안된 것은 20세기 후반의 일이며
이는 아직 영향력이 그리 크다고 할 수 없다. 국내의 문법서들은 한국어의 특징으
로 교착어임을 강조하고 있지만 실제 내용에서는 굴절 체계의 산물인 '활용'을 언
급하지 않는 경우가 드물며 한국어를 영어로 소개하고 있는 Sohn(1999 : 231)에
서는, 한국어의 조사는 단어의 성격이 더 많다는 점에서 이를 제외하였지만 어미들
에 대해서는 여전히 '굴절 접미사'라는 용어를 사용하고 있음을 볼 수 있다. 국내의
문법서들과 마찬가지로 Sohn(1999 : 15)에서 한국어는 교착어이므로 '가-시-었
-겠-습-니-다'와 같은 결합을 보인다는 것을 강조하고 있는 것과 모순이 되는
부분이다.

이상과 같은 사실들은 저자가 본서의 논의를, 한국어 형태론을 객관적으로 바라
보려는 시도라고 하면서도 동시에 또 다른 논의의 시작이라고 평가받고 싶어하는
이유를 단적으로 보여 준다. 이러한 측면에서 본서가 시작 부분에 다음과 같은
단언으로 시작한 것을 새롭게 음미해 볼 필요가 있다.

"한국어는 교착어이다."

참·고·문·헌

강매·김진호(1925), 『잘뽑은조선말과글의본』, 한성도서주식회사(역대한국문법대계 ① 31).

강복수(1972/1982), 『국어문법사연구』, 형설출판사.

강신항 외(1982), 「학교문법 체계 통일을 위한 연구」, 문교부 제출 보고서(역대한국문법대 계 ① 166)

고영근(1978), 「형태소 분석한계」, 『언어학』 3, 29~35.

고영근(1988), 「주시경연구의 어제와 오늘」, 『주시경학보』 1, 7~48.

고영근(1989), 『국어형태론 연구』, 서울대학교 출판부.

고영근(1992/1993), 「형태소란 도대체 무엇인가?」, 『형태』, 태학사, 11~23.

고영근(1993), 『우리말의 총체서술과 문법체계』, 일지사.

고영근(1995a), 「주시경 『국어문법』의 형성에 얽힌 문제」, 『대동문화연구』 30, 233~277.

고영근(1995b), 『최현배의 학문과 사상』, 집문당.

고영근(2001), 『역대한국문법의 통합적 연구』, 서울대학교 출판부.

고영근(2004), 『한국어의 시제 서법 동작상』, 태학사.

고영근(2005), 「형태소의 교체와 형태론의 범위 : 형태음운론적 교체를 중심으로」, 『국어학』 46, 19~51.

고영근(2009), 「언어 유형론과 개별 언어의 문법 기술」, 『관악어문연구』 34, 147~189.

고영근(2010), 『표준중세국어문법론』(3판), 집문당.

고영근(2012), 「민족어 대명사의 복수 표지와 그 유형적 특징」, 『형태론』 14-2, 171~183.

고영근(2013), 「민족어 동사의 형태부와 그 유형론적 함의」, 『형태론』 15-1, 1~34.

고영근·구본관(2008), 『우리말 문법론』, 집문당.

고영근·남기심 공편(1997), 『중세어 자료 강해』, 집문당.

고영근·이용·최형용(2010), 『주시경 국어문법의 교감과 현대화』, 도서출판 박이정.

고영근·이현희(1986), 『주시경, 국어문법』, 탑출판사.

고재설(1992), 「'구두닦이'형 합성명사에 대하여」, 『서강어문』 8, 17~30.

고창수(1992), 「국어의 통사적 어형성」, 『국어학』 22, 259~269.

구본관(1990), 「경주방언 피동형에 대한 연구」, 서울대 석사학위논문.

구본관(1993), 「국어 파생접미사의 통사적 성격에 대하여」, 『관악어문연구』 18, 117~140.

구본관(1998a), 『15세기 국어 파생법에 대한 연구』, 태학사.

구본관(1998b), 「단일 어기 가설과 국어 파생 규칙―15세기 국어 파생법을 중심으로―」,
　　　　『어학연구』 34-1, 153~174.

구본관(2005a), 「국어 접미사의 분류에 대한 재검토」, 『우리말연구서른아홉마당』, 태학사,
　　　　13~40.

구본관(2005b), 「남북의 품사 분류와 한국어 교육」, 『Korean 연구와 교육』 창간호,
　　　　149~169.

구본관(2010), 「국어 품사 분류와 관련한 몇 가지 문제」, 『형태론』 12-2, 179~199.

국립국어연구원(1999), 『표준국어대사전』, 두산동아.

국립국어연구원(2002), 『「표준국어대사전」 연구 분석』.

권용경(2001), 「국어 사이시옷에 대한 통시적 연구」, 서울대 박사학위논문.

김광해(1989), 『고유어와 한자어의 대응 현상』, 탑출판사.

김규식(1908~1909?), 『대한문법』(유인본)(역대한국문법대계 ① 14, 15).

김두봉(1916), 『조선말본』, 신문관(역대한국문법대계 ① 22).

김두봉(1922), 『깁더조선말본』, 새글집(역대한국문법대계 ① 23).

김미영(1998), 『국어 용언의 접어화』, 한국문화사.

김민수(1977/1986), 『주시경 연구(증보판)』, 탑출판사.

김민수·고영근(2008), 『역대한국문법대계』(102책)(제2판), 도서출판 박이정.

김민수·하동호·고영근(1977~1986), 『역대한국문법대계』(102책), 탑출판사.

김민수·남광우·유창돈·허웅(1960), 『새고교문법』, 동아출판사(역대한국문법대계 ① 96).

김봉모(1983), 「국어 매김말 연구」, 부산대 박사학위논문.

김봉모(1984), 「국어 'N1―N2' 구조 연구」, 『새결박태권선생회갑기념논총』, 443~459.

김선영(2005), 「'X잖/찮―' 형용사에 대하여」, 『형태론』 7-1, 23~44.

김선효(2002), 「현대 국어의 관형어 연구」, 서울대 박사학위논문.

김성규(1987), 「어휘소 설정과 음운현상」, 서울대 석사학위논문.

김승렬(1988), 『국어어순연구』, 한신문화사.

김양진(1999), 「국어 형태 정보 연구」, 고려대 박사학위논문.

김양진(2008), 「접어와 기능어―형태론적 단위와 통사론적 단위」, 『한국어학』 38, 1~31.

김영욱(1997), 「공형태소에 대하여」, 『전농어문연구』 9(서울시립대 국문과), 181~198.

김윤경(1948), 『나라말본』, 동명사(역대한국문법대계 ① 54).

김일환(2000), 「어근적 단어의 형태·통사론」, 『한국어학』 11, 213~226.

김일환(2003), 「국어의 어근과 어근적 단어」, 『형태론』 5-1, 67~80.

김주원(2008), 「알타이언어의 새로운 연구 방향에 대하여」, 『한글』 282, 343~367.

김진우(1970), 「소위 변격용언의 비변격성에 관하여」, 『한국언어문학』 8-9, 1~11.

김진형(2000), 「조사연속구성과 합성조사에 대하여」, 『형태론』 2-1, 59~72.

김창섭(1981), 「현대국어의 복합동사 연구」, 서울대 석사학위논문.

김창섭(1984/1993), 「형용사 파생 접미사들의 기능과 의미－'－답－, －스럽－, －롭－, 하
　　　－'와 '－的'의 경우－」, 『형태』, 태학사, 151~181.

김창섭(1985), 「시각형용사의 어휘론」, 『관악어문연구』 10, 149~176.

김창섭(1996a), 「국어 파생어의 통사론적 문제들」, 『이기문교수정년퇴임기념논총』, 156~
　　　181.

김창섭(1996b), 『국어의 단어형성과 단어구조 연구』, 태학사.

김창섭(1999), 『국어 어휘 자료 처리를 위한 한자어의 형태·통사론적 연구』, 국립국어연구원.

김창섭(2001), 「'X하다'와 'X를 하다'의 관계에 대하여」, 『어학연구』 37-1, 63~85.

김철남(1997), 『우리말 어휘소 되기』, 한국문화사.

김혜미(2011), 「국어 통합합성어 형성 원리 연구－신어 분석을 기반으로－」, 『문창어문논
　　　집』 48, 81~111.

김희상(1909), 『초등국어어전』(3책), 유일서관(역대한국문법대계 ① 16, 17, 18).

나은미(2006), 「어휘부의 존재 방식과 단어 형성－연결주의(connectionism) 관점에서」,
　　　『한국어 의미학』 20, 325~345.

남궁억(1913?), 『조선어법』(필사)(역대한국문법대계 ① 26).

남기심·고영근(1993), 『표준국어문법론』(개정판), 탑출판사.

남기심·고영근(2011), 『표준국어문법론』(3판), 탑출판사.

남기심 외(2006), 『왜 다시 품사론인가』, 커뮤니케이션북스.

남수경(2011), 「품사 통용의 몇 문제－기본 개념을 중심으로－」, 『개신어문연구』 33,
　　　105~127.

남윤진(1997), 『현대국어의 조사에 대한 계량언어학적 연구』, 태학사.

노명희(1998), 「현대국어 한자어의 단어 구조 연구」, 서울대 박사학위논문.

노명희(2004), 「어기의 범주를 바꾸는 접두한자어」, 『한국언어문학』 53, 123~151.

노명희(2005), 『현대국어 한자어 연구』, 태학사.

노명희(2009), 「어근 개념의 재검토」, 『어문연구』 37-1, 59~84.

목정수(2006), 「한국어 문법 체계에서의 '이다'의 정체성－기능동사 옹호론－」, 『어문연구』
　　　34-4, 55~81.

목정수(2007), 「'이다'를 기능동사로 분석해야 하는 이유 몇 가지」, 『어문연구』 35-4,
　　　7~27.

목정수(2009), 「한국어 명사성 형용사의 설정 문제－유형론적 접근과 국어교육적 활용－」,

『국어교육』 128, 387~418.

목정수(2011), 「한국어 '명사성 형용사' 단어 부류의 정립―그 유형론과 부사 파생―」, 『언어학』 61, 131~159.

박보연(2005), 「현대국어 음절축소형에 대한 연구」, 서울대 석사학위논문.

박소영(2011), 「한국어 통합합성어의 통사구조와 형태―통사론의 접면」, 『생성문법연구』 21, 685~706.

박용찬(2008), 「국어의 단어 형성법에 관한 일고찰―우리말 속의 혼성어를 찾아서―」, 『형태론』 10-1, 111~128.

박재연(2010), 「이형태 교체와 관련한 몇 문제」, 『국어학』 58, 129~155.

박종갑(2002), 「주시경 문법의 문법 모형 연구(1)」, 『한민족어문학』 40, 41~58.

박종갑(2003), 「주시경 문법의 문법 모형 연구(2)」, 『한민족어문학』 43, 49~72.

박종갑(2005), 「주시경과 김두봉의 문법론 비교 연구」, 『어문학』 87, 157~173.

박진호(1994), 「통사적 결합 관계와 논항구조」, 서울대 석사학위논문.

박진호(1999), 「형태론의 제자리 찾기―인접 학문과의 관계를 중심으로―」, 『형태론』 1-2, 319~340.

박진호(2007), 「유형론적 관점에서 본 한국어 대명사 체계의 특징」, 『국어학』 50, 115~147.

박진호(2010), 「언어학에서의 범주와 유형」, 『인문학연구』(경희대) 17, 265~292.

배주채(2009), 「'달다, 다오'의 어휘론」, 『국어학』 56, 192~220.

서울대학교 국어교육연구소(1996), 『고등학교 문법』(역대한국문법대계 ① 172).

서울대학교 국어교육연구소(2002), 『고등학교 문법』(역대한국문법대계 ① 173).

서정수(2005), 『한국어의 부사』, 서울대학교 출판부.

성광수(1999), 「어휘부의 구조와 기초 어휘의 활용―외국인 대상 교육용 및 실어증 환자 진단용 어휘 설정을 위해―」, 『선청어문』 27, 101~133.

성균관대학교 대동문화연구원(1985), 『문법』(역대한국문법대계 ① 168).

성균관대학교 대동문화연구원(1991), 『문법』(역대한국문법대계 ① 170).

성기철(1992), 「국어 어순 연구」, 『한글』 218, 77~114.

손호민(2008), 「한국어의 유형적 특징」, 『한글』 282, 61~95.

송경안·송진희(2007), 「유형론의 관점에서 본 한국어의 품사」, 『언어학』 49, 23~49.

송경안·이기갑 외(2008a), 『언어유형론 1(품사, 문장유형, 어순, 기본문형)』, 월인.

송경안·이기갑 외(2008b), 『언어유형론 2(격, 부치사, 재귀구문, 접속표현)』, 월인.

송경안·이기갑 외(2008c), 『언어유형론 3(시제와 상, 양상, 조동사, 수동태)』, 월인.

송원용(1998), 「활용형의 단어 형성 참여 방식에 대한 연구」, 서울대 석사학위논문.

송원용(2000), 「현대국어 임시어의 형태론」, 『형태론』 3-1, 1~16.

송원용(2002), 「국어의 어휘부와 단어 형성 체계에 대한 연구」, 서울대 박사학위논문.

송원용(2005a), 『국어 어휘부와 단어 형성』, 태학사.

송원용(2005b), 「다중 어휘부 구조 가설의 실험심리학적 검증—생산적 접사 '—개, —질, —적'을 중심으로—」, 『형태론』 7-2, 257~276.

송원용(2005c), 「신어의 어휘부 등재 시점 연구—어휘 지식 유무 검사를 통한 검증」, 『국어학』 46, 97~123.

송원용(2009), 「국어 선어말어미의 심리적 실재성 검증」, 『어문학』 104, 83~102.

송원용(2010), 「형태론 연구의 쟁점과 전망—유추론자와 규칙론자의 논쟁을 중심으로—」, 『한국어학』 48, 1~44.

송원용(2011a), 「한자계 어근 분류 방식의 심리적 실재성」, 『형태론』 13-2, 225~244.

송원용(2011b), 「불규칙적 고유어 어근의 심리적 실재성」, 『국어국문학』 159, 5~30.

송철의(1992), 『국어의 파생어형성 연구』, 태학사.

송철의(1993), 「언어 변화와 언어의 화석」, 『국어사 자료와 국어학의 연구』, 문학과 지성사, 352~370.

송철의(2006), 「국어 형태론 연구의 문제점」, 『배달말』 39, 117~141.

송철의(2010), 『주시경의 언어이론과 표기법』, 서울대학교 출판문화원.

시정곤(1993), 「국어의 단어 형성 원리」, 고려대 박사학위논문.

시정곤(1994), 「'X를 하다'와 'X하다'의 상관성」, 『국어학』 24, 231~258.

시정곤(1998), 『국어 단어형성의 원리』(수정판), 한국문화사.

시정곤(1999), 「규칙은 과연 필요 없는가?」, 『형태론』 1-2, 261~283.

시정곤(2000), 「공형태소를 다시 생각함」, 『한국어학』 12-1, 147~165.

시정곤(2001), 「국어의 어휘부 사전에 대한 연구」, 『언어연구』 17-1, 163~184.

시정곤(2002), 「단어를 바라보는 눈」, 『문법과 텍스트』(고영근선생정년퇴임논총), 서울대학교 출판부, 195~216.

시정곤(2004), 「등재소 설정 기준에 대한 연구」, 『한국어학』 22, 185~214.

신서인(2000), 「현대국어 의존명사에 대한 연구」, 서울대 석사학위논문.

신중진(1998), 「현대국어 의성의태어 연구」, 서울대 석사학위논문.

심재기(1979), 「관형화의 의미기능」, 『어학연구』 15-2, 109~121.

심재기(2000), 『국어 어휘론 신강』, 태학사.

안병희(1968), 「중세국어 속격어미 '—ㅅ'에 대하여」, 『이숭녕박사 송수기념논총』, 을유문화사, 335~345.

안상철(1998), 『형태론』, 민음사.

안소진(2011), 「심리어휘부에 기반한 한자어 연구」, 서울대 박사학위논문.

안소진(2012), 「어휘부 등재 논의의 경향과 쟁점」, 『형태론』 14-1, 1~23.

안주호(1997), 『한국어 명사의 문법화 현상 연구』, 한국문화사.

안주호(2001), 「한국어의 문법화와 역문법화 현상」, 『담화와 인지』 8-2, 93~112.

안 확(1917), 『조선문법』, 유일서관.

안 확(1923), 『조선문법』, 회동서관(역대한국문법대계 ① 24, 25).

양명희(1998), 「부사의 사전적 처리에 대하여(1)」, 『한국어학』 8, 173~206.

양정호(2003), 「'이다'의 문법범주에 대한 고찰」, 『형태론』 5-2, 255~271.

엄정호(1993), 「'이다'의 범주 규정」, 『국어국문학』 110, 317~332.

엄태수(2007), 「사이시옷 현상과 한글 맞춤법」, 『시학과 언어학』 13, 239~288.

연재훈(1986), 「한국어 '동사성명사 합성어(Verbal Noun Compound)'의 조어법과 의미 연구」, 서울대 석사학위논문.

연재훈(2001), 「이른바 '고기잡이'류 통합합성어의 단어형성에 대한 문제」, 『형태론』 3-2. 333~343.

연재훈(2008), 「한국어에 능격성이 존재하는가—능격의 개념과 그 오용—」, 『한글』 282, 124~154.

연재훈(2011), 『한국어 구문 유형론』, 태학사.

연재훈·목정수(2000), 「상징부사(의성·의태어)의 서술성과 기능동사」, 『한국어학』 12, 89~118.

오미라(1991), 「The Korean Copula and Palatalization」, 『어학연구』 27-4, 701~724.

왕문용(1989), 「명사 관형구성에 대한 고찰」, 『주시경학보』 4, 139~157.

유길준(1909), 『대한문전』, 강문관(역대한국문법대계 ① 06).

유현경(2003), 「'주다' 구문에 나타나는 조사 '에게'와 '에'」, 『한국어학』 20, 155~174.

유현경(2006), 「형용사에 결합된 어미 '-게' 연구」, 『한글』 273, 99~123.

유현경(2007), 「'에게'와 유정성」, 『형태론』 9-2, 257~275.

유현경(2008), 「관형사 '한'에 대한 연구」, 『국어학』 53, 65~86.

이건환(2004), 「한·영·독·스페인어 명사구의 어순 비교 연구」, 『언어과학연구』 28, 141~160.

이광정(2008), 『국어문법연구Ⅲ―한국어 품사 연구―』, 도서출판 역락.

이광호(2006), 「선행 성분 없이 사용되는 의존 명사 구성에 대한 고찰」, 『관악어문연구』 31, 219~236.

이광호(2007), 「국어 파생 접사의 생산성에 대한 계량적 연구」, 서울대 박사학위논문.

이규방(1922), 『新選 朝鮮語法』 (역대한국문법대계 ① 29).

이규호(2008), 「체언 수식 부사—부사 관형 구성 연구」, 『국어학』 51, 3~28.

이극로(1935), 「조선말 임자씨의 토」, 『한글』 3-1, 2~3.

이기문(1972), 『(개정판)국어사개설』, 탑출판사.

이기문(1976), 「주시경의 학문에 대한 새로운 이해」, 『한국학보』 5, 39~58.

이기문(1998), 『국어사개설』(신정판), 태학사.

이남순(1988), 『국어의 부정격과 격표지 생략』, 탑출판사.

이남순(1996), 「특수조사의 통사기능」, 『진단학보』 82, 217~235.

이남순(1998), 「격표지의 비실현과 생략」, 『국어학』 31, 339~360.

이병근(1979), 「주시경의 언어이론과 늣씨」, 『국어학』 8, 29~49.

이병근(1985), 『국어연구의 발자취(I)』, 서울대학교 출판부.

이상욱(2004), 「'—음', '—기' 명사형의 단어화에 대한 연구」, 서울대 석사학위논문.

이상욱(2007), 「임시어의 위상 정립을 위한 소고」, 『형태론』 9-1, 47~67.

이선웅(2000), 「국어의 한자어 '관형명사'에 대하여」, 『한국문화』 26, 35~56.

이선웅(2005), 『국어 명사의 논항구조 연구』, 월인.

이선웅(2012), 『한국어 문법론의 개념어 연구』, 월인.

이선희·조은(1994), 「통사부의 핵이동에 대하여」, 『우리말글연구』 1, 237~263.

이숭녕(1953), 「격의 독립품사 시비」, 『국어국문학』 3, 49~51.

이숭녕(1954), 『고전문법』, 을유문화사.

이숭녕(1956), 『고등국어문법』, 을유문화사.

이숭녕(1961), 『중세국어문법』, 을유문화사.

이양혜(2000), 『국어의 파생접사화 연구』, 도서출판 박이정.

이영경(2008), 「'오래'와 '오래다'의 문법적 위상에 대하여」, 『형태론』 10-1, 1~18.

이은섭(2007), 「형식이 삭감된 단위의 형태론적 정체성」, 『형태론』 9-1, 93~113.

이익섭(1975/1993), 「국어 조어론의 몇 문제」, 『형태』, 25~43.

이익섭·채완(1999), 『국어문법론강의』, 학연사.

이정훈(2002), 「국어 어순의 통사적 성격」, 『어문연구』 113, 93~113.

이정훈(2007), 「국어 어미의 통합단위」, 『한국어학』 37, 149~179.

이지양(1993), 「국어의 융합현상과 융합형식」, 서울대 박사학위논문.

이현희(1996), 「중세국어 부사 '도로'와 '너무'의 내적 구조」, 『이기문교수 정년퇴임기념논
      총』, 신구문화사, 644~659.

이현희(2006), 「'멀리서'의 통시적 문법」, 『관악어문연구』 31, 25~93.

이호승(2001), 「단어형성과정의 공시성과 통시성」, 『형태론』 3-1, 113~119.

이 훈(2003), 「통사적 접사 설정에 대한 비판적 검토」, 『어문연구』 31-3, 121~145.

이희승(1949), 『초급국어문법』, 박문출판사(역대한국문법대계 ① 85).

이희승(1955), 「삽요어(음)에 대하여」, 『서울대학교 논문집』 2, 45~61.

이희자(1997), 「'준말'과 '줄어든 꼴'과 '줄인 꼴'」, 『사전편찬학연구』 7, 19~42.

임동훈(1995), 「통사론과 통사 단위」, 『어학연구』 31-1, 87~138.

임동훈(2004), 「한국어 조사의 하위 부류와 결합 유형」, 『국어학』 43, 119~154.

임동훈(2010), 「현대국어 어미 '느'의 범주와 변화」, 『국어학』 59, 3~44.

임지룡(2004), 「국어에 내재한 도상성의 양상과 의미 특성」, 『한글』 266, 169~205.

임홍빈(1979), 「용언의 어근분리 현상에 대하여」, 『언어』 4-2, 55~76.

임홍빈(1981), 「사이시옷 문제의 해결을 위하여」, 『국어학』 10, 1~35.

임홍빈(1987), 『국어의 재귀사 연구』, 신구문화사.

임홍빈(1989/1993), 「통사적 파생에 대하여」, 『형태』, 183~226.

임홍빈(1997), 「국어 굴절의 원리적 성격과 재구조화-'교착소'와 '교착법'의 설정을 제안하며」, 『관악어문연구』 22, 93~163.

임홍빈(1999a), 「국어 명사구와 조사구의 통사 구조에 대하여」, 『관악어문연구』 24, 1~62.

임홍빈(1999b), 「가변 중간 투사론-표면구조 통사론을 위한 제언-」, 『제26회 국어학회 공동연구회 발표논문집』, 127~147.

임홍빈(2001), 「국어 품사 분류의 몇 가지 문제에 대하여」, 『한국언어학회 2001년 겨울 연구회 주제발표 논문자료집』.

임홍빈(2007a), 「한국어 무조사 명사구의 통사와 의미」, 『국어학』 49, 69~106.

임홍빈(2007b), 「어순에 관한 언어 유형적 접근과 한국어의 기본 어순」, 『서강인문논총』 22, 53~120.

임홍빈·장소원(1995), 『국어문법론 I』, 한국방송통신대학교출판부.

장윤희(1999), 「공형태 분석의 타당성 검토」, 『형태론』 1-2, 227~244.

장윤희(2006), 「중세국어 비통사적 합성동사와 관련된 몇 문제」, 『이병근선생퇴임기념 국어학논총』, 623~641.

장하일(1947), 『중등새말본』, 교재연구사(역대한국문법대계 ① 74).

전상범(1995), 『형태론』, 한신문화사.

전상범·김영석·김진형 역(1994), 『형태론』, 한신문화사.

전철웅(1976), 『현대 한국어의 경음화 연구』, 서울대 석사학위논문.

전철웅(1990), 「사이시옷」, 『국어연구 어디까지 왔나』, 동아출판사, 186~194.

정경해(1953), 『국어강의』, 한국대학방송교육출판사(역대한국문법대계 ① 87).

정렬모(1946), 『신편고등국어문법』, 한글문화사(역대한국문법대계 ① 61).

정승철(2003), 「『국어문법』(주시경)과 English Lessons」, 『국어국문학』 134, 73~97.

정한데로(2008),「국어 복합어의 등재와 어휘화 연구」, 서강대 석사학위논문.

정한데로(2010),「문법 차원의 등재에 대한 연구」,『형태론』12-1, 1~22.

정한데로(2011),「임시어의 형성과 등재―'통사론적 구성의 단어화'를 중심으로―」,『한국어학』52, 211~241.

조남호(1988),「현대국어의 파생접미사 연구―생산력이 높은 접미사를 중심으로―」, 서울대 석사학위논문.

주경희(2000),「'좀'과 '조금'」,『국어학』36, 379~399.

주시경(1905),『국문문법』(역대한국문법대계 ① 107).

주시경(1908),『말』(역대한국문법대계 ① 08).

주시경(1909),『고등국어문전』(역대한국문법대계 ① 09).

주시경(1910),『국어문법』, 박문서관(역대한국문법대계 ① 11).

주시경(1911),『조선어문법』, 신구서림, 박문서관(역대한국문법대계 ① 111).

주시경(1913),『조선어문법』, 신구서림, 박문서관(역대한국문법대계 ① 12).

주시경(1914),『말의소리』, 신문관(역대한국문법대계 ① 13).

채 완(1985),「병렬의 어순과 사고방식」,『국어학』14, 463~477.

채 완(1986),『국어 어순의 연구』, 탑출판사.

채 완(1990),「국어 어순의 기능적 고찰」,『동대논총』20, 103~119.

채 완(2003),『한국어의 의성어와 의태어』, 서울대학교 출판부.

채현식(1994),「국어 어휘부의 등재소에 관한 연구」, 서울대 석사학위논문.

채현식(1999),「조어론의 규칙과 표시」,『형태론』1-1, 25~42.

채현식(2000),「유추에 의한 복합명사 형성 연구」, 서울대 박사학위논문.

채현식(2001),「한자어 연결 구성에 대하여」,『형태론』3-2, 241~263.

채현식(2003a),「대치에 의한 단어 형성」,『형태론』5-1, 1~21.

채현식(2003b),『유추에 의한 복합명사 형성 연구』, 태학사.

채현식(2006),「규칙과 유추의 틀」,『이병근선생퇴임기념국어학논총』, 태학사, 567~583.

채현식(2007),「어휘부의 자기조직화」,『한국언어문학』63, 137~155.

채현식(2009),「용례 기반 이론에서의 어휘 지식 표상」,『형태론』11-2, 269~286.

채현식(2010),「정보의 처리와 표상의 측면에서 본 괄호매김역설」,『한국언어문학』74, 147~169.

최경봉(1995),「국어 명사 관형구성의 의미결합 관계에 대한 고찰」,『국어학』26, 33~58.

최광옥(1908),『대한문전』, 안악서면회(역대한국문법대계 ① 05).

최규수(1992),「주시경 문법에서 굴곡가지의 처리」,『우리말연구』2, 3~31.

최규수(1996),「주시경의 토를 다루는 방식과 그 계승」,『한글』232, 59~98.

최규수(2005), 『주시경 문법론과 그 뒤의 연구들』, 도서출판 박이정.

최낙복(1988), 「주시경 말본의 형태론 연구」, 동아대 박사학위논문.

최낙복(2008), 「주시경 학문 연구의 역사」, 『한글』 281, 145~178.

최명옥(2008), 『현대 한국어의 공시형태론－경주지역어를 실례로－』, 서울대학교 출판부.

최상진(1992), 「복합명사 어순에 있어서의 공감도 연구」, 『언어연구』 11, 53~69.

최현배(1930), 「조선어의 품사분류론」, 『조선어문연구』(연희전문학교문과논문집 제1집), 51~99(역대한국문법대계 ① 44).

최현배(1937/1975), 『우리말본(다섯번째 고침)』, 정음사.

최현배(1967), 『새로운 중학말본』, 정음사.

최형강(2009), 「'형성소'와 '어근' 개념의 재고를 통한 '어근 분리 현상'의 해석」, 『국어학』 56, 33~60.

최형용(1997), 「형식명사·보조사·접미사의 상관관계」, 서울대 석사학위논문.

최형용(1999), 「국어의 단어 구조에 대하여」, 『형태론』 1-2, 245~260.

최형용(2002), 「어근과 어기에 대하여」, 『형태론』 4-2, 301~318.

최형용(2003a), 『국어 단어의 형태와 통사－통사적 결합어를 중심으로－』, 태학사.

최형용(2003b), 「'줄임말'과 통사적 결합어」, 『국어국문학』 135, 191~220.

최형용(2004a), 「파생어 형성과 빈칸」, 『어학연구』 40-3, 619~636.

최형용(2004b), 「단어 형성과 음절수」, 『국어국문학』 138, 183~205.

최형용(2004c), 「격조사의 핵성에 대하여」, 『우리말 연구 서른아홉 마당(임홍빈선생회갑기념논총)』, 401~418.

최형용(2005a), 「단어 형성에 있어서의 조사와 어미」, 『한국언어학회 2005년 겨울학술대회발표논문집』.

최형용(2005b), 「의미 중심 단어 형성론－황화상, 『국어 형태 단위의 의미와 단어 형성』(2001) 다시 읽기－」, 『형태론』 7-2, 469~488.

최형용(2006a), 「합성어 형성과 어순」, 『국어국문학』 143, 235~272.

최형용(2006b), 「'술래잡기'에 대하여」, 『이병근선생퇴임기념 국어학논총』, 1019~1033.

최형용(2006c), 「한자 접사와 고유어 접사의 대응 양상에 대하여」, 『한중인문학연구』 19, 339~361.

최형용(2007), 「한국어 형태론의 유형론－하스펠마트(2002), Understanding Morphology를 중심으로」, 『형태론』 9-2, 375~401.

최형용(2009a), 「현대 국어의 사이시옷은 과연 형태소인가」, 『형태론』 11-1, 61~78.

최형용(2009b), 「국어의 비접사 부사 형성에 대하여」, 『정신문화연구』 32-1, 3~26.

최형용(2009c), 「한국어 형태론의 유형론적 보편성과 특수성－하스펠마트(2002)와 관련하여—」, 『형태론』 11-2, 425~438.

최형용(2009d), 「국어 동의파생어 연구」, 『국어학』 52, 27~54.

최형용(2010), 「품사의 경계—조사, 어미, 어근, 접사를 중심으로—」, 『한국어학』 47, 61~92.

최형용(2011a), 「한국어의 형태론적 현저성에 대하여」, 『형태론』 13-1, 1~28.

최형용(2011b), 「형태론과 어휘—어휘적 단어, 어휘부, 어휘 관계를 중심으로—」, 『관악어 문연구』 36, 6~48.

최형용(2012a), 「분류 기준에서 본 주시경 품사 체계의 변천에 대하여」, 『국어학』 63, 313~340.

최형용(2012b), 「유형론적 관점에서 본 한국어의 품사 분류 기준에 대하여」, 『형태론』 14-2, 233~263.

최형용(2013a), 「어휘부와 형태론」, 『국어학』 66, 361~413.

최형용(2013b), 「구성 형태론은 가능한가—보이(2010), Construction Morphology를 중심 으로—」, 『형태론』 15-1, 82~114.

하세경·문양수(2005), 「국어의 사잇소리 현상과 최적성 이론」, 『언어학』 41, 267~303.

한글학회 편(1991), 『우리말 큰사전』, 어문각.

한정한(2003), 「격조사는 핵이 아니다」, 『한글』 260, 149~182.

한정한(2011), 「통사 단위 단어」, 『국어학』 60, 211~232.

허 웅(1963), 『언어학개론』, 정음사.

허 웅(1975), 『우리 옛말본』, 샘문화사.

홍기문(1927), 「조선문전요령」, 『현대평론』 1~5(역대한국문법대계 ① 38).

홍기문(1946), 『조선문법연구』, 서울신문사(역대한국문법대계 ① 39).

홍윤표(1994), 『근대국어연구(Ⅰ)』, 태학사.

홍윤표(1995), 「국어사 시대구분의 문제점과 문법사의 측면에서 본 시대구분」, 『국어학』 25, 319~333.

홍재성(1990), 「어휘부 구성의 기본 문」, 『어학연구』 26-1, 247~252.

황도생(1991), 「명사의 파생체계에 나타난 빈칸의 문제」, 『주시경학보』 7, 140~149.

황화상(2001), 『국어 형태 단위의 의미와 단어 형성』, 월인.

황화상(2010), 「단어형성 기제로서의 규칙에 대하여」, 『국어학』 58, 61~91.

Ackema, P. & Neeleman, A.(2004), *Beyond Morphology*, New York : Oxford University Press.

Ackema, P. & Neeleman, A.(2007), Morphology≠Syntax, In G. Ramchand & C. Reiss(eds.) *The Oxford Handbook of Linguistic Interfaces*, New York : Oxford

University Press, 325~352.

Aikhenvald, A. Y.(2007), Typological distinctions in word−formation, In T. Shopen(eds.)(2007), *Language Typology and Syntactic Description*(2nd ed.) Vol. 3, Grammatical Categories and the Lexicon, Cambridge : Cambridge University Press.

Anderson, S. R.(1982), Where's Morphology?, *Linguistic Inquiry* 13, 571~612.

Anderson, S. R.(1992), *A-Morphous Morphology*, Cambridge : Cambridge University Press.

Anward, J.(2000), A dynamic model of part−of−speech differentiation, in P. M. Vogel & B. Comrie(eds.), *Approaches to the typology of word Classes*, Berlin : Mouton de Gruyter, 3~45.

Anward, J.(2001), Parts of speech, In M. Haspelmath & E. König & W. Oesterreicher & W. Raible(eds.) *Language Typology and Language Universals*, Berlin; New York : Walter de Gruyter.

Anward, J. & Moravcsik, E. A. & Stassen, L.(1997), Parts of Speech : A Challenge for Typology, *Linguistic Typology* 1, 167~183.

Aronoff, M.(1976), *Word Formation in Generative Grammar*, Cambridge, Mass : MIT Press.

Aronoff, M.(1994), *Morphology by Itself*, Cambridge, Mass : MIT Press.

Aronoff, M. & F. Anshen(1998), Morphology and the lexicon : lexicalization and productivity, in A. Spencer & A.M. Zwicky(eds.). *The Handbook of morphology*, Oxford : Blackwell, 237~247.

Baker, M.(1988), *Incorporation : A Theory of Grammatical Function Changing*, Chicago : The University of Chicago Press.

Bauer, L.(1988), *Introducing Linguistic Morphology*, Edinburgh : Edinburgh University Press.

Bauer, L.(2001), Compounding, In Martin Haspelmath & Ekkehard König & Wulf Oesterreicher & Wolfgang Raible(eds.), *Language Typology and Language Universals* Vol. 1, Berlin · New York : Walter de Gruyter, 695~707.

Bhat. D. N. S.(2004), *Pronouns*, Oxford : Oxford University Press.

Bhat. D. N. S.(2005), Third−person Pronouns and Demonstratives, In Haspelmath et als.(eds.), *The World Atlas of Language Structure*, Oxford : Oxford University Press, 178~181.

Bickel, B. & Nichols, J.(2005), Inflectional Synthesis of the Verb, In Haspelmath et als.(eds.), *The World Atlas of Language Structure*, Oxford : Oxford University Press, 174~175.

Bisang, W.(2011), Word Classes, in J. J. Song(eds.), *The Oxford Handbook of Linguistic Typology*, Oxford : Oxford University Press.

Bloomfield, L.(1933), *Language*, New York : Holt.

Booij, G.(2005), *The Grammar of Words*, New York : Oxford University Press.

Booij, G.(2010), *Construction Morphology*, New York : Oxford University Press.

Borer, H.(1998), Morphology and Syntax, In A. Spencer and A. M. Zwicky(eds.), *The Handbook of Morphology*, Oxford : Blackwell, 151~190.

Brown, C. H.(2005a), Hand and Arm, In Haspelmath et als.(eds.), *The World Atlas of Language Structure*, Oxford : Oxford University Press, 522~523.

Brown, C. H.(2005b), Finger and Hand, In Haspelmath et als.(eds.), *The World Atlas of Language Structure*, Oxford : Oxford University Press, 526~527.

Brown, D.(2011), Morphological Typology, in Jae Jung Song(eds.), *The Oxford Handbook of Linguistic Typology*, New York : Oxford University Press, 487~503.

Bybee, J.(1985), *Morphology*, Amsterdam : Benjamins.

Bybee, J.(2001), *Phonology and Language Use*, Cambridge : Cambridge University press.

Bybee, J.(2010), *Language, Usage and Cognition*, Cambridge : Cambridge University Press.

Bybee, J. & W. Pagliuca & R. Perkins(1990), On the Asymmetries in the Affixation of Grammatical Material, In W. Croft & K. Denning & S. Kemmer(eds.), *Studies in Typology and Diachrony : Papers presented to Joseph H. Greenberg on His 75th Birthday*, Amsterdam : Benjamins.

Chomsky, N.(1957), *Syntactic Structures*, Hague : Mouton.

Chomsky, N.(1965), *Aspects of the Theory of Syntax*, Cambridge, Mass : MIT Press.

Chomsky, N.(1970), Remarks on Nominalization, In R. A. Jacobs & P. S. Rosenbaum(eds.), *Readings in English Transformational Grammar*, Ginn and Company, 184~221.

Chomsky, N.(1995), *The Minimalist Program*. Cambridge : The MIT Press.

Clark, E. V.(1993), *The Lexicon in Acquisition*, Cambridge : Cambridge University Press.

Comrie, B.(1989), *Language Universals and Linguistic Typology(2nd)*, Chicago : University of Chicago Press.

Comrie, B.(2005), Numeral Bases, In Haspelmath et als.(eds.), *The World Atlas of Language Structure*, Oxford : Oxford University Press, 530~531.

Croft, W.(1990), *Typology and universals*, Cambridge : Cambridge University Press.

Croft, W.(2000), Parts of speech as language universals and as language—particular categories, in : P. M. Vogel & B. Comrie(eds.), *Approaches to the typology of word Classes*, Berlin : Mouton de Gruyter, 65~102.

Croft, W.(2001), *Radical Construction Grammar : syntactic theory in typological perspective*, Oxford : Oxford University Press

Crowley, T.(1992), *An Introduction to Historical Linguistics*(2nd ed.), Aukland : Oxford University Press.

Cysouw, M.(2005), Inclusive/Exclusive Distinctions in Independent Pronouns and Verbal Inflection, In Haspelmath et als.(eds.), *The World Atlas of Language Structure*, Oxford : Oxford University Press, 162~169.

Dahl, Ö.(2005), Tea, In Haspelmath et als.(eds.), *The World Atlas of Language Structure*, Oxford : Oxford University Press, 554~555.

Daniel, M.(2005), Plurality in Independent Personal Pronouns, In Haspelmath et als.(eds.), *The World Atlas of Language Structure*, Oxford : Oxford University Press, 146~149.

Di Sciullo, A. M. & E. Williams(1987), *On the Definition of Word*, Cambridge. MA : MIT Press.

Diessel, H.(2005a), Distance Contrasts in Demonstratives, In Haspelmath et als.(eds.), *The World Atlas of Language Structure*, Oxford : Oxford University Press, 170~173.

Diessel, H.(2005b), Pronominal and Adnominal Demonstratives, In Haspelmath et als.(eds.), *The World Atlas of Language Structure*, Oxford : Oxford University Press, 174~175.

Dixon, R. M. W.(1972), *The Dyirbal Language of North Queensland*, Cambridge : Cambridge University Press.

Dixon, R. M. W.(2010a), *Basic Linguistic Theory* Vol. 1, *Methodology*, Oxford : Oxford University Press.

Dixon, R. M. W.(2010b), *Basic Linguistic Theory* Vol. 2, *Grammatical Topics*, Oxfor d : Oxford University Press.

Dixon, R. M. W.(2010c), *Basic Linguistic Theory* Vol. 3, *Further Grammatical*, Oxford : Oxford University Press.

Dixon, R. M. W. & A. Y. Aikhenvald(eds.)(2002), *Word : A Cross—Linguistic Typology*, Cambridge : Cambridge University Press.

Dryer, M. S.(1988), Object—Verb Order and Adjective—Noun Order : Dispelling a Myth, *Lingua* 74, 185~217.

Dryer, M. S.(1989), Universals of Negative Position, In M. Hammond et als.(eds.), *Studies in Syntactic Typology*(Typological Studies in Language 17), Amsterdam : Benjamins.

Dryer, M. S.(1992), The Greenbergian Word Order Correlations, *Language* 68, 81~138.

Dryer, M. S.(2005a), Prefixing versus Suffixing in Inflectional Morphology, In Haspelmath et als.(eds.), *The World Atlas of Language Structure*, Oxford : Oxford University Press, 110~111.

Dryer, M. S.(2005b), Order of Subject, Object, and Verb, In Haspelmath et als.(eds.), *The World Atlas of Language Structure*, Oxford : Oxford University Press, 330~331.

Dryer, M. S.(2005c), Expression of Pronominal Subjects, In Haspelmath et als.(eds.), *The World Atlas of Language Structure*, Oxford : Oxford University Press, 410~413.

Gale, J. S.(1894), *Korean Grammatical Forms*, Yokohama(역대한국문법대계 ② 14, 15).

Gil, D.(2005a), Distributive Numerals, In Haspelmath et als.(eds.), *The World Atlas of Language Structure*, Oxford : Oxford University Press, 222~223.

Gil, D.(2005b), Numeral Classifiers, In Haspelmath et als.(eds.), *The World Atlas of Language Structure*, Oxford : Oxford University Press, 226~227.

Goldberg, A. E.(1995), *Constructions : A Construction Grammar Approach to Argument Structure*, Chicago : The University of Chicago Press.

Goldberg, A. E.(2006), *Constructions at work : the nature of generalization in language*, Oxford : Oxford University Press.

Goldberg, A. E.(2009), The nature of generalization in language, *Cognitive Linguistics* 20-1, 93~127.

Greenberg, J. H.(1954), A quantitative approach to the morphological typology of language, In : Spencer, R.(eds.) *Method and Perspective in Anthropology*, Minneapolis : University of Minnesota Press, 192~220.

Greenberg, J. H.(eds.)(1963), *Universals of Language*, Cambridge, MA : MIT Press.

Greenberg, J. H.(eds.)(1966), *Universals of Language*, Cambridge, MA : MIT Press.

Greenberg, J. H.(1974), *Language Typology : a Historical and Analytic Overview*, The Hague : Mouton.

Haiman J. & P. Munro(eds.)(1983), *Switch Reference and Universal Grammar*, Amsterdam : Benjamins.

Halle, M.(1973), Prolegomena to a Theory of Word Formation, *Linguistic Inquiry* 4-1, 3~16.

Halpern, A. L.(1998), Clitics, In A. Spencer and A. M. Zwicky(eds.), *The Handbook of Morphology*. Oxford : Blackwell, 101~122.

Handke, J.(1995), *The Structure of the Lexicon : human versus machine*, Berlin : Mouton de Gruyter.

Haspelmath, M.(2001), The European linguistic area : Standard Averafe European, In Martin Haspelmath & Ekkehard König & Wulf Oesterreicher & Wolfgang Raible(eds.), *Language Typology and Language Universals* Vol. 2, Berlin · New York : Walter de Gruyter, 1492~1510.

Haspelmath, M.(2002), *Understanding Morphology*, London : Arnold.

Haspelmath, M. et als.(eds.)(2001a), *Language Typology and Language Universals* Vol. 1, Berlin · New York : Walter de Gruyter.

Haspelmath, M. et als.(eds.)(2001b), *Language Typology and Language Universals* Vol. 2, Berlin · New York : Walter de Gruyter.

Haspelmath, M. et als.(eds.)(2005), *The World Atlas of Language Structure*, Oxford : Oxford University Press.

Hawkins, J. A.(1983), *Word Order Universals*, New York : Academic Press.

Helmbrecht, J.(2005), Politeness Distinctions in Pronouns, In Haspelmath et als.(eds.), *The World Atlas of Language Structure*, Oxford : Oxford University Press, 186~189.

Inkelas, S. & Zoll, C.(2005), *Reduplication*, Cambridge : Cambridge University Press.

Jackendoff, R.(2008), Construction after construction and its theoretical challenges, *Language* 84-1, 8~28.

Jae Jung Song(2001), *Linguistic Typology—Morphology and Syntax—*, Addison : Wesley.(김기혁 옮김(2009), 『언어유형론―형태론과 통사론―』, 보고사.)

Jang, Yong—Seon and Sung—won Bang(1996), On constraining incorporation in Korean word formation, Paper presented at the 10th International Conference on Korean Linguistics, Australia : Griffith University.

Julien, M.(2007), On the Relation between Morphology and Syntax, In G. Ramchand & C. Reiss(eds.), *The Oxford Handbook of Linguistic Interfaces*, New York : Oxford University Press, 209~238.

Katamba, F.(1993), *Morphology*, London : The Macmillan Press.

Kay, P. & Maffi, L.(2005), Colour Terms, In Haspelmath et als.(eds.), *The World Atlas of Language Structure*, Oxford : Oxford University Press, 534~537.

Kiparsky, P.(1982), *Word formation and the lexicon*, F. Ingemann(eds.) Proceedings of the 1982 Mid—American Linguistics Conference, Lawrence : University of Kansas.

Lees, R.(1960), *The Grammar of English Nominalization*, The Hague : Mouton.

Lehman W. P.(1973), A Structural Principle of Language and Its Implications, *Language* 49, 47~66.

Lehman W. P.(1978), Conclusion : Toward an Understanding of the Propound Unity Underlying Languages, In W. P. Lehman(eds.), *Syntactic Typology*, Austin : The University of Texas Press.

Levin, Bruno(1970), *Morphologie des Koreanischen Verbs*, Wiesbaden : Otto Harrassowitz.

Lieber, R.(1992), *Deconstructing Morphology : Word Formation in Syntactic Theory*, Chicago : The University of Chicago Press.

Martin, Samuel E.(1954), *Korean Morphophonemics*, Baltimore : Linguistic Society of America(역대한국문법대계 ② 79).

Matthews, P. H.(1991), *Morphology*(2nd), Cambridge : Cambridge University press.

Micelli G. & A. Caramazza(1988), Dissociation of Inflectional and Derivational Morphology, *Brain and Language* 35, 24~65.

Mugdan, J.(1986), Was ist eigentlich ein Morphem?, *Zeitschrift für Phonetik, Sprachwissenschaft und Kommunikationsforschung* 39, 29~43.

Nichols, J.(1986), Head—Marking and Dependent—Marking Grammar, *Language* 62, 56~119.

Nichols, J. & Bickel, B.(2005a), Locus of Marking in the Clause, In Haspelmath et als.(eds.), *The World Atlas of Language Structure*, Oxford : Oxford University Press, 98~99.

Nichols, J. & Bickel, B.(2005b), Locus of Marking in Possessive Noun Phrases, In Haspelmath et als.(eds.), *The World Atlas of Language Structure*, Oxford : Oxford University Press, 102~103.

Nichols, J. & Bickel, B.(2005c), Locus of Marking : Whole—language Typology, In Haspelmath et als.(eds.), *The World Atlas of Language Structure*, Oxford : Oxford University Press, 106~107.

Nichols, J. & Peterson, D. A.(2005), Personal Pronouns, In Haspelmath et als.(eds.), *The World Atlas of Language Structure*, Oxford : Oxford University Press, 546~549.

Plag, I.(2003), *Word—Formation in English*, Cambridge : Cambridge University Press.

Ramstedt, G. J.(1928), Remarks on the Korean Language, Mémoires de le Société Finno—ougrienne Vol. 58, 441~453, Helsinki : Suomalais—Ugrilainen Seura (역대한국문법대계 ② 16).

Ramstedt, G. J.(1939), *A Korean Grammar*, Mémoires de le Société Finno—ougrienne Vol. 82, Helsinki : Suomalais—Ugrilainen Seura(역대한국문법대계 ② 18).

Ramstedt, G. J.(1968), *A Korean Grammar*, Memoirs of the Finno—Ugric Society 82, Anthropological Publications.

Ridel, F.(1881), *Grammaire Coréenne*, Yokohama(역대한국문법대계 ② 19).

Rubino, C.(2005), *Reduplication, The World Atlas of Language Structure*, Oxford : Oxford University Press, 114~115.

Sadock, J.(1991), *Autolexical Syntax*, Chicago : The University of Chicago Press.

Sapir, E.(1921), *Language*, New York : Harcourt, Brace and World.

Sasse, H. J.(1993), Das Nomen : eine Universale Kategories?, *Sprachtypologie und Universalienforschung* 46, 187~221.

Scalise, S.(1984), *Generative Morphology*, Dordrecht : Foris.(전상범 역(1987), 『생성형태론』, 한신문화사.)

Scott, J.(1887), 『언문말칙』(*En-moun Mal Ch'ǎik) A Corean Manual, or Phrase Book with Introductory Grammar*, Shanghai : Statistical Department of Inspectorate General of Customs(역대한국문법대계 ② 08).

Scott, J.(1893), *A Corean Manual or Phrase Book with Introductory Grammar(2nd),* Seoul : English Church Mission Press(역대한국문법대계 ② 09).

Shopen, T.(eds.)(1985), *Language typology and syntactic description*(vol 3. Grammatical categories and the lexicon), Cambridge : Cambridge University Press.

Siegel, D.(1974), Topics in English Morphology, Ph.D. dissertation, MIT.

Sohn, H. M.(1999), *The Korean Language,* Cambridge : Cambridge University Press.

Song, J. J.(1991), On Tomlin, and Manning and Maker on Basic Word Order, *Language Sciences* 13, 89~97.

Song, J. J.(2001), *Linguistic Typology : Morphology and Syntax,* Harlow : Longman. (김기혁 옮김(2009), 『언어유형론－형태론과 통사론－』, 보고사.)

Song, J. J.(eds.)(2011), *The Oxford Handbook of Linguistic Typology,* Oxford : Oxford University Press.

Song, J. M.(2011), Verbal Inflections in Korean and Mongolian : a Contrastive Analysis, *The Journal of Studies in Language* 27-1, 99~116.

Spencer, A.(1991), *Morphological Theory : An Introduction to Word Structure in Generative Grammar,* Oxford : Blackwell.

Sproat, R.(1985), On Deriving the Lexicon, Ph.D. Dissertation, MIT.

Stassen, L.(2005), Comparative Consructions, *The World Atlas of Language Structure,* Oxford : Oxford University Press, 490~491.

Stolz, T.(1996), Some instruments are really good companions—some are not : On syncretism and the typology of instrumentals and comitatives, *Theoretical Linguistics* 23.1-2, 113~200.

Stolz, T.(2001), Ordinalia—Linguistisches Neuland : Ein Typologenblick auf die Beziehung zwischen Kardinalia und Ordinalia und die Sonderstellung von EINS und ERSTER, In Birgit Igla & Thomas Stolz(eds.), *Was ich noch sagen wollte ... Festschrift für Norbert Boretzky zu seinem 65, Geburtstag,* Berlin : Akademie—Verlag.

Stoltz, T. & Veselinova, L. N.(2005), Ordinal Numerals, In Haspelmath et als.(eds.), *The World Atlas of Language Structure,* Oxford : Oxford University Press, 218~219.

Sweet, H.(1913), *Collected Papers,* arranged by H. G. Wyld, Oxford : Clarendon Press.

Tallerman, M.(2005), *Understanding Syntax*(2nd), London : Hodder Arnold.

Tomlin, R. S.(1986), *Basic Word Order*, Croom Helm : Kent.

Underwood, H. G.(1890), *An Introduction to the Korean Spoken Language*, Yokohama(역대한국문법대계 ② 11, 12).

Wälchli, B.(2005), *Co—Compounds and Natural Coordination*, New York : Oxford University Press.

Whaley, L. J.(1997), *Introduction to Typology : The Unity and Diversity of Language*, Sage Publications.(김기혁 옮김(2010), 『언어유형론－언어의 통일성과 다양성』, 소통.)

Wierzbicka, A.(2000), Lexical prototypes as a universal basis for cross—linguistic identification of "parts of speech", in : P. M. Vogel & B. Comrie(eds.), *Approaches to the typology of word Classes*, Berlin : Mouton de Gruyter, 285~317.

高橋亨(1909), 『韓語文典』, 東京 : 博文館(역대한국문법대계 ② 33).

前間恭作(1909), 『韓語通』, 東京 : 丸善株式會社(역대한국문법대계 ② 32).

찾 • 아 • 보 • 기

ㅎ